HISTOIRE
DES
MOYENS DE COMMUNICATION

SUIVIE D'UN

Coup d'œil Pittoresque et Archéologique

SUR LES CHATEAUX ANCIENS ET MODERNES,

PAR

EDMOND AUDOUIT.

PARIS

ALPHONSE DESESSERTS, ÉDITEUR,

38, PASSAGE DES PANORAMAS.

HISTOIRE

DES

MOYENS DE COMMUNICATION.

Paris. — Typ. de Mme Ve Dondey-Dupré, rue Saint-Louis, 46.

Il faudra bien que les instincts guerriers
s'évanouissent devant les sentiments évangéliques.

HISTOIRE

DES

MOYENS DE COMMUNICATION

SUIVIE D'UN

Coup d'œil Pittoresque et Archéologique

SUR LES CHATEAUX ANCIENS ET MODERNES,

PAR

EDMOND AUDOUIT.

PARIS

ALPHONSE DESESSERTS, ÉDITEUR,

38, PASSAGE DES PANORAMAS.

AVANT-PROPOS.

NOTIONS PRÉLIMINAIRES ET GÉNÉRALES SUR LES MOYENS DE COMMUNICATION.

La première condition d'une société est que tous ses membres puissent communiquer entre eux.

Lorsque l'espèce humaine était peu nombreuse et que les individus qui la composaient étaient réunis dans un espace très-limité, rien ne leur était aussi facile que d'avoir entre eux de fréquents rapports. Au lever du soleil, le premier réveillé descendait de l'arbre ou sortait de la grotte qui lui avait servi de refuge pendant la nuit, et appelait ses compagnons, qui ne tardaient pas à le rejoindre.

Un peu plus tard, la société s'augmentant, il fallut accroître aussi la place qu'elle occupait, et de petites colonies allèrent s'établir aux environs.

Toutefois, comme ces colonies furent fondées tout près du centre principal, il n'y eut rien de changé dans les habitudes; les émigrés avaient seulement quelques pas de plus à faire pour retrouver leurs compagnons, et leurs jambes suffisaient pour cela.

Mais la société s'accroissait toujours; les colonies se joignirent à la métropole, si je puis me servir de ce mot, et l'on dut, pour éviter une agglomération funeste, songer à conquérir un espace moins circonscrit [1].

C'est alors que le génie de l'homme commença à se développer, car il se trouva dans l'obligation de lutter d'adresse et de courage contre les obstacles que lui présentait la nature. Là, ce fut une forêt à traverser, plus loin une montagne à gravir, plus loin encore une rivière à passer.

Stimulé par la nécessité, que l'on a nommée fort justement la mère de l'industrie, l'homme traversa la forêt, gravit la montagne et passa la rivière.

Comment?

Est-ce en brûlant ou en brisant les herbes et les arbres qui s'opposaient à son passage?

---

[1] « A mesure que les hommes se multiplient, dit Bossuet (*Discours sur l'Histoire universelle*), la terre se peuple de proche en proche : on passe les montagnes et les précipices; on traverse les fleuves et enfin les mers, et on établit de nouvelles habitations. La terre, qui n'était au commencement qu'une forêt immense, prend une autre forme : les bois abattus font place aux champs, aux pâturages, aux hameaux, et enfin aux villes. »

Est-ce en s'accrochant péniblement de roc en roc?

Est-ce en se mettant à califourchon sur un arbre et en se laissant aller à la dérive, ou bien en se jetant à la nage?

N'importe, il atteignit son but : un nouveau ciel fut découvert, une certaine quantité de pays conquise, de nouvelles colonies fondées.

Mais cette conquête eut, comme toutes les victoires, de quelque nature qu'elles soient, ses avantages et ses inconvénients.

Parmi ceux-ci, l'un des plus graves, sans contredit, fut de rompre presque entièrement les relations qui existaient jadis entre les métropolitains et les colons ; car si l'esprit d'envahissement fait surmonter, par occasion, les fatigues les plus pénibles, on a beaucoup moins d'ardeur quand il s'agit de rapports sociaux et continus ; et, pas plus alors qu'aujourd'hui, le simple désir de se voir n'était assez violent pour faire pénétrer sans route certaine au travers de forêts presque impénétrables, pour faire escalader des montagnes criblées de précipices ou faire franchir sur un tronc d'arbre les ondes d'un torrent souvent impétueux.

Désireux cependant, par un motif ou par un autre, de renouer ces rapports qui sont très-certainement dans les vues de la Providence, les hommes firent succéder la réflexion au courage, le calcul à l'entraînement, la patience à l'impétuosité, et peu à peu la grossière issue frayée dans la forêt devint une voie praticable à tous ; la montagne fut tournée par une route assez commode ; enfin le tronc d'arbre, ingénieusement creusé, se métamorphosa en une embarcation susceptible de lutter contre les courants des rivières et des fleuves.

Ce fut là, certes, un progrès très-sensible : les hommes, n'ayant plus à craindre de se perdre de vue, pouvaient encore accroître leurs conquêtes territoriales, et nul doute que beaucoup d'entre eux ne crussent être rendus à l'apogée de la civilisation.

L'illusion de ceux-ci ne dut pas être longue.

Il y a dans les faits un enchaînement invincible et logique qui s'accomplit fatalement, et l'homme a beau s'y opposer, les événements n'en suivent pas moins leur cours.

C'est ce que purent apprécier ceux de l'époque dont nous parlons.

Ils avaient conquis un vaste sol, ils avaient établi des moyens de communication qui, pouvant se répéter dans d'autres lieux, leur permettaient de s'étendre autant que cela serait nécessaire, eu égard à l'accroissement de la population. Mais lorsque cet accroissement de la population les contraignit à des émigrations nouvelles, ceux qui partirent pour aller au loin s'aperçurent que si le sol ne manquait pas, du moins les produits alimentaires étaient nuls ou peu convenables en beaucoup d'endroits, et que, sous peine de mourir de faim, il fallait, ou revenir au point de départ, ou établir avec ce point des moyens de communication plus vastes, plus commodes, et surtout plus rapides, en attendant que la terre où ils se trouvaient pût fournir à leurs besoins.

Quoique intimement convaincus de la nécessité de rester là où ils étaient arrivés, puisque la mère-patrie ne pouvait plus les contenir, ces émigrants, par crainte ou par paresse, eurent peut-être des velléités de revenir sur leurs pas ; mais Dieu, qui guidait ces premiers fondateurs de la civilisation, leur fit découvrir dans les productions des lieux où il les avait conduits, de nouveaux éléments de bien-être qui les y retinrent et leur inspirèrent la pensée d'échanger ces productions contre celles de leur pays natal.

C'en était fait, le *commerce*, cette solidarité des peuples, était découvert.

Les voies terrestres de communication devinrent de véritables routes, des canaux furent creusés, la navigation se perfectionna.

On tira parti de la force ou de l'agilité de certains animaux sauvages dont on fit des animaux domestiques; le monde s'ébranla, l'humanité se mit en marche, et la civilisation prit un élan rapide, qui malheureusement fut entravé par des siècles de barbarie, de préjugés, de superstition et d'erreur.

Nous avons pris la question de bien loin, puisque l'époque de laquelle nous sommes parti remonte presque à la création du monde. Nous devions agir ainsi pour montrer avec quelle lenteur se sont accomplis les progrès de la civilisation. Mais pour que l'on ne puisse révoquer en doute ces élans de l'humanité dans un âge aussi reculé, prenons une date certaine.

Du temps de Moïse, c'est-à-dire près de quinze cents ans avant la venue du Christ, il y avait non-seulement des routes praticables, mais encore des chemins royaux.

Maintenant, traversons une longue période de temps, et arrivons au quatorzième siècle de notre ère, c'est-à-dire trois mille ans après Moïse, et, pour ne parler que de notre pays, voyons en quel état se trouvent en France les moyens de communication.

Certes, si le temps construisait à lui seul aussi bien qu'il détruit, ils devraient être dans les meilleures conditions de sûreté, de commodité, de vitesse. Nous en jugerons bientôt.

CHAPITRE PREMIER.

Division des moyens de communication. — Chemins ou routes. — **Principales routes construites par les Romains.** — Division des routes. — **Combien il en existe en France.** — Administration des ponts et chaussées. — **Des êtres et des machines employés jadis comme moyens de transport et de communication *directe*.** — Voitures chez les Romains. — Époque à laquelle on a commencé en France à se servir de voitures. — La litière d'Isabeau de Bavière. — La carriole de madame Pilon. — Vinaigrettes. — Berlines.

—o❃o—

Il existe deux genres principaux de communication. Dans le premier, l'individu qui veut communiquer avec d'autres plus ou moins éloignés, franchit lui-même la distance qui le sépare de ceux-ci. C'est là ce qu'on pourrait appeler la COMMUNICATION DIRECTE.

Dans le second genre de communication, que nous appellerons INDIRECTE, un individu se met en rapport avec un ou plusieurs autres au moyen d'intermédiaires, qui sont ou des *courriers,* ou des machines nommées *télégraphes.*

CHEMINS OU ROUTES.

La communication directe et la communication indirecte par courriers s'effectuent par des routes ou chemins que l'on nomme :

Naturels, quand ils se sont formés insensiblement ;

Artificiels, quand ils sont le résultat d'un travail spécial ;

Terrestres, quand ils sont tracés sur le sol ou qu'ils sont faits avec des terres rapportées ;

Aquatiques, quand ils consistent en rivières, canaux, fleuves, etc.

Bien qu'il y eût des routes du temps de Moïse, ainsi que nous l'avons dit, l'origine des véritables voies de communication que l'on appelle *routes* est attribuée généralement aux Carthaginois. Les premiers, en effet, ils eurent des routes pavées qu'ils entretenaient avec beaucoup de soin.

« Isidore nous apprend, dit Bergier (Histoire des grands chemins), que les Carthaginois ont été les premiers qui se sont advisez de munir et affermir et consolider les chemins de pierres et cailloux alliez avec sable, et comme maçonnez sur la superficie de la terre, ce que nous appelons en un mot paver. »

Mais si c'est aux Carthaginois qu'il faut rapporter l'honneur d'avoir pour ainsi dire inventé les routes, c'est incontestablement aux Romains qu'il faut attribuer celui de les avoir perfectionnées.

Ce fut sous la république que l'établissement des routes eut à Rome son premier essor. « Au premier temps de la Republique romaine, auquel la vertu et l'honneste pauvreté et parcimonie estoient en vogue, dit encore Bergier, ces vieux Romains qui estoient eleus es charges et dignitez de leur Republique, ne s'adonnoient pas tant à s'accroistre et augmenter en richesses, comme ceux qui les ont suivis, mais sur toutes choses avoient l'honneur de leur ville et la commodité de leurs citoyens en recommandation. Que s'il y eut jamais chose en quoy ils ayent fait paroître la grandeur de leur courage et de leur affection au bien public, c'est en la somptuosité et magnificence des grands chemins, qu'ils ont fait paver par toute l'Italie, pour rendre l'accez de leur ville prompt et facile à tous venans, et par ce moyen la pourvoir des biens et commodités necessaires à la vie d'un si grand peuple. »

Les principales routes que les Romains ont construites sous la république sont :

A L'INTÉRIEUR DE L'ITALIE : La voie *Appienne*, conduisant de Rome à Capoue, qui fut faite par le censeur Appius, l'an 442 de la fondation de Rome, et par conséquent 311 avant Jésus-Christ; la voie *Flaminienne*, allant de Rome à Rimini, et la voie *Émilienne* conduisant de Rimini à Bologne et Aquilée, construites toutes deux par le consul Flaminius;

HORS DE L'ITALIE : La route qui reliait Rome avec la Gaule Aquitanique et Narbonnaise, et celle qui menait de l'Italie en Provence et en Savoie. Cette dernière est due à Domitien, qui la construisit l'an 629 de la fondation de Rome.

Les Romains attachaient avec raison tant d'importance à la construction d'une nouvelle route, qu'ils donnaient des récompenses nationales à ses auteurs.

Ces récompenses étaient, ou un arc de triomphe, ou une médaille, ou bien le nom de l'auteur donné à son ouvrage.

Plusieurs peuples ayant compris tout l'avantage qu'offraient les routes bien entretenues, la Macédoine, la

Grèce, la Gaule, etc., furent bientôt sillonnées de ces larges artères, qui contribuèrent puissamment aux progrès de la civilisation.

Au point de vue gouvernemental, on divise les routes en quatre classes principales :

1° *Les routes nationales*, qui sont entretenues par l'État ;

2° *Les routes départementales*, qui le sont par les départements ;

3° *Les chemins de grande vicinalité*, qui sont entretenus et par l'État et par les départements.

4° *Les chemins vicinaux*, qui sont à la charge des communes.

Il existe actuellement en France 36,000 kilomètres de routes nationales, 48,000 de routes départementales, 48,000 de chemins de grande vicinalité, et 680,000 de chemins vicinaux.

L'administration des routes ainsi que des autres voies de communication, tant *naturelles* qu'*artificielles*, tant *terrestres* qu'*aquatiques*, est confiée en France à une administration que l'on désigne sous le nom de *ponts et chaussées*.

Cette administration, dont on trouve les premiers vestiges sous Henri IV, commença à se régulariser en 1747, sous l'intendant des finances Trudaine, qui, avec l'aide du célèbre ingénieur de Perronet, institua l'école des Ponts et Chaussées.

De 1747 à 1790, les ponts et chaussées demeurèrent sous la direction des intendants des finances ; à cette époque ils passèrent sous celle du ministre de l'intérieur.

Par un décret impérial du 25 août 1804, l'administration des ponts et chaussées reçut une organisation définitive.

Enfin, en 1815, on réunit à la direction des ponts et chaussées l'administration des mines.

Aujourd'hui, ces deux administrations, réunies en une seule, ont comme titulaires : un *inspecteur divisionnaire* pour chacune des seize inspections entre lesquelles se divise la France continentale;

Des *ingénieurs en chef,*
Des *ingénieurs ordinaires,*
Des *aspirants ingénieurs,*
Des *conducteurs,*
Des *piqueurs,*
Des *cantonniers,*
Des *préposés aux ponts à bascule,*
Des *garde-pertuis,* etc. , etc.

DES ÊTRES ET DES MACHINES EMPLOYÉS JADIS COMME MOYENS DE TRANSPORT ET DE COMMUNICATION DIRECTE.

Dans l'origine, l'homme, ainsi que nous l'avons dit, alla tout simplement à pied; mais s'étant bientôt aperçu des qualités que possèdent certains animaux, tels que l'âne, le bœuf et le cheval, il les soumit à la *domestication* et s'en fit de puissants auxiliaires.

L'époque à laquelle on commença d'apprivoiser les animaux date de quelques années après le déluge[1], en

---

[1] « On s'instruit à prendre certains animaux, à apprivoiser les autres, et à les accoutumer au service. » (BOSSUET, *Hist. univ.*, 2ᵉ *âge du monde.*)

faisant abstraction, bien entendu, de ce qui se passait avant cet événement.

Une fois les animaux soumis, on construisit de petits chariots pour transporter les denrées, et on les fit traîner par des bœufs et des ânes.

Mais tout cela était bien informe, et, sans nous égarer à suivre les progrès de cette invention chez les différents peuples qui sortirent des enfants de Noé, nous arriverons tout de suite aux Romains, qui donnèrent à ce mode de locomotion l'impulsion la plus féconde.

Indépendamment de leurs *chars de triomphe*, que nous nous bornons à citer, les Romains possédaient plusieurs espèces de chariots.

Les uns, appelés *carpenta*, pouvaient contenir trois personnes et porter cinq cents kilogrammes.

D'autres, nommés *carri*, beaucoup plus grands que les précédents, étaient principalement employés à voiturer chez les trésoriers généraux l'argent des provinces.

D'autres, nommés *birotæ*, et dont la forme était à peu près celle de nos charrettes, servaient à transporter des objets plus volumineux, tels que des bagages, des ballots, des marchandises, etc.

D'autres étaient spécialement affectés au service des princes.

D'autres enfin étaient employés pour la poste ou la *course publique*, ainsi qu'on disait alors.

Nous reviendrons tout à l'heure sur ces derniers, à propos des courriers.

Les relations fréquentes qui existaient entre les peuples de l'Italie et ceux de la Gaule firent promptement adopter

Avant Charles VI on se servait uniquement de palefrois pour abréger les distances ou s'épargner des fatigues.

par nos aïeux les véhicules qui servaient chez les Romains au charroi des marchandises; mais il n'en fut pas de même pour ceux affectés au transport des individus.

On se décida fort lentement en France à se faire voiturer; et avant Charles VI, c'est-à-dire au milieu du quatorzième siècle, on se servait uniquement de palefrois pour abréger les distances ou s'épargner des fatigues.

Isabeau de Bavière fut la première qui, dérogeant aux anciennes habitudes, eut le *courage* de monter dans un

Litière.

véhicule. Ce véhicule était une litière rehaussée d'or, de pierreries et d'argent, dans laquelle elle fit son entrée dans Paris l'an 1389.

L'exemple venait de trop haut pour ne pas avoir des imitateurs. Aussi toutes les dames firent-elles comme Isabeau de Bavière, et les *chaises à porteurs* devinrent à la mode.

Des litières aux carrosses il n'y avait qu'un pas, et cependant croirait-on qu'il a fallu deux siècles pour que ce pas fût franchi?

Il est vrai que durant ces deux siècles beaucoup d'autres choses occupèrent plus sérieusement les esprits :

La folie de Charles VI (1392),

L'assassinat du duc d'Orléans (1407),

La guerre entre les Bourguignons et les Armagnacs (1411-1412),

Les massacres de ces derniers par les Bourguignons (1418),

La mort de Charles VI et l'avénement de Charles VII (1422),

Les hauts faits et la mort de Jeanne d'Arc (1429-1431),

La mort de Charles VII et l'avénement de Louis XI (1461),

La mort de Louis XI et l'avénement de Charles VIII (1483),

L'expédition de ce monarque en Italie (1494), sa mort et l'avénement de Louis XII (1598),

La mort de Louis XII et l'avénement de François Ier (1515),

La bataille de Marignan (1515),

La réforme de Luther (1517),

La captivité de François Ier (1525),

Les persécutions contre les protestants (1535),

Le séjour de Charles-Quint en France (1539),

La mort de François Ier et l'avénement de Henri II (1547),

La mort de celui-ci et l'avénement de François II (1559),

La conjuration d'Amboise (1560),

La mort de François II et l'avènement de Charles IX (1560),

Le massacre de la Saint-Barthélemi (1572),

Enfin, l'origine de la ligue (1576) et une foule d'autres événements qui s'accomplirent depuis le commencement du quinzième siècle jusqu'à la fin du seizième, étaient bien faits pour détourner l'attention des voitures de simple commodité [1].

Enfin, elles eurent leur tour, et ce furent deux dames qui en prirent l'initiative.

Un beau matin, la célèbre madame Pilon et la fille d'un apothicaire (on dit aujourd'hui pharmacien) de la rue Saint-Antoine, parcoururent la ville dans une carriole à roues.

Vinaigrette.

Ces intrépides innovatrices eurent le sort qui attend tous les innovateurs.

[1] Nous verrons bientôt que ce fut dans le courant de ces deux siècles que les voitures de poste s'établirent définitivement en France.

On les accueillit avec des huées, et ce fut à grand'peine qu'elles regagnèrent leurs domiciles.

Toutefois, l'expérience était faite.

Après avoir ridiculisé la voiture informe de madame Pilon et sa compagne, on finit par s'apercevoir que l'on pourrait, en la perfectionnant, s'en servir avec avantage, et l'on construisit de petites carrioles appelées *vinaigrettes*. On y attelait un homme, et c'est ainsi que beaucoup de personnes allèrent pendant quelque temps à la cour.

Mais la *vinaigrette* n'était guère plus gracieuse que la carriole de madame Pilon. Aussi fut-elle bientôt remplacée par de véritables carrosses.

A ceux-ci l'on substitua peu après les *berlines*, et Louis XIV ayant donné au duc de Roannez, au marquis de Souches et au comte de Crevant l'autorisation d'établir des voitures publiques, la locomotion, par ce moyen, ne tarda pas à devenir générale en France.

Dans l'autorisation donnée par le grand roi, on remarque ce passage :

Il ne sera reçu dans les calèches publiques, aucun page, soldat, laquais ni HOMME DE MÉTIER.

L'institution des voitures était donc alors un progrès essentiellement aristocratique.

Mais à mesure que se disséminèrent les fortunes et que se confondirent les classes, chacun voulut jouir de ce confortable dont on s'était moqué tout d'abord, et l'usage des voitures devint successivement ce qu'il est aujourd'hui, c'est-à-dire accessible aux individus les moins haut placés dans l'échelle sociale.

S'il est aisé de séparer à leur origine l'institution des

moyens de transport et de communication directe d'avec celle des courriers, cela n'est plus possible quand on avance dans l'histoire de ces deux modes de locomotion, car les courriers ayant donné naissance à l'établissement des postes, et celles-ci ayant à leur tour facilité la création des messageries, dont le but est de transporter à la fois des individus, des ballots et certaines dépêches non pressées, on conçoit qu'on est obligé de les confondre sous le même titre de COMMUNICATION DIRECTE.

Plus nous allons d'ailleurs, plus les moyens de communication tendent à s'unifier. C'est ainsi que les chemins de fer sont tout à la fois des moyens de communication directe et indirecte; il en sera de même des aérostats.

Laissant donc, pour la retrouver bientôt, la question des routes et des voitures, nous allons rapidement tracer, sous le même titre de COMMUNICATION DIRECTE, l'historique des *courriers*, des *postes*, des *messageries*, des *chemins de fer*, de la *navigation* et des *aérostats*, et nous arriverons de la sorte aux deux seules voies réelles de COMMUNICATION INDIRECTE qui nous restent aujourd'hui : la *poste aux lettres* et la *voie télégraphique*.

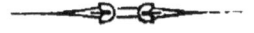

CHAPITRE DEUXIÈME.

DES COURRIERS ET DES POSTES. — Leur origine. — Des postes chez les Perses et les Romains. — Le pape saint Marcel condamné à panser des chevaux. — Quelle a été l'influence des postes sur la société. — A quelle époque elles furent instituées en France. — Édit de Louis XIV relatif aux postes. — Des messageries.

L'origine des courriers remonte aux Perses [1].

Ce fut Cyrus qui les établit dans ses États après la prise de Babylone, l'an 537 avant Jésus-Christ.

Ces courriers étaient des individus qui allaient d'une station à une autre porter les dépêches du gouvernement jusqu'aux limites les plus reculées de l'empire.

Xerxès mit des relais à chacune de ces stations, et se sauva, dit-on, par ce moyen, après avoir été vaincu par

---

[1] Tout en attribuant à Cyrus seulement la création des courriers, nous ne doutons pas que plusieurs peuples n'aient eu la même idée, et à peu près dans le même temps.

« Chalcondyle, en son histoire, dit Bergier (*ouvr. cit.*), nous apprend que les Turcs ont aussi une forme de *postes*, esquelles ils n'entretiennent aucuns chevaux, mais seulement des hommes faits et duits à la course, comme grands laquais qu'ils font partir à pied. Et ont ce privilége, que rencontrant un passant à cheval, de quelque qualité qu'il soit, ils luy font commandement de descendre. A ce

Thémistocle à la bataille de Salamine, l'an 480 avant Jésus-Christ.

Les Romains, qui à cette époque avaient déjà construit plusieurs routes, s'emparèrent de cette idée, comme ils s'étaient emparés de celles des Carthaginois relativement aux routes, et ils établirent en quelques points de l'Italie des postes dont le nombre s'accrut de plus en plus et qui fut considérable au temps d'Auguste.

Les us et coutumes qui régissaient les postes chez les Romains sont fort curieux à connaître.

Les postes appelées *course publique* étaient desservies par deux espèces de voitures : les unes, destinées aux grandes routes, se nommaient *angaries* [1] ; les autres, qui ne voyageaient que par les chemins de traverse, étaient appelées *parangaries*.

Les relais étaient désignés sous les noms de *stations* et de *positions*.

Tout le monde n'avait pas le droit de se servir des postes ; il fallait obtenir avant la permission de l'empereur, qui la donnait au moyen de *diplômes*, lesquels prirent sous Constantin le nom de *lettres d'évection*.

---

commandement, personne n'oseroit désobéir, estant question des affaires du Grand Seigneur. Donc ainsi montez sur ces chevaux de rencontre, ils les poussent à toute bride, jusques à ce qu'ils en rencontrent d'autres, à qui ils font pareil commandement, et à qui ils laissent leurs chevaux lassez pour se remonter de plus frais : continuant de faire ainsi leurs courses aux dépens d'autruy, tant qu'ils soient parvenus au lieu où ils sont envoyez. »

[1] Ce mot avait été fait de celui d'*angara*, par lequel les Perses désignaient leurs postes.

Il y avait deux sortes de *lettres d'évection :* les *lettres ordinaires,* et les *lettres extraordinaires.*

Dans les premières, on indiquait le nombre de chevaux que le chef de station devait mettre à la disposition du porteur, et d'après ce nombre de chevaux, les lettres d'évection prenaient des dénominations différentes.

On les nommait *veredi* quand elles accordaient deux chevaux, et *parhippi* lorsqu'elles en accordaient trois.

Par les lettres d'évection *extraordinaires,* non-seulement on stipulait un plus grand nombre de chevaux, mais encore on enjoignait aux chefs de station de mettre à la disposition du porteur la plus grande partie des objets dont il pourrait avoir besoin pendant son voyage.

Voici un modèle de ces lettres, qui n'étaient guère données qu'aux ambassadeurs.

M. . . . . , Empereur, à tous nos officiers qui sont sur les lieux, sçavoir faisons, que nous avons envoyé. . . . . , homme illustre, pour notre ambassadeur à . . . . A ces causes, nous vous mandons par les présentes que vous ayez à lui livrer et fournir tel nombre de chevaux ; ensemble telles quantités de vivres dont il aura besoin. Sçavoir : tant de chevaux ordinaires et tant de surcroît, tant de pain, tant de muids de vin, tant de muids de bierre, tant de livres de lard, tant de viande, tant de porcs, tant de cochons de lait, tant de moutons, tant d'agneaux, tant d'oisons, tant de faisans, tant de poulets, tant de livres d'huile, tant de saumure, tant de miel, tant de vinaigre, tant de cumin, tant de poivre, tant de girofle, tant de cannelle, tant de grains de mastic, tant de dattes, tant de pistaches, tant d'amandes, tant de livres de cire, tant de sel, tant de chars de foin, d'avoine et de paille. Ayez soin que toutes ces choses soient pleinement et entièrement fournies, et que tout soit accompli sans retardement.

Les hommes chargés d'assurer le service des stations étaient distingués en *palefreniers* que l'on appelait alors *palleferniers* et en *postillons*, que l'on nommait *catabulenses*.

Chaque *palefrenier* était chargé de soigner trois chevaux et de donner la main aux *postillons* pour décharger les voitures.

Ce service était si pénible, qu'on le faisait faire ordinairement par des criminels, ou par ceux que l'on considérait comme tels.

« Il fallait bien, dit Lequien de Neuville, que les fatigues de ces emplois fussent très-grandes, puisque par forme de peine on y soumettait la plupart des criminels.

» Les empereurs y avaient souvent condamné les chrétiens.

» *Maxence*, l'un de ces princes, porta si loin cette indignité, qu'il arracha le pape *saint Marcel*[1] du trône de l'Église, le fit mener dans une des écuries bâties sur les grands chemins, et voulut qu'il pansât les chevaux.

» Ce pontife y demeura plus de neuf mois; et peut-être il y aurait été plus longtemps si quelques clercs zélés, et indignés d'un traitement si dur et si vil envers le chef de l'Église, ne le fussent aller retirer, et s'ils ne l'eussent mené chez une sainte veuve nommée *Lucine*. A peine *Maxence* l'eut-il appris, qu'il y fit conduire des chevaux de poste, et, sans rien rabattre de sa persé-

---

[1] *Saint Marcel* occupa le trône papal de l'an 308 à l'an 310.

cution, il persista à vouloir que *saint Marcel* continuât à les panser ; ce qui dura jusqu'à la mort de ce pape. »

Les *postillons* étaient chargés de conduire les voitures de poste, de précéder les convois des empereurs, de transporter les bagages de ceux-ci, et de les décharger avec les palefreniers.

Il y avait, comme de raison, une différence entre les voitures de poste destinées aux particuliers et celles affectées au service des empereurs : celles-ci étaient plus larges, plus solides et plus splendidement ornées. On les attelait de dix mules en hiver et de huit en été.

Les autres voitures de poste étaient attelées de un, deux ou trois chevaux au plus. Elles pouvaient contenir une ou deux personnes.

Dès les premiers temps de leur création, les postes ont influé très-directement sur la destinée des empires. Le fait suivant va le prouver.

L'an 306 de l'ère chrétienne, Constance Chlore étant tombé malade en Angleterre, Galerius, collègue de Constance, fit mettre en prison à Nicomédie le jeune Constantin, fils de celui-ci, voulant par là s'assurer la plus grande partie de l'empire dans le cas où Constance Chlore viendrait à succomber[1]. Fort heureusement Constantin parvint à tromper la vigilance de ses gardes ; il s'échappa de prison, et, pour que l'on ne courût pas sur ses traces, il fit couper les jarrets aux chevaux qu'il quittait à chaque

---

[1] A cette époque, l'empire d'Occident était gouverné par quatre maîtres : 1° Constance Chlore ; 2° Galerius, qui avait détrôné Dioclétien, son beau-père, en même temps que Maximien, élu par celui-ci ; 3° Sévère ; 4° Maximien, revenu à l'empire.

station. Au moyen de cet expédient, il arriva sain et sauf en Angleterre, et son père étant mort, il parvint à l'empire, malgré les efforts de Maxence, fils de Maximien, qui, s'étant proclamé empereur à Rome, avait fait rejeter les images de Constantin [1].

Sans la poste, Constantin, qui mérita depuis le surnom de Grand, n'aurait jamais sans doute atteint le sceptre impérial, et les progrès du christianisme, dont il fut un des plus ardents soutiens, eussent été peut-être retardés d'un siècle [2].

Selon quelques auteurs, l'institution des postes en France serait due à Charlemagne, qui après avoir, en 807, subjugué l'Espagne, l'Allemagne et l'Italie, aurait créé des postes sur les routes qui conduisaient à ces trois États, avec l'intention d'étendre ces établissements à d'autres parties de son empire.

Mais, comme il n'y eut alors de postes établies que sur les trois routes que nous venons de citer, la France ne peut être redevable à Charlemagne d'une institution qui ne profita sous lui qu'à l'empire d'Occident.

D'autres attribuent cette importation à Louis VI, et voici ce que dit à ce sujet Lequien de Neuville :

---

[1] On élisait ou l'on repoussait alors les empereurs par l'accueil ou le refus de leurs portraits, qu'ils envoyaient dans les villes où ils désiraient être élus.

[2] Constantin embrassa publiquement le christianisme en 322. On connaît l'épisode qui acheva de l'y déterminer. Comme il assiégeait Maxence dans Rome, une croix lumineuse lui apparut dans les airs : elle était entourée de ces mots : *In hoc signo vinces.* (*Tu vaincras par ce signe.*)

« ..... Cependant l'histoire de la maison de Montmorency fait mention d'un nommé *Baudouin*, qui, en qualité de grand maître des postes et comme l'un des témoins que le roi Louis VI, dit *le Gros*, avait nommés, signa dans l'acte d'une donation que ce prince fit à l'église de Saint-Martin des Champs. On doit inférer par cet épisode que, dès ce temps-là, il y avait des postes dans le royaume, et que celui qui était le grand maître des postes était un officier de distinction, puisqu'il avait signé cet acte avec le grand chambellan et avec le premier maître d'hôtel du roi. »

Quoi qu'il en soit, et comme les postes qui auraient pu être établies par Louis VI ne durèrent que fort peu, l'on rapporte généralement à Louis XI l'honneur d'avoir doté la France de cette institution.

D'ailleurs, pour rappeler tout ce qui a été dit à peu près sur ce sujet, nous citerons le passage suivant de Bergier qui a fait de cette matière une étude spéciale.

Cet auteur s'exprime ainsi dans son style concis et profond, dont la simplicité n'est pas un des moindres charmes :

« Pour le regard de la France, il se trouve bien peu de nouvelles des postes avant le règne de Louis XI. Et n'en ayant leu autre chose sinon qu'en 807 de nostre salut, Charlemagne ayant réduit sous son empire l'Italie, l'Allemagne et partie des Espagnes, establit trois postes publiques pour aller et venir en ces trois provinces avec promptitude et célérité, et que ces postes s'entretenoient aux dépens du peuple. Ce que j'ai appris de Julianus Taboetius, qui en parle ainsi : *Carolus Magnus populorum expensis tres viatorias stationes in Gallià constituit, anno*

Christi octingentesimo septimo. Primam propter Italiam a se devictam, alteram propter Germaniam sub jugum missam, tertiam propter Hispanias. (*Charlemagne établit aux dépens de ses peuples trois postes dans la Gaule, l'an du Christ huit cent sept. L'une à cause de l'Italie qu'il avait vaincue, l'autre pour l'Allemagne qu'il avait soumise à sa domination, la troisième pour les Espagnes.*) Mais il y a de l'apparence que ces postes furent délaissées sous le règne de Lothaire, Louis et Charles le Chauve, fils de Louis le Débonnaire et petits-fils de Charlemagne ; d'autant que de leur temps les terres dudit Charlemagne furent divisées en trois, et par ce moyen l'Italie et l'Allemagne séparées de la France.

» Le premier donc qui les a mises sus pour les rendre ordinaires et perpétuelles par le royaume de France, c'est Louis XI, qui assigna certains lieux comme stations ou gistes, où les chevaux de poste étaient entretenus. Ce que nous lisons dans les Mémoires de Philippe de Comines, auteur de son temps et de son histoire, où il dit : qu'auparavant il n'y en avoit jamais eu. Du Tillet, *in Chronico de Regibus Francorum,* en dit tout de mesme, et assigne cette nouvelle institution des postes à l'an de nostre salut 1477 auquel il écrit que, *stathmi et diversoria cursoriis equiis a rege Ludovico XI primum in Galliis constituti sunt* (*Louis XI établit le premier dans les Gaules des stations pour les chevaux de course*). Ce qu'il faut entendre des postes ordinaires du royaume de France seulement. Car quant aux postes instituées par Charlemagne, elles furent par luy faites au nom et qualité d'empereur, et pour l'empire entier d'Occident, non pour la seule France. »

Lorsque les postes furent établies et que l'on en comprit l'importance, les plus grands personnages briguèrent la faveur d'y obtenir des emplois. Le cardinal de Richelieu, sous Louis XIII, le marquis de Louvois, sous Louis XIV, le cardinal de Fleury, sous Louis XV, en furent les surintendants.

L'institution des postes nécessita un très-grand nombre d'édits. Parmi les plus curieux nous citerons le suivant, qui montrera combien sous Louis XIV le service des postes était encore restreint.

« *Sur les remontrances qui ont été faites au roi étant en son conseil, par le sieur marquis de Louvois, conseiller et secrétaire d'État et des commandements de Sa Majesté, grand maître et surintendant général des postes et relais de France, de la ruine que cause aux postes l'usage qui commence à s'introduire de courre la poste en chaise roulante à deux personnes, et du préjudice que le service de Sa Majesté en peut souffrir par la perte des chevaux de poste, et le désordre que cette manière y apporte. A quoi Sa Majesté jugeant nécessaire de remédier, Sa Majesté étant en son conseil, a défendu et défend très-expressément à toutes personnes, de quelques qualité et conditions qu'elles soient, de plus à l'avenir courre la poste à deux personnes dans une même chaise roulante, pour quelque cause, occasion, et sous quelque prétexte que ce soit, à peine de confiscation desdites chaises et de trois cents livres d'amende payables sur-le-champ, savoir : moitié au profit du maître de la poste où lesdites chaises seront arrêtées, et l'autre moitié à celui du prévôt des maréchaux ou autres officiers de robe courte qui se saisiront de ceux qui auront contrevenu aux susdites défenses.* »

MESSAGERIES.

On n'est pas bien fixé sur le temps auquel commencèrent à paraître ces grandes voitures divisées en compartiments et pouvant contenir de douze à quinze personnes, sans compter celles qui se placent sur leur sommet nommé *impériale*. Mais on sait de quelle époque datent les deux espèces de messageries que tout le monde connaît.

Les unes, qui, selon la forme des gouvernements qui se sont succédé depuis leur fondation, ont été successivement appelées Impériales, Royales et enfin Nationales, ont été créées en 1805.

Les autres, nommées Messageries générales, ne remontent qu'à 1826.

Quoique établies pour transporter à la fois des voyageurs et des marchandises, les messageries ne pouvant donner à celles-ci qu'une place assez restreinte dans leurs *diligences*, une autre administration en est spécialement chargée.

Cette administration se nomme *roulage*, et nous avons vu que depuis les Romains elle avait constamment existé d'une façon plus ou moins régulière et commode.

Mais, hélas! cette administration atteint sa dernière période; les chemins de fer, dont nous allons parler tout à l'heure, achèveront de la tuer d'ici à peu de temps; et s'il se trouve encore dans plusieurs années quelques tronçons de routes où les joyeux postillons des diligences et des malles-postes pourront faire claquer leur fouet, il n'en sera pas de même des pauvres rouliers.

Contraints bientôt de se procurer une industrie nouvelle, il leur faudra se séparer de leurs pesantes voitures, où la plupart du temps ils s'endormaient avec tant de délices au bruit monotone des grelots des timoniers.

CHAPITRE TROISIÈME.

DES CHEMINS DE FER. — Quand on découvrit la force électrique de la vapeur d'eau. — Machine d'Héron. — Salomon de Caus. — Le marquis de Worcester ; son caractère et ses ouvrages. — Papin. — Le capitaine Savery. — James Watt. — Olivier Evans, etc.

Il n'y a pas longtemps que l'on s'est décidé à remplacer les lourdes diligences, qui transportaient lentement et péniblement une vingtaine de voyageurs tout au plus, par cette longue série de wagons qui, emportés par une mécanique avec une rapidité miraculeuse, peuvent contenir jusqu'à deux mille individus.

C'est un progrès dont l'honneur revient à notre siècle.

Mais à quelle époque doit-on faire remonter la découverte du principe sur lequel repose cette admirable innovation, c'est-à-dire la force élastique *de la vapeur d'eau ?*

Il serait fort difficile de l'indiquer ; toutefois, on peut avancer sans crainte que cette découverte date de quelques milliers d'années, puisqu'il a suffi qu'un homme intelligent, regardant bouillir sa marmite, s'aperçût que la vapeur qui s'en échappait soulevait de temps en temps le couvercle avec une certaine force.

Mais il y a loin de la remarque d'un fait aux inductions qu'on en peut tirer, et bien des siècles durent s'écouler sans doute, avant que l'on songeât à tirer parti de ce fait si simple en apparence.

Selon le rapport des historiens, ce fut Héron l'Ancien qui le premier eut l'idée d'employer la vapeur à la production du mouvement.

Cet homme ingénieux, qui vivait à Alexandrie sous le règne de Ptolémée Philadelphe, un siècle environ avant Jésus-Christ, et qui se rendit célèbre tant par sa science profonde que par ses inventions mécaniques, construisit un appareil qui fut regardé comme un simple amusement philosophique, mais qui doit être pour nous bien intéressant, puisque c'est lui qui fut le point de départ de toutes les machines qui nous rendent aujourd'hui de si nombreux services.

Cet appareil, dont nous donnons ci-dessous le dessin, se composait :

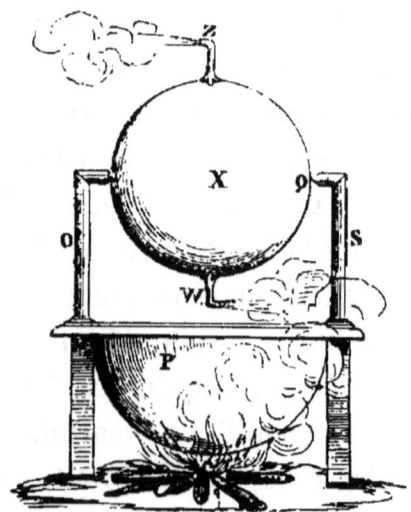

1° D'une marmite (P) hermétiquement fermée par un couvercle.

2° D'une sphère creuse (X) ayant deux orifices à chacun desquels était adapté un bec recourbé (W Z).

3° D'un support (S) recourbé à angle droit, et à l'extrémité supérieure duquel la sphère pouvait pivoter au point O.

4° D'un tuyau (D), adapté par son extrémité inférieure au couvercle de la marmite, et plongeant dans la sphère par son extrémité supérieure.

On mettait un peu d'eau dans la marmite, on chauffait, et la vapeur qui pénétrait dans la sphère par le tuyau D faisait tourner celle-ci sur elle-même.

Tout simple qu'il paraisse, cet appareil aurait dû donner instantanément aux mécaniciens la clef du problème ; il n'en fut pas ainsi, et seize siècles s'écoulèrent, durant lesquels on ne songea nullement à employer la vapeur comme force motrice.

A cette époque, en 1597, et dans un livre imprimé à Leipsick, on donna la figure et la description d'un appareil que l'on appela *Éolipyle*, et que l'on proposait pour faire mouvoir les tourne-broches. Mais cet *Éolipyle*, qui ressemblait beaucoup à la machine d'Héron, n'était qu'un pas bien minime fait dans la carrière, et ce fut un ingénieur français, Salomon de Caus, qui, dix-huit ans plus tard, donna une nouvelle et sérieuse impulsion aux idées émises par le philosophe de la Grèce.

Dans un livre qui parut en 1615, et qu'il intitula : *Les raisons des forces mouvantes avec diverses machines tant utiles que plaisantes*, Salomon de Caus résout complétement le problème et montre tout le parti que l'on peut tirer de cette force immense produite par un peu de chaleur et quelques gouttes d'eau.

Neuf ans plus tard, en 1624, il fait fonctionner une machine qui était un progrès sensible sur celle d'Héron, et qui se composait, ainsi qu'on va le voir par la figure ci-dessous, d'un grand vase sphérique (M M), dans lequel

Machine de Salomon de Caus.

plongeait un tube (A B), et muni d'une ouverture surmontée d'un tuyau dont l'extrémité supérieure était garnie d'un entonnoir (X) et d'un robinet (O).

Au moyen de l'entonnoir, on emplissait d'eau les deux tiers du vase, on fermait le robinet, on chauffait l'appareil, et bientôt la vapeur qui se formait exerçant sur l'eau une pression considérable, la forçait à jaillir violemment par le tube.

Quelques encouragements donnés à Salomon de Caus eussent fait rapidement progresser les machines à vapeur; mais, hélas! il avait le malheur de devancer son siècle, et la lettre suivante montrera l'accueil qui fut fait à son génie.

« Mon cher d'Effiat [1], tandis que vous m'oubliez à Narbonne, et que vous vous y livrez aux plaisirs de la cour, et à la joie de contrecarrer M. le cardinal, moi, suivant le désir que vous m'en avez exprimé, je fais les honneurs de Paris à votre lord anglais, le marquis de Worcester, et je le promène, ou plutôt il me promène de curiosités en curiosités, choisissant toujours les plus tristes et les plus sérieuses, parlant peu, écoutant avec une extrême attention, et attachant sur tout ce qu'il interroge deux grands yeux bleus qui semblent pénétrer au fond de la pensée.

» Du reste, il ne se contente jamais des explications qu'on lui donne, et il ne prend guère les choses du côté où on les lui montre. Témoin la visite que nous sommes allés faire ensemble à Bicêtre, et où il prétend avoir découvert dans un fou un homme de génie. Si le fou n'était pas furieux, je crois en vérité que votre marquis eût demandé sa liberté pour l'emmener à Londres, et écouter ses folies du matin au soir.

» Comme nous traversions la cour des fous, et que, plus morte que vive, tant j'avais peur, je me serrais contre mon compagnon, un laid visage se montra derrière de gros barreaux, et se mit à crier d'une voix toute cassée : « Je ne suis point un fou... J'ai fait une découverte qui doit enrichir le pays qui voudra la mettre à exécution.

» — Et qu'est-ce que sa découverte ? fis-je à celui qui nous montrait la maison.

» — Ah ! dit-il en haussant les épaules, quelque chose

---

[1] Lettre de Marion Delorme au marquis de Cinq-Mars.

de bien simple, et que vous ne devineriez jamais : c'est l'emploi de la vapeur d'eau bouillante. »

» Je me mis à rire.

« Cet homme, reprit le gardien, se nomme Salomon de Caus. Il est venu de Normandie, il y a quatre ans, pour présenter au roi un Mémoire sur les effets merveilleux que l'on pourrait obtenir de son invention. A l'entendre, avec de la vapeur, on ferait tourner des manéges, marcher des voitures... Que sais-je? on opérerait mille autres merveilles. Le cardinal renvoya ce fou sans l'écouter. Salomon de Caus, au lieu de se décourager, se mit à suivre partout monseigneur le cardinal, qui, las de le trouver sans cesse sur ses pas, et importuné de ses folies, ordonna de l'enfermer à Bicêtre, où il est depuis trois ans et demi, et où, comme vous avez pu l'entendre vous-même, il crie à chaque étranger qu'il n'est point un fou, et qu'il a fait une découverte admirable. Il a même composé à cet égard un livre que j'ai ici. »

» Milord Worcester, qui était devenu tout rêveur, demanda ce livre, et, après avoir lu quelques pages, dit : « Cet homme n'est point un fou, et dans mon pays, au lieu de l'enfermer, on l'aurait comblé de richesses. Menez-moi auprès de lui : je veux l'interroger. »

» On l'y conduisit ; mais il revint triste et pensif.

« Maintenant, il est bien fou, dit-il ; le malheur et la captivité ont altéré à jamais sa raison... Vous l'avez rendu fou ; mais quand vous l'avez jeté dans ce cachot, vous y avez jeté le plus grand génie de votre époque. »

» Là-dessus, nous sommes partis, et depuis ce temps il ne parle que de Salomon de Caus. Adieu, mon cher

..... À l'entendre, avec de la vapeur on ferait tourner des manèges, marcher des voitures..... Que sais-je ?.....

amé et féal Henri. Revenez bien vite, et ne soyez pas tant heureux là-bas qu'il ne vous reste un peu d'amitié pour moi. »

Après Salomon de Caus, plusieurs physiciens et mécaniciens s'occupèrent activement des machines à vapeur.

Parmi ceux-ci, l'un des plus remarquables, sinon par son génie, du moins par son audace, fut le susdit marquis de Worcester, qui voulant, malgré les travaux de ses devanciers, se poser comme ayant inventé la machine à vapeur, faisait ou faisait faire son apologie en vers et en prose, absolument comme certains dentistes de notre époque.

On jugera le marquis sur les titres de deux de ses ouvrages. L'un porte celui-ci : *Catalogue descriptif des noms de toutes les inventions que je puis me rappeler à présent d'avoir faites et perfectionnées, ayant perdu mes premières notes.*

L'autre est intitulé : *Définition vraie et exacte de la plus étonnante machine hydraulique inventée par le très-honorable Edward Sommerset, lord marquis de Worcester,* DIGNE D'ÊTRE LOUÉ ET ADMIRÉ, *présentée par Sa Seigneurie à Sa Majesté Charles II, notre très-gracieux souverain.*

De toutes les descriptions que donne le marquis dans son catalogue descriptif, la suivante n'est pas moins propre que les pompeux titres de ses ouvrages à former l'opinion que l'on doit avoir de lui.

« J'ai inventé, dit-il, un moyen aussi admirable que puissant pour élever l'eau par le moyen du feu, non pas avec le secours de la pompe, parce que celle-ci n'agit, selon l'expression des philosophes, que dans une *sphère d'activité* qui a très-peu d'étendue ; au contraire, cette nouvelle puissance n'a pas de bornes si le vase est assez fort. J'ai pris, par exemple, une pièce de canon dont le bout était brisé, j'en ai rempli les trois quarts d'eau, j'ai bouché ensuite et fermé, à l'aide de vis, le bout cassé ainsi que la lumière, et fait continuellement du feu sous ce canon : au bout de vingt-quatre heures il éclata avec un grand bruit. De sorte qu'ayant trouvé une manière de construire mes vases, au moyen de laquelle ils se fortifient les uns les autres, et de les remplir l'un après l'autre, j'ai vu l'eau jaillir comme un jet continuel à quarante pieds de haut. »

On ne doit point révoquer cette expérience en doute, puisque le très-honorable marquis de Worcester assure l'avoir faite ; mais il est permis de regretter que, n'ayant pas daigné mettre la clarté de son style à la hauteur de son talent, il ait décrit son appareil de telle sorte qu'aucun mécanicien n'a pu le comprendre.

Empruntons à Walpole un passage qui achèvera de caractériser cet homme, que beaucoup d'Anglais prônent comme un génie rare : « Ayant été envoyé par le roi en Irlande pour négocier avec les catholiques révoltés, il dépassa ses instructions et leur en substitua de son fait, que le roi désavoua, mais toutefois en le mettant à l'abri des conséquences fâcheuses que pouvait avoir son infidélité. Le roi, avec toute son affection pour le comte (il était alors comte de Glamorgan), rappelle dans deux de ses lettres son défaut de jugement. Peut-être Sa Majesté aimait-elle à se fier à son indiscrétion, car le comte en avait une forte dose. Nous le voyons prêter serment sur serment au nonce du pape, avec promesse d'une obéissance illimitée à Sa Sainteté et à son légat ; nous le voyons ensuite demander cinq cents livres sterling au clergé d'Irlande pour qu'il puisse s'embarquer et aller chercher une somme de cinquante mille livres sterling, comme ferait un alchimiste qui demande une petite somme pour procurer le secret de faire de l'or.

Dans une autre lettre il promet deux cent mille couronnes, dix mille armements de fantassins, deux mille caisses de pistolets, huit cents barils de poudre, et trente ou quarante bâtiments bien équipés ; et tout cela, au dire d'un contemporain, lorsqu'il n'avait pas un sou dans sa bourse, ni assez de poudre pour tirer un coup de fusil. »

Voilà l'homme qu'une foule de gens ont admiré et admirent encore ! Voilà celui auquel on a voulu rapporter l'honneur de cette sublime découverte, qui donne à notre siècle une si vigoureuse impulsion ! Voilà celui qui, dans le souvenir de bien des personnes, prime de beaucoup notre infortuné Salomon de Caus ! O erreur ! ô ignorance ! ô ingratitude !

Rendons, malgré tout, au marquis de Worcester la justice qui lui est due. Bien que, d'après Robinson, « ses descriptions, ou les relations de ses inventions, semblent faites plutôt pour étonner le public que pour l'instruire, et que les éloges qu'il donne à leur utilité et à leur importance aillent jusqu'à l'extravagance, » il n'en est pas moins vrai que, selon toutes probabilités, on doit au noble lord un perfectionnement à la machine de Salomon de Caus ; perfectionnement qui consiste dans l'addition d'un second vase, et qui n'est pas sans avoir quelque mérite aux yeux des mécaniciens.

En poursuivant l'histoire de la vapeur, nous rencontrons deux hommes qui ont à la reconnaissance publique des droits mieux établis que ceux du marquis de Worcester. L'un, Français, est Papin, l'autre, Anglais, est le capitaine Savery. Tous les deux avaient pour but l'épuisement de l'eau des mines par le moyen de machines à vapeur.

La découverte de Papin est toute dans ces quelques lignes écrites par lui-même :

« Partout, dit-il, où l'on n'a pas une rivière à proximité pour faire jouer la machine susdite [1], on peut convertir en vapeur une petite quantité d'eau, en chauffant le fond du cylindre qui la contient. *Cette vapeur*, ajoute-t-il, *fait remonter le piston qui est dans le cylindre à une hauteur considérable, et ce piston, lorsque la vapeur se condense, redescend par la pression de l'air. La continuation de ce mouvement alternatif peut servir à épuiser l'eau d'une mine.* »

Encore un pas, et Papin trouvait le mécanisme de la machine à balancier.

Mais doué d'une imagination trop vive, qui lui faisait entreprendre un grand nombre de travaux à la fois, et n'ayant pas peut-être cette patience obstinée qui est une qualité presque indispensable aux inventeurs, il laissa à d'autres l'honneur d'appliquer un mécanisme dont on lui doit, malgré tout, l'idée première.

Le capitaine Savery alla plus avant que Papin, et ce fut lui qui démontra réellement la puissance produite par la vapeur.

---

[1] Cette machine était composée de plusieurs cylindres, dans chacun desquels un piston s'abaissait et se relevait alternativement.

La manière dont cette idée lui fut révélée est racontée de deux façons.

Savery dit dans un de ses ouvrages qu'il le dut à un flacon de vin de Florence, et voici comment :

Ayant jeté ce flacon au feu, après en avoir bu le contenu, et s'étant aperçu que le peu de vin qui restait l'avait rempli de vapeur, il le plongea par le goulot dans un vase plein d'eau, et vit sur-le-champ l'eau monter dans le flacon par la pression de l'air.

Stephan Switzer donne une autre version :

« ...... Je veux parler ici du capitaine Savery, mort depuis peu, mais qui fut un des plus célèbres ingénieurs de son temps. L'hydrostatique, ou l'hydraulique, ou le perfectionnement des machines à eau, occupèrent continuellement son esprit et son temps ; et la première idée qu'il eut, dit-on, de cette machine lui vint d'une pipe qu'il plongea dans l'eau pour la laver ou la refroidir, comme cela arrive quelquefois. Il découvrit que la raréfaction de l'air dans le tuyau, causée par la chaleur, et la pression de l'air extérieur faisaient jaillir l'eau par le tuyau de cette pipe d'une manière surprenante... Je lui ai entendu répéter moi-même que le premier essai qu'il en fit fut dans un cabaret, à Lambeth, où, bien que la machine fût petite, l'eau traversa le toit en soulevant les tuiles d'une manière qui surprit tous les spectateurs. »

Que ce soit de l'une ou de l'autre façon, il n'en est pas moins vrai que Savery avait découvert un principe sur lequel repose toute la théorie des machines à vapeur.

Il en fit l'application sur plusieurs appareils, dont les uns étaient destinés à remplir son premier but, l'épuisement de l'eau des mines ; les autres à établir des jets ; les autres à faire marcher des moulins.

Il alla même plus loin : il entrevit l'application que l'on pourrait en faire à la navigation, et il donna le dessin d'un navire qui était mû par des roues. Mais son système différait beaucoup de ceux actuels : les roues n'étaient pas directement mises en jeu par la vapeur, et d'ailleurs ce système n'était, à peu de chose près, que la reproduction d'un procédé mis en œuvre depuis fort longtemps pour faire naviguer les bacs.

A côté de Papin et de Savery, nous devons placer Newcomen et Cawley, qui complétèrent l'œuvre des deux premiers.

Ceux-là avaient trouvé le moyen d'élever un piston dans un cylindre en réduisant en vapeur une certaine quantité d'eau placée dans le fond de ce cylindre ; mais le piston ne retombait que lorsque la vapeur revenait à l'état liquide, autrement dit se condensait, ce qui demandait beaucoup de temps.

Il fallait, pour activer le mouvement de la machine, diminuer ce temps, et c'est ce que firent Newcomen et Cawley.

La théorie de leur procédé est très-simple, et l'on s'étonne que le raisonnement ne l'ait pas tout de suite découverte à Papin.

Puisqu'en effet la vapeur était le seul obstacle à la chute du piston, et que cette vapeur ne restait en cet état que parce qu'elle contenait une certaine quantité de calorique, il suffisait d'enlever ce calorique pour que, la vapeur revenant à l'état liquide, le piston s'abaissât.

L'application n'était pas plus difficile : un simple jet d'eau froide la résumait.

Non sans doute, tout cela n'était pas difficile ; mais il en est ainsi de toutes les grandes découvertes : ce sont des jeux d'enfants quand on les connaît, et il faut des hommes de génie pour les mettre au jour.

A dater de l'époque où nous en sommes, plusieurs mécaniciens plus ou moins ingénieux varièrent ou perfectionnèrent les procédés des hommes célèbres dont nous venons d'indiquer rapidement les plus intéressants travaux.

Beighton, Sgravesande, Leupold, Mey-Meyer, etc., contribuèrent à rendre plus efficaces et plus sûrs les services des machines à vapeur ; mais il faut arriver à James Watt pour voir cette merveilleuse industrie reprendre un nouvel et plus rapide essor.

Fils d'un honorable magistrat, James Watt naquit à Greenock, en Écosse, en 1736.

Sa constitution débile l'empêchant de suivre les cours publics, il fut mis à l'âge de seize ans chez un fabricant d'instruments de mathématiques, où il resta quatre années, et se rendit ensuite à Londres chez un autre fabricant, qui perfectionna ses connaissances et son adresse dans cette partie délicate.

Un gros rhume dont il fut atteint pour être resté un soir d'hiver trop longtemps assis devant la porte de son patron, le contraignit de revenir en Écosse, où il s'établit à son compte et où son habileté remarquable le fit bientôt nommer fabricant d'instruments de mathématiques de l'université de Glascow.

A peine James Watt était-il dans ces fonctions, qu'il justifia largement le choix qu'on avait fait de lui.

Chargé par l'université de réparer une machine de Newcomen qui servait à la classe de philosophie naturelle, non-seulement il s'en acquitta avec un rare talent, mais ayant remarqué que la chaudière ne fournissait pas autant de vapeur qu'elle aurait dû le faire, il étudia le jeu de l'appareil, fit plusieurs expériences, et arriva à ces conclusions qui toutes étaient de la plus haute importance, savoir :

1° Que la vapeur occupe un espace environ dix-huit cents fois plus grand que l'eau qui l'a produite ;

2° Que l'eau à l'état de vapeur contient une énorme quantité de calorique latent ;

3° Que cette vapeur, en se refroidissant, dégage une quantité de chaleur capable d'élever jusqu'à l'ébullition un volume d'eau en rapport avec celui de la vapeur en condensation ;

4° Que pour obtenir de la vapeur toute la puissance dont elle est capable, il est nécessaire que les cylindres aient une température égale à celle de la vapeur qu'ils reçoivent ;

5° Enfin, que pour faire écouler la vapeur contenue dans un cylindre, il suffit de mettre ce cylindre en communication avec un vase privé d'air, réalisant ainsi ce problème, regardé jusque-là comme insoluble, de vider un cylindre sans le refroidir.

Avec de semblables données et un génie comme le sien, James Watt ne pouvait manquer de réaliser de grandes choses : il les réalisa.

Grâce à lui, la machine à vapeur, dont le mécanisme était jusque-là fort irrégulier, parvint à un degré de précision qui permit de l'appliquer aux manufactures des objets les plus délicats comme à celles des produits qui exigent pour leur fabrication le déploiement de forces le plus considérable.

Grâce à lui, l'exploitation des mines devint aussi facile que lucrative.

Grâce à lui, une foule d'objets dont les classes riches pouvaient user seules, furent mis à la portée des fortunes les plus médiocres.

Enfin, ce sont les conceptions de James Watt qui ont permis à ses contemporains d'appliquer à la locomotion cette merveilleuse machine dont les effets sur la société sont incalculables.

Cette application fut faite aux voitures par MM. Vivian et Trevithick dans le courant de l'année 1802.

Leur première locomotive, qui avait une vitesse de cinq milles et demi par heure, fut employée dans le pays de Galles pour l'exploitation d'une mine.

Mais bien avant cette époque, un Américain, dont le nom doit être rangé parmi ceux des hommes qui ont le plus avancé la science de la mécanique, Olivier Evans, natif de Philadelphie, avait résolu le problème; ainsi qu'en témoigne une pétition qu'il adressa en 1786 à la législature de Pensylvanie, et dans laquelle il demandait un privilége exclusif pour le perfectionnement dans les moulins et pour des chariots à vapeur.

Il est vrai que l'idée des chariots à vapeur fut regardée par les membres de la commission comme un trait de folie, et qu'Olivier Evans ne put la réaliser que vers le même temps où MM. Vivian et Trevithick arrivaient à un résultat analogue.

Ce qu'il y a de remarquable, c'est que ce fut encore le hasard qui mit Olivier Evans sur la trace des moyens susceptibles de réaliser ce système de locomotion, qui était le sujet de tous ses rêves.

Voici comment il le raconte :

« Tous les moyens, dit-il, qui, ainsi que je l'ai su depuis, ont été essayés, tels que le vent, les pédales avec crémaillères, les roues à crochet ou à manivelle, etc., etc., pour être mis en mouvement par des hommes, se sont présentés à mon esprit ; mais je les ai écartés comme trop futiles pour mériter un essai.

» Enfin, le soir du jour de Noël 1772, et pendant mon apprentissage (il avait alors dix-huit ans et apprenait le métier de charron), un de mes frères me dit avoir passé la journée avec les apprentis d'un serrurier du voisinage, qui s'étaient amusés à faire ce qu'ils appelaient des pétards de Noël, qui consistaient à boucher la lumière d'un canon de fusil, à y introduire une petite quantité d'eau, à mettre de la bourre par-dessus et à placer la culasse du canon au feu de la forge ; que peu de temps après le canon s'était déchargé avec un bruit semblable à celui d'un coup de fusil chargé à poudre............ Voilà ! me suis-je écrié, ajoute-t-il, la force motrice que je cherche depuis si longtemps. Maintenant il ne s'agit plus que de trouver le moyen de l'appliquer. »

Pendant qu'on appliquait avec succès la machine à vapeur aux voitures, on tentait également de le faire aux bateaux, et ce serait ici le lieu d'en parler; mais comme nous traiterons de la navigation dans un autre chapitre, nous y renvoyons, et nous allons décrire maintenant avec quelques détails les voitures à vapeur et leur voie ferrée telles qu'on les construit aujourd'hui.

CHAPITRE QUATRIÈME.

CHEMINS DE FER (*Suite*). — Construction d'un chemin de fer. — Viaduc. — Pont Tunnel. — Rails. — Voies. — Aiguilles. — Description d'une locomotive. — Tender. — Fourgon. — Voitures. — Wagons. — Embarcadères. — Plaques tournantes. — Treuils. — Grues hydrauliques. — Stations. — Signaux.

Bien avant l'application de la machine à vapeur à la locomotion terrestre, on avait essayé de diminuer la résistance que les accidents de terrain opposent à la progression des voitures, et dans ce but on avait construit des routes avec des pierres dures et polies.

Mais ce moyen étant devenu fort dispendieux, on se contenta de fixer sur les routes les plus fréquentées des pièces de bois fort épaisses et assez larges pour que les roues des voitures pussent y rester, en tenant compte des déviations inséparables de la locomotion par des chevaux.

Plus tard, l'expérience ayant démontré que ces pièces de bois s'usaient fort vite, on les recouvrit d'une plaque de fer; enfin, en 1768, on imagina de construire des espèces d'ornières en fonte, lesquelles ornières n'étaient autre chose que ce que nous connaissons aujourd'hui sous le nom de *rails*, et que nous allons décrire en indiquant la construction d'un *chemin de fer*.

La principale condition d'un chemin de cette nature étant que sa surface soit partout horizontale ou à peu près, on pressent qu'il doit y avoir de nombreux obstacles à vaincre, puisqu'il est impossible de trouver sur le sol une ligne d'une certaine étendue sans rencontrer soit un monticule, soit une excavation, soit une rivière.

Une autre condition essentielle des chemins de fer est que leur solidité soit fort grande. Or, on sait que dans beaucoup d'endroits le sol est très-sujet à des enfoncements.

Pour donner un ensemble des difficultés que l'on peut rencontrer dans l'établissement d'un chemin de fer, supposons qu'il faille en établir un dans une contrée où se trouvent à la suite les uns des autres : une vallée très-profonde, un marais fangeux, un ravin, une rivière et une montagne dont la crête se perd dans les nuages.

Le problème à résoudre est celui-ci :

Réunir par une ligne droite un point existant en deçà de la vallée à un autre qui se trouve au même niveau derrière la montagne.

La seule solution possible est de passer au-dessus de la vallée et au travers de la montagne.

Il y a quelques siècles, et malgré les immenses travaux dont les Romains nous ont laissé de si respectables vestiges, on aurait reculé devant une semblable entreprise ; mais aujourd'hui qu'on ne s'arrête devant aucun obstacle, voici comment on s'y prend pour triompher de la nature dans l'exemple que nous avons choisi :

Un immense pont sera jeté dans toute la longueur de la vallée et à la hauteur du marais.

Viaduc de la Touloubre à Saint-Chamas (route d'Avignon à Marseille).

Ce pont se nommera un *viaduc*.

On engloutira dans le marais autant de matériaux qu'il en faudra pour y ménager une voie solide.

Les deux crêtes opposées du ravin seront reliées ensemble par un pont gracieux qui se trouvera de la sorte à quelques centaines de pieds au-dessus des arbres et des maisons que ce ravin peut contenir.

Pont d'Étaples (chemin d'Amiens à Boulogne).

Un autre pont sera jeté sur la rivière.

Enfin, on creusera dans la montagne un immense chemin voûté que l'on nommera *tunnel*, et qui, par opposition avec ce que nous venons de voir, sera situé à une distance considérable au-dessous des arbres qui couvrent la montagne.

Notre supposition n'a rien d'exagéré; les travaux qu'elle comporte ont été faits et se font tous les jours, ainsi que l'attestent : le *viaduc* de Saint-Étienne, si pittoresquement bâti dans la vallée du Gier, et celui de la Touloubre qui se trouve sur le chemin d'Avignon à Marseille; le marais de Fampoux, qui rappelle le souvenir pénible d'une négligence impardonnable ou d'un crime atroce; le pont gracieux qui domine le ravin de Meudon; mieux encore que tout cela, le *tunnel* de Londres, qui,

Tunnel de Londres.

construit sous la Tamise, et véritable merveille de patience, d'audace et de génie, fera certainement passer à la postérité la plus reculée le nom de son auteur, l'ingénieur français Brunel.

Une fois que le chemin est disposé sur un plan horizontal, on s'occupe de placer les *rails*.

Rail.

Pour cela, on dispose sur la route, à deux ou trois pieds de distance les unes des autres, des traverses faites d'un bois fort dur, et munies vers leurs extrémités d'une pièce de fonte nommée coussinet.

On recouvre de terre les traverses, on fixe les rails dans les coussinets, et la *voie* est faite.

Voie.

Il y a communément deux *voies* au moins sur chaque route; mais parfois il arrive qu'entre deux routes à deux voies il s'en trouve une n'en ayant qu'une seule. Dans ce cas, il y a un entre-croisement de *voies* au point de la jonction des deux espèces de routes; et pour diriger les wagons sur celle des deux voies qu'ils doivent suivre, on se sert de *rails* supplémentaires qui portent le nom d'*aiguilles*, et qui, selon qu'on les dispose, mettent telle voie en communication avec telle ou telle autre.

Aiguilles.

Les aiguilles n'existent pas seulement dans les conditions que je viens d'indiquer : on les rencontre partout où les wagons sont susceptibles de changer de voie, et notamment à l'entrée des *gares*.

Après avoir indiqué la construction de la route, décrivons maintenant les véhicules qu'elle doit recevoir.

Le premier, le principal, est la *locomotive*.

Tout le monde reconnaît une *locomotive* à son aspect et sait que c'est une grande machine destinée à remorquer plusieurs chariots, wagons ou voitures. Mais comme très-peu de personnes encore se rendent un compte exact de la manière dont cette locomotive est mise en mouvement, nous allons entrer à ce sujet dans quelques détails ; et pour qu'ils soient plus aisément compris, nous représentons ci-dessous une locomotive coupée par moitié dans sa longueur.

Les parties qui sont ainsi mises à découvert et qui

constituent les pièces principales d'une locomotive sont au nombre de douze :

1° La boîte à feu A.

2° Les tubes conducteurs de la flamme dans la boîte à fumée B B B.

3° La boîte à fumée C.

4° La cheminée D.

5° Le tube à vapeur E E E.

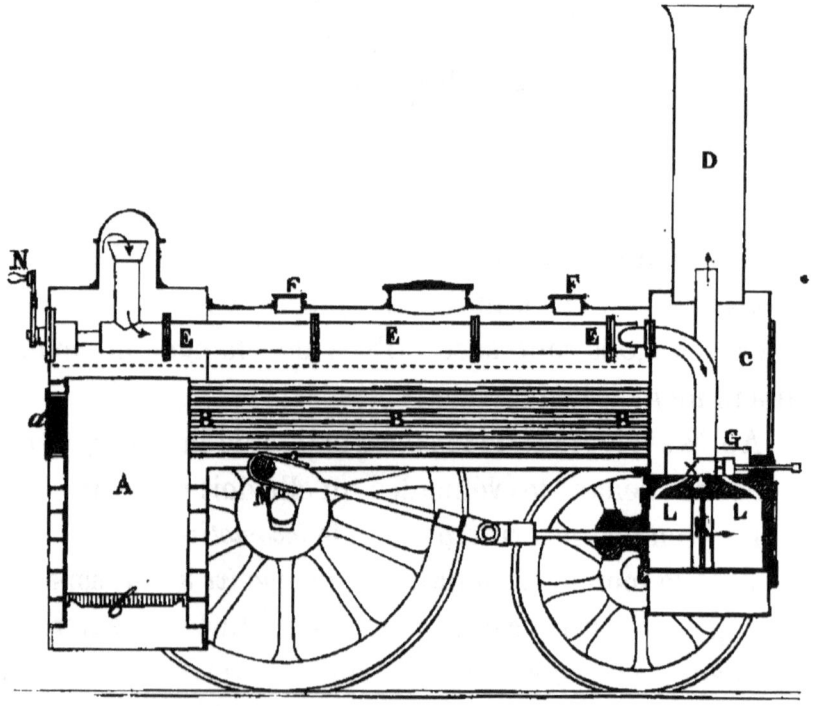

6° Les soupapes de sûreté F F.

Ces six parties constituent le corps de la machine ou *chaudière*.

7° La boîte aux tiroirs G.

8° Les tiroirs H H.

9° Le port d'éduction I.

10° Le piston K.

11° Les cylindres L L.

12° Les manivelles M.

Quand on connaît ces différentes parties, le jeu d'une locomotive est très-facile à concevoir.

Voici comment il s'exécute:

Ayant rempli d'eau la chaudière jusqu'aux environs du *tube à vapeur* (E E E), on allume du charbon dans la *boîte à feu* (A), qui est en communication avec l'air extérieur par deux ouvertures : une *porte* (a), par laquelle on introduit le charbon, et une *grille* (b), sur laquelle il repose. Tout le reste de la *boîte à feu* est en contact avec l'eau de la chaudière.

Quand le charbon est suffisamment allumé, la flamme passe avec la fumée dans les *tubes conducteurs* (B B B) qui sont également environnés d'eau ; la fumée se rend dans sa boîte (C) et sort par la cheminée (D).

Au bout de peu de temps, l'eau, entrant en ébullition, fournit une certaine quantité de vapeur, et alors le mécanicien fait ce que l'on appelle une *prise de vapeur,* c'est-à-dire qu'il permet à celle-ci de s'introduire dans son *tube* (E E E), opération qu'il pratique en tournant le *robinet régulateur* (N).

Rendue dans son tube, la vapeur, qui, en vertu de sa force élastique, tend toujours à combler les vides qu'elle rencontre, s'avance vers la *boîte des tiroirs* (G) et pénètre dans un des cylindres par celui des deux passages (X X) qu'elle trouve ouvert.

Pressé par elle, le *piston* (K) est chassé en avant, si elle est entrée par le passage de l'arrière, et en arrière, si elle a pénétré par celui de l'avant. Le mouvement se communique aux roues par les *manivelles* (M), et la *locomotive* avance ou recule d'une petite distance.

Ce premier temps effectué, la *locomotive* reste en repos, quoiqu'on fasse de nouvelles prises de vapeur, puisque le piston est toujours sollicité dans le même sens. Là vapeur s'échappe alors par le *port d'éduction* (I).

Mais si l'on vient à faire jouer la *tige des tiroirs*, ce qui s'opère au moyen de tiges métalliques nommées *excentriques*, ces tiroirs ouvrant et fermant successivement les passages des cylindres, la vapeur pousse le piston tantôt en avant, tantôt en arrière, et la locomotive se met en marche.

Le véhicule qui se trouve immédiatement après la locomotive se nomme un *tender*.

Locomotive et son Tender.

C'est une espèce de fourgon où l'on met le combustible destiné à alimenter la machine.

Derrière le *tender* vient le *fourgon à bagages*, dont la dénomination indique l'emploi.

Après le *fourgon à bagages* suivent :

Les *voitures de seconde classe*;

Les *trucs*, espèce de chariots plats sur lesquels on place pour les transporter, avec ou sans voyageurs : des diligences, des calèches, des berlines, etc.;

Les *voitures de première classe*;

Les *wagons-postes*;

Les *wagons à marchandises*;

Les *wagons à bestiaux*;

Les *wagons à lait*;

Les *voitures de troisième classe*.

La réunion de tous ces véhicules se nomme *train* ou *convoi*.

Convoi.

Pour compléter cette rapide description de la locomotion terrestre par la vapeur, il nous reste à parler des points d'où partent et où arrivent les trains dans les villes, et de ceux où ils s'arrêtent sur la route.

Les premiers se nomment EMBARCADÈRES ou GARES; les seconds, STATIONS.

Les EMBARCADÈRES sont de grands établissements qui contiennent le personnel et le matériel des chemins de fer. Ils sont construits avec beaucoup de hardiesse et d'élégance, et ont un type essentiellement moderne.

Les employés qu'on y rencontre sont :

Le *chef de gare*, qui assume sur lui toute la responsabilité du service ;

Le *sous-chef*, qui remplace celui-ci en son absence ;

Les *surveillants*, dont l'emploi consiste à faire la police de l'embarcadère ;

Les *hommes de gare*, qui sont chargés d'une foule de travaux relatifs au matériel de l'embarcadère ;

Les *facteurs*, espèce de commissionnaires qui portent les bagages, traînent les chariots de marchandises, etc.

Le matériel consiste d'abord dans les véhicules que nous avons décrits ou énumérés.

Là, ce sont des locomotives que l'on dispose à partir, et

Une gare de chemin de fer.

qui de temps en temps lâchent des bouffées de vapeur par leur *port d'éduction*; ici, d'autres locomotives qui viennent d'arriver et qui vomissent à pleins tuyaux le reste du fluide qu'elles ont encore dans leurs flancs; à côté, c'est un train qu'on aligne; plus loin, un autre convoi qu'on désagrége; plus loin encore, des *voitures* ou des *wagons de rechange*, des *tenders*, des *trucs*, etc., etc.

Les autres objets intéressants que renferme une gare et qu'il est bon d'examiner sont : les *plaques tournantes*, les *treuils* et les *grues hydrauliques*.

Les *plaques tournantes* répondent à cette question que

Plaques tournantes.

les voyageurs un peu attentifs n'ont pas dû manquer de s'adresser la première fois qu'ils ont voyagé par chemin de fer : Comment s'y prend-on pour faire faire volte-face aux locomotives, aux voitures et aux wagons ? — C'est précisément au moyen des *plaques tournantes*.

Ces *plaques*, qui sont rondes, et mobiles ainsi que leur nom l'indique, se trouvent placées au niveau du sol de la gare, et sont garnies de *rails* qui, suivant que l'on tourne la plaque, correspondent avec telle ou telle voie.

Quand donc on veut changer la place ou la direction d'un véhicule, on le fait arriver sur une *plaque tournante*; on lève ensuite le crochet qui la retient, on la met en communication avec une voie nouvelle, on rabat le crochet et l'on pousse le véhicule.

Si cette opération n'a fait faire au véhicule qu'une partie du chemin que l'on désire, ou qu'une évolution insuffisante, eu égard à la direction dans laquelle on veut le placer, on le pousse sur une autre plaque, et ainsi de suite.

Treuil.

Les *treuils* servent à soulever les diligences, les calèches, les berlines, etc., que l'on veut faire voyager, et à les placer sur les trucs. Ces appareils se composent d'un balcon supporté par quatre colonnes, et où se trouve une mécanique autour de laquelle s'enroulent de grosses cordes.

Supposons que ce soit une diligence que l'on veuille placer sur un truc. On la conduit sous le *treuil* avec les chevaux, on passe le milieu des cordes sous sa caisse ; on fait jouer la mécanique, la caisse s'élève avec tous les voyageurs qu'elle renferme ; on fouette les chevaux, qui emmènent le train ; on remplace celui-ci par un truc ; on tourne la machine en sens opposé, la caisse s'abaisse, et on dirige le *truc* vers le convoi, soit directement, soit au moyen des *plaques tournantes*.

Grue hydraulique.

La *grue hydraulique* est une pompe que l'on voit non-seulement dans les gares, mais encore à beaucoup de stations ; elle sert à alimenter d'eau la chaudière des locomotives.

Les STATIONS, ainsi que le mot l'explique, sont des points où les convois s'arrêtent pour prendre et laisser des voyageurs.

Rien n'est plus commode que ces *stations* pour les châtelains qui habitent aux environs des chemins de fer et qui savent y trouver des convois à heures précises ; mais aussi rien n'est plus ennuyeux pour les voyageurs de ces convois qui, impatients d'arriver au terme de leur course, se voient arrêtés toutes les cinq ou six minutes.

Il en est de tout ainsi : ce qui accommode les uns ennuie les autres, et la plus grande sagesse en ce monde consiste à se faire de mutuelles concessions et à supporter sans aigreur ce qui, nous paraissant très-ennuyeux aujourd'hui, nous semblera peut-être fort agréable demain.

Station.

Les soins de ceux qui les habitent ont fait des *stations* de charmantes *villas* qui achèvent de donner aux chemins de fer une physionomie très-gracieuse. Et encore ne sont-elles pas ce qu'elles deviendront un jour.

D'origine toute nouvelle, l'art seul s'y montre sous un aspect plus ou moins remarquable. Mais lorsque le travail beaucoup plus lent de la nature sera venu s'ajouter à celui de l'homme ; lorsque de grands arbres balanceront leurs cimes au-dessus de ces habitations coquettes ; lorsque d'épais massifs leur feront une ceinture de feuillage et de fleurs; lorsqu'on n'y trouvera que des gens propres et polis, avec quel avantage pour elles ne les comparera-t-on pas à ces vilains relais de poste dont les bâtiments délabrés, l'odeur infecte et les hôtes grossiers suffiraient à flétrir toute la poésie du voyage !

Il y a des stations où l'on ne s'arrête qu'une ou deux minutes, seulement le temps de laisser ou de prendre des voyageurs. Il en est d'autres où l'on séjourne une demi-heure ou une heure ; ce sont celles qui sont situées à peu près au milieu d'un chemin reliant deux points importants très-distants l'un de l'autre, comme par exemple Paris et Bruxelles.

On trouve à ces dernières des tables d'hôte capables de satisfaire les voyageurs les plus gourmands.

A l'une des extrémités de chaque *station* il existe de grands disques en bois dont une face est peinte en *vert* et l'autre en *rouge :* ce sont les SIGNAUX.

Quand on veut faire signe à un convoi de *s'arrêter*, on lui montre la face *rouge*; si l'on désire seulement qu'il *ralentisse* sa marche, on lui montre la face *verte;* lorsqu'enfin on peut sans inconvénient lui laisser continuer sa marche, on place le disque de profil, ce qui indique que *la voie est libre*.

On conçoit de quelle utilité sont ces *signaux* quand un obstacle quelconque placé sur la route peut compromettre la sûreté d'un *train*. Mais dans beaucoup d'endroits ils ne suffiraient pas, attendu que certaines stations se trouvent fort éloignées les unes des autres. Dans ce cas, on échelonne entre elles des employés qui ont la double mission de veiller sur les rails et d'en indiquer l'état aux convois qui passent.

Si la voie est libre, ils prennent à peu près l'attitude d'un homme qui ajuste un fusil; si elle ne l'est pas, ils agitent vivement un petit pavillon.

Signaux.

CHAPITRE CINQUIÈME.

DE LA LOCOMOTION AQUATIQUE. — Le tronc d'arbre d'Osoüs. — Le *radeau* de Chrysor. — Le vaisseau plat. — Le *gaulus*. — Le navire des Argonautes. — Dédale propage l'usage des voiles. — Curieuse disposition de la cale des anciens navires. — Dénombrement de la flotte qui portait les assiégeants à la guerre de Troie. — INVENTION DE LA TRIRÈME : sa disposition, son équipage, etc.

—⁂—

La locomotion aquatique, autrement dit la *navigation*, a une origine très-ancienne et un point de départ fort simple.

Le premier navire fut un tronc d'arbre.

« Des ouragans, dit Sanchoniaton, fondant tout à coup » sur la forêt de Tyr, plusieurs arbres frappés de la » foudre prirent feu, et la flamme dévora bientôt ces » grands bois. Dans ce trouble, Osoüs prit un tronc » d'arbre, débris de l'incendie, puis, l'ayant ébauché, s'y » cramponna, et osa le premier s'aventurer sur la mer. »

Bientôt après, Chrysor, profitant de l'exemple d'Osoüs, joignit ensemble plusieurs troncs d'arbres et forma de la sorte un *radeau*.

Le radeau fut pendant longtemps le seul moyen de communication aquatique dont les peuples se servirent;

seulement, il fut perfectionné de manière à offrir, sinon une commodité très-grande, du moins une certaine sécurité.

Radeau.

Le passage suivant de l'Odyssée d'Homère montre avec quel soin déjà les radeaux étaient construits de son temps.

« Elle (Calypso) lui donna (à Ulysse) une grande hache à deux tranchants. Un morceau de bois d'olivier, travaillé avec un art infini, servait à la manier facilement. Elle fit aussi don à ce héros d'une scie très-parfaite, et le conduisit à la forêt située à l'extrémité de son île, où croissaient les plus grands arbres. On y voyait des aunes, des peupliers, des sapins dont la tête semblait se perdre dans le ciel. Ils étaient d'une très-grande beauté et très-propres à construire des navires légers, étant entièrement dépouillés de leur humidité. La déesse, les ayant fait voir à Ulysse, le quitta et retourna dans son palais. Ulysse alors, commençant à travailler avec ardeur, coupa promptement les arbres. Il en abattit vingt en tout, dressa leurs faces à la règle et à l'équerre, et les rendit parfaitement lisses ; puis il les perça tous avec des tarières, et les unit par des chevilles et par des liens ; il posa dessus

...., Osoüs prit un tronc d'arbre puis l'ayant ébauché s'y cramponna, et osa le premier s'aventurer sur la mer.

— 65 —

et en travers d'autres poutres transversales d'espace en espace, et, sur ces poutres, il forma le plancher du radeau, et l'acheva avec des ais fort longs qui en formaient le bordage. »

Les Phéniciens apportèrent au radeau décrit par Homère des améliorations nombreuses, qui peu à peu transformèrent le radeau en un *vaisseau* plat, que l'on faisait mouvoir au moyen de perches ou d'avirons.

Vaisseau plat.

Enfin les Égyptiens, par l'invention du vaisseau long, achevèrent de mettre en relief les principales qualités et formes que doit avoir une construction qui doit aller sur l'eau.

Vaisseau long.

A dater de cette époque, qui remonte au règne de Sésostris, la navigation devint un art véritable, et prit un développement dont nous allons indiquer rapidement les effets et les causes chez les principaux peuples d'alors.

Les Athéniens, qui devaient rendre plus tard de grands services à la navigation et acquérir tant de gloire par leurs guerres maritimes contre les Perses, furent dans l'origine de simples pirates, explorant dans un but cupide les rochers inabordables et les antres profonds de l'archipel grec.

Toutefois, hâtons-nous de le dire, il n'y avait alors rien de déshonorant dans le métier de pirate.

Dépouiller son semblable était, à cette époque, une industrie tout aussi licite que de nos jours le commerce, pratiqué comme le font certaines gens dépourvus des plus minces scrupules.

Quoi qu'il en soit, l'exercice de cette piraterie fut pour la navigation une source de progrès très-sensibles ; car les pirates étant obligés d'avoir des navires extrêmement légers, soit pour atteindre, soit pour éviter leurs ennemis, imaginèrent la barque *non pontée*, dont la marche était incomparablement supérieure à celle des vaisseaux plats phéniciens désignés sous le nom de *gaulus*.

De leur côté, les Phéniciens, ayant chaque jour à souffrir des exactions des pirates grecs, s'attachaient à augmenter la vitesse de leurs *gaulus*.

Il en résulta que de part et d'autre les embarcations devinrent mieux conditionnées. Ainsi les *gaulus* virent effiler leur proue, arrondir leur poupe, et multiplier le nombre de leurs rameurs.

Le type des améliorations introduites à cette époque dans les constructions nautiques, est le navire que montaient les Argonautes dans leur expédition contre les pirates grecs, dont l'industrie commençait à paraître beaucoup moins légale.

Ce navire, qui se nommait *Argo*, était si léger, disent quelques auteurs, que *les Argonautes le transportèrent, sur leurs épaules, du Danube dans la mer Adriatique.*

Cette assertion n'est peut-être qu'une de ces figures de rhétorique dont les anciens étaient si prodigues. Cependant, elle n'a pas été démentie, et M. Le Roy [1] se borne à en conclure que ce navire *était vraisemblablement très-léger.*

Apollodore nomme *Pentécontore* le navire des Argonautes, parce qu'il avait cinquante rameurs.

Deux innovations dues encore aux Grecs succédèrent à celles que nous venons de signaler : l'une est l'usage des voiles ; l'autre, la séparation de la *cale* ou partie creuse du navire.

L'usage des voiles était probablement connu des Phéniciens ; en effet, on ne concevrait pas comment ces peuples eussent pu naviguer si longtemps sans songer à tirer parti du vent comme force motrice ; néanmoins, comme ce fut Dédale qui le premier régularisa ce moyen, on lui attribue généralement l'honneur de la découverte.

Sans être aussi importante, la *séparation de la cale* est fort intéressante à signaler.

Cette séparation n'avait point pour but, ainsi qu'on pourrait le supposer, de loger commodément différentes provisions que l'on emportait dans un voyage de long cours, mais bien d'empêcher le navire de couler bas quand il lui arrivait de heurter contre des récifs. Les vides formés par la division de la cale ne communi-

---

[1] *Marine des anciens.*

quant pas du tout ensemble, l'un ou plusieurs d'entre eux pouvaient être enfoncés sans que le navire cessât de rester à flot.

Enhardis par la sécurité que leur donnait ce système de construction, et pouvant, au moyen des voiles, entreprendre de longs voyages sans fatigue pour les rameurs, les navigateurs de tous les pays se lancèrent dans les excursions lointaines, augmentèrent considérablement les relations commerciales, et découvrirent de nouvelles contrées d'où ils apportaient des produits de toutes sortes.

« Nous apprenons de Diodore, dit M. Leroy, que vers le temps de la guerre de Troie, les Phéniciens trafiquaient dans toutes les parties de la Méditerranée et dans toutes les mers en général; qu'ils établirent des colonies dans l'Afrique et dans les pays occidentaux de l'Europe; et qu'ayant pénétré dans l'Océan, en passant les colonnes d'Hercule, après plusieurs journées de navigation, ils furent jetés dans une île dont ils firent les premiers la découverte. Strabon, d'accord avec Diodore, assure que les Phéniciens avaient parcouru une partie de la côte occidentale d'Afrique peu de temps après la guerre de Troie, et qu'ils y avaient même formé des établissements et bâti quelques villes.

Jaloux de leurs découvertes, ils cachaient avec soin les lieux où ils pénétraient les premiers, et cherchaient par toutes sortes de moyens à en dérober la connaissance aux autres nations. A cette époque reculée de l'histoire de la marine, leurs vaisseaux avaient si peu de capacité, et ils tirèrent des Pyrénées une si grande quantité d'argent, par le commerce avantageux qu'ils firent avec les habitants du pays, que ces vaisseaux ne pouvaient contenir tout ce qu'ils avaient amassé de ce métal précieux ; ils en substituèrent donc des morceaux considérables aux plombs qui chargeaient leurs ancres. »

Mais hélas ! ce n'est point à cela que fut bornée l'application de leurs connaissances nautiques.

La rivalité, la jalousie, la haine et tous les autres mobiles qui arment les peuples les uns contre les autres donnèrent à la marine une autre direction.

Ces navires qui semblaient devoir être des instruments de civilisation et de conquêtes pacifiques, devinrent des auxiliaires de carnage et de barbarie.

A peine maîtres de la mer, les hommes s'en servirent pour augmenter le théâtre de leurs batailles; ils la teignirent de leur sang, ils l'augmentèrent de leurs larmes ! et, chose étrange ! c'est aux guerres maritimes que l'on doit la plupart des progrès qui furent accomplis dans l'art de la navigation : tant il est vrai qu'il a fallu, dans tous les temps, que l'homme payât de sa vie les conquêtes de son travail et de son intelligence.

La plus mémorable des guerres qui eurent lieu à l'époque où nous sommes arrivés dans l'histoire de la navigation, est la guerre de Troie.

La flotte qui portait les assiégeants était composée d'environ douze cents vaisseaux dont Homère fait ainsi le dénombrement.

Les Béotiens avaient quatre-vingts vaisseaux ; les peuples de la Phocide, quarante ; les Locriens et les Abantes, même nombre chacun ; les Athéniens, cinquante ; les habitants de Salamine, douze; les peuples commandés par Diomède, quatre-vingts; ceux conduits par Agamemnon, cent; les Lacédémoniens, soixante; Nestor, quatre-vingt-dix; les Arcadiens, soixante; Amphimaque fils de Ctéatus, Thalpius fils d'Eurytus, Diorès fils d'Amaryncée et Polyxène fils d'Agasthène, chacun dix; Mégès, quarante; Ulysse, douze; Thoas, qui commandait les Étoliens, quarante; les Crétois, quatre-vingts; les habitants de l'île de Rhodes, neuf; Nirée, trois; Pheidippe et Antiphus, trente; Achille, cinquante; Protésilas, quarante; Eumélus, onze; Philoctète, sept; Podalyre et Machaon fils d'Esculape, trente; Eurypyle, quarante; Polypœtes et Léontéus, même nombre; Gunéus vingt-deux, et Prothoüs quarante.

On voit par ce dénombrement que la marine des anciens était déjà fort nombreuse au temps de la guerre de Troie.

Tous ces vaisseaux, à la vérité, n'étaient que de simples barques non pontées, des *pentécontores* semblables ou à peu près à celui des Argonautes; mais ils n'en formaient pas moins une marine déjà formidable par le nombre.

Une nouvelle invention vint alors augmenter cette marine dans chacun de ses éléments; cette invention fut celle des *trirèmes* ou *galères à plusieurs rangs de rames*.

L'invention des *trirèmes* ou *trières* remonte à la vingtième olympiade et fut mise au jour par Aminocles de Corinthe qui en construisit quatre pour les Samiens.

Toutefois, l'usage de ces nouveaux navires se répandit avec beaucoup de lenteur; il lui fallut deux cents ans pour se généraliser.

« Dans les deux siècles écoulés depuis l'invention de ces navires, dit M. Leroy, nous voyons les Corycéens soutenir un combat naval contre les Corinthiens; les Ioniens disputent à Cyrus l'empire de la mer; Polycrate, tyran de Samos, arme un grand nombre de vaisseaux et fait la conquête de l'île de Rhénie qu'il consacre à Apollon; et une colonie de Phocéens qui s'établit à Marseille gagne une bataille navale sur les Carthaginois; mais les *trières* furent de peu d'usage et en petit nombre dans ces combats; et Thucydide [1] nous apprend qu'elles ne commencèrent à devenir communes, que peu de temps après la guerre des Perses et la mort de Darius. »

En admettant, ce qui est parfaitement admissible, que la société des anciens ressemblait beaucoup à la nôtre eu égard à la routine, on peut conclure *à priori* du passage précédent que l'invention de la *trirème* était un progrès véritable, c'est-à-dire la chose du monde la plus difficile à faire accepter par des contemporains.

Hélas! oui, depuis l'origine des sociétés il en a tou-

---

[1] « Les Phocéens, dit Thucydide, construisant Marseille, vainquirent dans un combat naval les Carthaginois; et il est certain que dans leurs flottes, qui étaient les plus puissantes alors, quelques générations après la guerre de Troie, ils avaient peu de trirèmes, et qu'elles étaient presque toutes composées de vaisseaux longs de cinquante rameurs, comme celles qui furent employées dans la guerre de Troie. Mais peu de temps après la guerre des Mèdes et la mort de Darius, qui régna sur les Perses après Cambyse, on vit une grande quantité de trirèmes appartenant aux souverains de la Sicile sur les côtes de cette île, et d'autres armées par les Corycéens. Ces flottes furent les plus considérables dans la Grèce avant l'expédition de Xerxès; car les Athéniens et les Éginètes n'avaient encore que de petits vaisseaux dont la plupart n'avaient que cinquante rameurs. »

jours été de la sorte. Quand des hommes de génie, devançant leur siècle, ont produit des inventions qui devaient l'illustrer et l'enrichir, toujours il s'est trouvé d'autres hommes qui, déclarant *impossible* ce que leur intelligence étroite ne pouvait pas comprendre, ou ce que leur égoïsme se refusait à approuver, ont retardé l'application des idées les plus sublimes et les plus fécondes en résultats.

Galilée découvre le véritable mouvement de la terre; on le jette dans un cachot.

Salomon de Caus trouve le moyen d'appliquer la vapeur aux navires et aux voitures; on assassine son intelligence dans une des cellules de Bicêtre.

Vaucanson veut employer les machines à la fabrication des étoffes, et par là soulager l'homme d'une partie de ses labeurs; on le fait poursuivre à coups de pierres par des ouvriers auxquels on persuade que le projet du célèbre mécanicien va les réduire à la misère.

Parmentier parvient, à force de peines et de soins, à acclimater chez nous la *pomme de terre*, qui devait rendre plus tard à la France de si grands services; le peuple l'accuse de vouloir l'empoisonner.

Arrêtons-nous là dans cette énumération qui pourrait nous mener trop loin; et revenons à la *trirème*.

En quoi consistait cette espèce de navire? Quels étaient ses avantages?

C'est ce que nous allons examiner.

La *trirème* était un navire dans lequel les rameurs, au lieu d'être disposés sur une seule file comme dans les *pentécontores*, se trouvaient placés sur trois rangées.

Le fond de cette définition de la *trirème* a été généralement admis par tous les auteurs; mais on s'est beaucoup moins bien entendu sur la manière dont ces rangées de rameurs étaient disposées.

De graves et longues discussions ont eu lieu sur la question de savoir : si ces trois rangs de rameurs occupaient toute la longueur du navire et étaient superposés entre eux; ou bien si chacun de ces trois rangs était établi dans une partie spéciale de l'embarcation.

Après de nombreux débats, c'est cette dernière opinion qui a prévalu.

On a reconnu, tant par le calcul raisonné que par l'inspection des figures de la colonne Trajane, que ces trois rangs étaient disposés les uns au-dessus des autres dans toute la longueur du navire et ainsi qu'on le voit dans la figure ci-dessous.

Les rameurs assis sur chacun de ces étages recevaient des noms particuliers.

Ceux de l'étage inférieur se nommaient *thalamites*. Ils manœuvraient les rames les plus courtes, attendu qu'ils étaient les plus près de la surface de l'eau.

Ceux de l'étage moyen s'appelaient *zygites*.

Ceux de l'étage supérieur, *thranites*.

Néanmoins, si l'on en croit quelques auteurs, et en particulier M. Deslandes, il y aurait eu réellement des *trières* où les rameurs se trouvaient à la suite les uns des autres : les *thalamites* à la proue, les *zygites* au milieu du navire sur un gradin plus élevé, et les *thranites* à la poupe sur un autre gradin dominant les deux premiers.

Il dit même que les trois étages d'une *trirème* n'étaient point contigus; qu'une distance plus ou moins grande les séparait les uns des autres et que même dans un jour de combat on évitait qu'il y eût aucune communication entre les rameurs de ces divers étages, « afin d'empêcher que les désastres et les pertes qui pouvaient arriver dans l'un, n'effrayassent ceux qui se trouvaient dans les autres. »

Plus loin il ajoute : « Les rameurs de chaque étage, mêlés aux soldats qu'on nommait *classiarii*, avaient leur emploi particulier dans le combat : ce qui les attachait fortement à leur poste, à leurs fonctions, et leur ôtait l'inutile curiosité de se porter ailleurs. Les *thalamites*, par exemple, qui étaient à la proue, ne songeaient qu'à désemparer la galère ennemie et qu'à la mettre hors d'état de naviguer, et ils se servaient pour cela des pointes acérées, des crocs de fer ou d'airain dont cette proue était garnie. Les *zygites* travaillaient sans cesse : ils avaient en même temps soin de la manœuvre, qui dépendait du jeu des rames. Les *thranites* qui occupaient l'étage le plus haut, combattaient de près, et pour ainsi dire corps à corps avec ceux qui étaient dans les galères ennemies; ils jetaient encore des dards, des pierres, des flèches ardentes, des morceaux de bois enflammés, suivant l'avantage qu'ils se sentaient.... Tout cela, bien entendu et bien exécuté, devait séparer ces trois sortes de rameurs et ne mettre entre eux aucune intelligence. »

Quoiqu'il ne nous appartienne point de nous prononcer dans un débat de cette nature, nous croyons pouvoir admettre que les deux systèmes ont été employés. Cependant, comme le mot *trirème* ou *trière* veut dire trois rangs de rames et que dans le système exposé par M. Deslandes il n'y avait par le fait qu'un seul rang divisé en trois parties, nous définirons la *trirème* ou *trière* : *un navire dans lequel les rameurs étaient rangés sur trois files régnant de l'avant à l'arrière et placés les uns au-dessus des autres.*

A l'arrière de la *trirème* il existait une espèce de tente où se tenaient en temps de paix les officiers, et qui en temps de guerre était remplacée par une ou plusieurs tours du haut desquelles on lançait des projectiles de toutes sortes sur les vaisseaux de la flotte ennemie.

L'avant présentait un objet très-remarquable et qui dans les batailles rendait de fort grands services; je veux parler d'une grosse masse de fer à deux ou trois dents que l'on appelait *l'éperon* et au moyen de laquelle on perçait le flanc des navires ennemis.

Beaucoup de trirèmes avaient deux gouvernails, l'un à l'avant et l'autre à l'arrière : disposition qui était fort avantageuse en temps de guerre, attendu que les navires, après avoir fait usage de leur éperon pour défoncer leurs adversaires, pouvaient, sans être obligés de virer de bord, revenir promptement à la charge, ainsi que le firent à la bataille d'Actium les galères d'Auguste contre celles d'Antoine [1].

Tout en faisant les plus grands efforts pour augmenter la vitesse et la solidité de leurs navires, les anciens s'attachaient dès cette époque à leur donner un certain luxe.

Ainsi de brillantes peintures rehaussées d'or et des sculptures magnifiques en décoraient la proue; des pavillons de soie de toutes les couleurs flottaient coquettement à la poupe, hissés à l'extrémité d'un mât garni de rubans et de fleurs; de splendides tentures et de riches tapis ornaient l'endroit où se tenaient les officiers; des emblèmes de toute nature étaient répandus à profusion dans les diverses parties du navire, enfin des voiles d'une blancheur éblouissante achevaient de donner à cet ensemble une physionomie des plus riantes.

A la vérité cette physionomie s'évanouissait à l'approche d'un combat, pour faire place à une autre plus en rapport avec la circonstance. La proue était recouverte

[1] « Les vaisseaux d'Auguste au contraire étaient médiocres; et ils avaient leurs bords peu élevés au-dessus de l'eau... Ces galères tâchaient à force de rames d'aller plonger leurs éperons dans les vaisseaux ennemis... Quand une galère n'avait pu réussir, elle se retirait avec la même vitesse, sans être obligée de revirer de bord. Les rameurs seuls changeaient de place : ce qui pouvait se faire très-aisément et sans aucune confusion. Peut-être aussi que les bâtiments d'Auguste avaient un double gouvernail, ce qui rendait cette manœuvre encore plus rapide et plus facile. » (Deslandes.)

par de larges plaques d'airain d'où sortaient : au milieu, l'*éperon* dont nous avons parlé, et de chaque côté les *épotides*, espèce de grosses poutres destinées à prévenir l'abordage du navire ennemi. A la poupe s'élevait un rempart fait de planches, de peaux et d'étoupe. Le milieu du navire était occupé par le reste des combattants que l'on nommait *épibates* et qui étaient divisés en trois catégories : les *hoplites*, les *peltastes* et les *psiloï*.

Les *hoplites*, qui étaient revêtus d'un casque et d'une cuirasse de fer, tenaient en main la pique, l'épée et le bouclier. Ils combattaient sur le pont.

Les *peltastes* avaient pour armes offensives une épée large et courte, une petite pique et des espèces de faux nommées *drépanons* avec lesquelles ils coupaient les cordages. Ils portaient un petit bouclier nommé *pelta*. Leurs principales fonctions étaient de sauter à l'abordage, manière de combattre inventée par les Illyriens [1].

Les *psiloï*, postés derrière le rempart de la poupe ou montés sur les tours que l'on y dressait, lançaient sur les navires ennemis des pierres, des javelots, des flèches et des grappins.

Les officiers et fonctionnaires étaient assez nombreux. Il y avait à bord de chaque navire :

Le *trierarchos* ou commandant des soldats ;

---

[1] « Leur manière de combattre, dit Polybe, était particulière : ils réunissaient quatre de leurs vaisseaux ensemble, et, prêtant le flanc à ceux des ennemis qui venaient les attaquer, dès qu'ils étaient accrochés et comme suspendus à leurs éperons, ils sautaient sur leurs ponts, et accablant leurs ennemis par leur nombre, ils massacraient tout l'équipage du navire. »

Le *kubernétès* ou pilote, chargé spécialement de diriger la manœuvre et d'observer les astres;

Le *proratès*, ou sous-pilote qui avait la direction des rameurs et l'inspection des cordages;

Les *diopoï* qui, au moyen d'une sonde dont ils se servaient sans cesse, assuraient la marche du navire;

Les *toikarkoï* ou charpentiers, chargés de l'entretien du bâtiment;

Le *tamias* ou distributeur de vivres;

Le *logistès* ou caissier;

L'*eschareus* ou aumônier;

Les *triéraulès* ou musiciens, ayant pour mission de ranimer le courage ou les forces de l'équipage au moyen de la voix ou de trompettes.

Chaque flotte avait un amiral ou *strategos*, un vice-amiral ou *epistoleus* et un administrateur général ou *archi-kubernétès*. C'est ce dernier qui, après en avoir conféré avec l'amiral et le vice-amiral, indiquait aux pilotes (*kubernétès*) la route que la flotte devait suivre.

Tous les bâtiments de cette époque n'avaient qu'une seule voile que les uns faisaient carrée et les autres triangulaire. Cette dernière forme était néanmoins la plus généralement adoptée; on lui donna plus tard le nom de voile latine, nom qu'elle porte encore aujourd'hui.

La marine resta dans l'état que nous venons de décrire environ un siècle, de l'an 400 à l'an 300 avant J. C., espace de temps durant lequel s'accomplirent des faits nombreux où les vaisseaux jouèrent un grand rôle.

Parmi eux nous citerons:

La bataille de Marathon,

La bataille de Salamine,

Les expéditions de Cimon contre les Perses,

Les siéges de Samos et de Syracuse,

La prise d'Athènes par Lysandre,

Enfin les expéditions d'Alexandre.

Tous ces faits sont trop intéressants au point de vue de la tactique et des forces navales des anciens pour que nous nous bornions à les énumérer. Aussi dirons-nous quelques mots de chacun d'eux dans le chapitre suivant.

CHAPITRE SIXIÈME.

Bataille de Marathon. — Bataille de Salamine. — Expéditions de Cimon contre les Perses. — Sièges de Samos et de Syracuse. — Prise d'Athènes par Lysandre. — Expédition d'Alexandre.

La *bataille de Marathon* est rangée à juste titre parmi les plus grandes batailles navales de l'antiquité. Ce fut elle qui donna aux Athéniens la conscience de leur valeur sur mer; et à Darius qui voulait les asservir, la preuve que les plus grandes flottes ne peuvent résister au courage d'un peuple qui veut sérieusement défendre sa nationalité.

Voici quelles furent les circonstances qui amenèrent cette bataille. Darius, après avoir défait plusieurs fois Histiaeus qui, de son favori, était devenu son adversaire, voulut, encouragé par ces exploits, mettre les Athéniens sous sa domination.

La république athénienne était alors très-faible, tant en hommes qu'en vaisseaux. Aussi Darius qui pouvait disposer d'une flotte de cinq ou six cents galères et au moins cinq cent mille hommes de troupes, pensa-t-il qu'il lui serait fort aisé de soumettre les Athéniens. Il leur envoya donc demander par son gendre Mardonius, *la terre et l'eau*, c'est-à-dire la possession de tout leur pays.

Pour toute réponse à cette sommation les Athéniens réunirent leur petite armée, qui se montait tout au plus à douze ou quinze mille hommes, et leurs vaisseaux dont le nombre ne dépassait pas cinquante ou soixante.

La bataille se livra dans les plaines de Marathon où les Perses étaient venus camper.

Miltiade commandait les Athéniens; l'amiral de la flotte perse était Datis.

Après un engagement des plus meurtriers, les Perses furent obligés de regagner leurs vaisseaux en toute hâte; mais Miltiade ne leur laissa même pas le temps de fuir, il s'embarqua avec ses braves guerriers sur sa petite flotte, et ayant rejoint celle des Perses, la défit presque entièrement.

Les apprêts de la *Bataille de Salamine*, semblaient devoir faire courir aux Athéniens des dangers bien plus sérieux encore, que ne l'avaient fait ceux de la bataille de Marathon.

Darius étant mort de *tristesse*, disent les historiens, à la suite de cette dernière bataille, son fils Xerxès lui avait succédé; et jaloux de venger la défaite essuyée par son père, le nouveau roi avait rassemblé une armée de cinq millions d'hommes.

A l'exemple de son père, Xerxès envoya demander aux Athéniens *la terre et l'eau.*

Les Athéniens, cette fois, ne se contentèrent pas d'être énergiques dans leur réponse : ils furent cruels, ce que l'histoire ne leur pardonnera pas. Des deux envoyés de Xerxès, l'un fut enterré vivant; l'autre, jeté dans un puits, par une allusion barbare à l'injonction qu'ils étaient venus faire au nom de leur maître.

Aussitôt qu'il eut connaissance de cette atrocité le roi des Perses se dirigea vers la Grèce.

Dans le vaisseau qu'il montait, on retrouvait le faste dont Xerxès aima toujours à s'entourer. La carène de ce navire était toute dorée, ses voiles étaient de pourpre et ses cordages en soie.

La flotte des Grecs était un peu plus considérable que lors de la bataille de Marathon; on y comptait environ trois cents galères. Augmentation due à Thémistocle, qui partageait avec Miltiade et Eurybiade le commandement des armées athéniennes, et qui dès son entrée au pouvoir s'était attaché à organiser la marine de son pays[1].

Sur son chemin, Xerxès livra aux Grecs, tant sur terre que sur mer, quelques combats dont le plus mémorable fut celui des Thermopyles; et il arriva enfin près des bords de l'Attique.

A l'aspect de la flotte innombrable que conduisait

---

(1) « Il changea, dit Platon, d'excellentes troupes de terre en matelots et gens de mer, et il mérita le reproche d'avoir arraché aux Athéniens la pique et le bouclier pour les attacher aux bancs et à la rame. » Selon nous, ce reproche est un honneur

Xerxès, les Athéniens furent en proie à la consternation la plus profonde.

Plusieurs de leurs alliés les avaient lâchement abandonnés; ils avaient éprouvé d'assez nombreuses pertes dans les batailles que Xerxès leur avait livrées sur sa route; le combat des Thermopyles leur avait enlevé Léonidas, l'un de leurs meilleurs généraux; ils étaient enfin dans une de ces situations terribles dont l'issue, quand elle est malheureuse, détruit de fond en comble un empire.

Dans ces tristes conjonctures, et interprétant selon ses vues un oracle de la Pythie qui avait déclaré que le seul salut des Athéniens était dans des *murailles de bois*, Thémistocle enjoignit à ses concitoyens d'abandonner la ville; et ayant fait transporter dans les îles voisines tous les individus incapables de porter les armes, il embarqua le reste sur ses navires qui, disait-il, étaient, à n'en pas douter, les *murailles de bois* indiquées par l'oracle.

Ainsi équipée, cette flotte rejoignit les autres vaisseaux grecs qui stationnaient dans les environs de l'île de Salamine, et toute l'armée navale passa sous les ordres d'Eurybiade.

C'est dans ces circonstances que furent prononcées par Thémistocle ces trois mots devenus si célèbres : *Frappe, mais écoute;* et voici à quelle occasion :

Eurybiade, effrayé par le nombre des ennemis, voulait se retirer. — Thémistocle s'y opposa. — Alors Eurybiade, choqué de se voir désapprouvé par celui qui dans ce moment était son inférieur : — Thémistocle! dit-il, dans les jeux publics, on châtie ceux qui se lèvent avant d'en avoir reçu l'ordre. — C'est vrai, répondit Thémistocle, mais aussi on ne couronne jamais ceux qui restent en arrière. — Eurybiade, piqué au vif, leva son bâton sur Thémistocle, qui lui repartit sans s'émouvoir : — *Frappe, mais écoute.*

Eurybiade, revenu à lui-même, s'entendit avec son collègue, et il fut décidé que l'on attaquerait les Perses avec autant d'impétuosité que possible.

Les Grecs encouragés par Thémistocle accueillirent cette résolution avec enthousiasme.

Mais lorsqu'ils aperçurent la flotte de Xerxès occuper en se déployant une étendue que l'œil pouvait à peine embrasser, l'épouvante les prit de nouveau, et presque toute leur flotte se mit à fuir du côté de la mer de Grèce.

Thémistocle alors, voyant que tout était perdu sans retour s'il ne s'empressait d'y porter remède, conçut un stratagème qui pouvait seul sauver sa patrie de la ruine et de la honte.

Il envoya dire à Xerxès que la flotte des Grecs était en débandade, et que s'il voulait l'anéantir il le pouvait en l'attaquant sur-le-champ.

Au reçu de cet avis, Xerxès, s'imaginant que Thémistocle trahissait ses compagnons d'armes, fit immédiatement occuper tous les défilés par où les Grecs pouvaient s'enfuir.

C'était ce que désirait Thémistocle.

Ainsi bloqués de toutes parts et contraints d'accepter le combat, les Grecs se rallièrent au plus vite.

Il ne leur restait qu'à vaincre ou à périr. Ils furent

vainqueurs, et la Grèce une seconde fois délivrée de ses plus puissants ennemis.

Un des principaux épisodes de cette bataille fut accompli par une femme : la courageuse Artémise, dont l'histoire fait mention en plusieurs endroits, et qui combattait du côté des Perses.

Cette intrépide reine, qui commandait cinq vaisseaux à la bataille que nous relatons, voyant celui qu'elle montait sur le point d'être pris, imagina de couler bas un vaisseau de ses alliés, afin de faire croire aux Grecs qu'elle combattait pour leur cause. Sa ruse eut un heureux succès ; les Athéniens qui la poursuivaient lui jetèrent des cris de triomphe, et la vaillante amazone profita du sentiment d'admiration qu'elle venait de susciter en eux pour échapper à leurs atteintes.

Si tous les soldats de Xerxès eussent eu l'intrépidité d'Artémise, il est probable que la bataille de Salamine se serait passée différemment. Mais s'appuyant sur leur nombre et n'ayant pas d'ailleurs plus de tactique que de bravoure, les Perses, à quelques exceptions près, se laissèrent battre comme des enfants, et justifièrent parfaitement cette apostrophe que Xerxès leur lança, dit-on, pendant la bataille en voyant le courage d'Artémise : *Ici les hommes combattent en femmes, et les femmes en hommes.*

Les *expéditions de Cimon contre les Perses* ne sont pas aussi généralement connues que les batailles de Marathon et de Salamine ; ce qui n'empêche pas que ce grand général n'ait rendu autant de services à la marine de son pays que Miltiade, dont il était le fils, et que Thémistocle dont il fut le rival sous plusieurs rapports.

Choisi pour remplacer Thémistocle, à qui ses ingrats concitoyens enlevèrent le commandement de leur flotte, après la bataille de Salamine, Cimon continua très-habilement l'œuvre de son prédécesseur.

Voulant donner à Athènes une prépondérance maritime très-marquée sur Lacédémone et Sparte, il laissa s'augmenter la répugnance que les peuples de ces deux États avaient pour les expéditions navales, et en vint au point de n'avoir que des Athéniens sur ses vaisseaux.

Les expéditions de Cimon furent très-multipliées. Il concourut à chasser les garnisons que Xerxès en s'éloignant avait laissées sur l'Hellespont, à Chypre et à Byzance; et ces garnisons s'étant retirées à Éione, il y courut et se réempara de cette ville.

Il débarrassa la mer Égée des pirates dolopes qui l'infestaient; entreprit plusieurs excursions lointaines; fonda différentes colonies, et enfin remporta sur Artaxerxès, à l'embouchure du fleuve Eurymédon, une bataille à la suite de laquelle les Perses furent obligés de consentir à mettre toujours, entre leurs armées et les mers de la Grèce, la distance de la *course d'un cheval*.

Malheureusement pour la république athénienne, Cimon reçut quelque temps après, au siége de Citium, une blessure des suites de laquelle il mourut. Événement qui fit faire à la marine grecque son premier pas vers la décadence.

On doit à Cimon l'invention des *ponts de combat*. C'étaient des espèces de planchers mobiles que l'on adaptait aux bastingages des galères, et qui permettaient à celles-ci de recevoir un plus grand nombre d'hommes.

Le *siége de Samos* entrepris par Périclès qui avait succédé à Cimon, eut pour cause l'influence que les Samiens commençaient à acquérir sur la mer; ce qui portait ombrage aux Athéniens.

Mais il fallait un prétexte, et Périclès le trouva dans un démêlé que les habitants de Milet et les Samiens avaient ensemble.

Périclès ayant offert l'intervention des Athéniens, et les Samiens l'ayant refusée, ce qui était probable, attendu qu'il existait une rivalité jalouse entre ces deux peuples, Périclès assiégea Samos et s'en empara.

Un traité fut alors conclu entre les Samiens et les habitants de Milet. Mais les Samiens ayant rompu le pacte, Périclès accourut les assiéger de nouveau.

Ce siége fut moins heureux pour Périclès que le premier, ou plutôt Périclès s'y montra moins habile. Ayant voulu donner la chasse à une flotte phénicienne qui avait paru devant Samos pendant qu'il en faisait le siége, les Samiens profitèrent de son éloignement momentané pour prendre et brûler les navires qu'il n'avait pas emmenés avec lui.

Périclès, obligé de s'éloigner, revint bientôt à la charge avec une flotte plus considérable; et après un siége qui ne dura pas moins de neuf mois, se rendit maître de la ville dont il fit raser les murailles.

Ce fut vers ce temps-là que commença la guerre du

Péloponèse qui eut pour origine un débat survenu entre les Corinthiens et les Corcyréens, à propos de la ville d'Épidaure, que ces deux peuples de la confédération grecque avaient fondée ensemble, et d'où les premiers avaient chassé les seconds.

Les différents États de la Grèce, qui depuis longtemps nourrissaient une jalouse rivalité les uns contre les autres, saisirent cette occasion pour rompre l'ancienne unité qui faisait leur force. Les uns prirent parti pour les Corcyréens, les autres pour les Corinthiens, et la Grèce alors se trouva divisée en deux camps : celui des Athéniens et celui des Spartiates.

Les Athéniens qui défendaient les Corcyréens avaient pour alliés : les Ioniens, les Doriens, les Cariens, les habitants de Mitylène et plusieurs peuples de l'Hellespont.

Aux Spartiates qui avaient pris le parti des Corinthiens s'étaient joints : les Mégariens, les Eubéens, les Ciconiens, les Leucadiens et les Palliniens.

Trois campagnes eurent lieu. Dans la première l'avantage fut pour les Athéniens commandés par Périclès ; mais les Spartiates prirent bientôt après leur revanche. Ils ravagèrent l'Attique dont les habitants se sauvèrent à Athènes où les surprit un fléau bien plus redoutable encore que la guerre, la peste, puisqu'il faut l'appeler par son nom, comme a dit la Fontaine.

Ces malheurs ne découragèrent point Périclès. Il arma une nouvelle flotte et se disposa à aller mettre le siége devant Épidaure.

Mais hélas ! quand la mauvaise fortune s'empare d'un

homme elle ne le lâche pas si vite, et Périclès devait, à dater de ce moment, marcher jusqu'à sa mort de catastrophe en catastrophe.

Un phénomène qui n'est plus aujourd'hui qu'un objet de curiosité, mais qui effrayait beaucoup les anciens, une éclipse de soleil, survint tout à coup au moment où Périclès embarquait son armée.

Les soldats en tirèrent un funeste augure, et Périclès eut beau chercher à ranimer leur courage, il ne put réussir à dissiper l'impression que ce phénomène leur avait causée.

Pour comble de malheur, la flotte à peine arrivée devant Épidaure, commença d'être décimée par une épidémie. Cette nouvelle calamité rendit les Athéniens encore plus craintifs ; ils en devinrent injustes. Ils accusèrent Périclès d'être l'auteur des maux qu'ils souffraient, lui enlevèrent le commandement de la flotte et lui firent payer une très-forte amende.

Ils proposèrent ensuite aux Spartiates de suspendre les hostilités. Mais ceux-ci ayant refusé, les Athéniens se décidèrent à rappeler Périclès.

Périclès revint ; il réorganisa la flotte qui durant son absence avait été loin de s'améliorer, et se disposait à continuer la guerre quand il fut atteint de la peste.

Une trêve fut alors conclue entre les Athéniens et leurs adversaires.

Le *siége de Syracuse*, qui eut lieu dans la dix-huitième année de la guerre du Péloponèse, contribua puissamment à hâter la décadence des Athéniens, qui depuis quelque temps, semblaient se précipiter tête baissée dans toutes les entreprises qui pouvaient les perdre.

Ce siége eut pour origine une dispute qui s'était élevée entre deux villes de la Sicile : Égeste et Sélinonte : villes séparées par un simple ruisseau, et qui jetaient l'une sur l'autre ces regards de haine et de convoitise si fréquents, hélas! entre deux voisins, que ces voisins soient des individus ou des peuples.

Les habitants de Sélinonte ayant tenté de franchir leurs limites, les Égestins les avaient repoussés et la guerre s'était allumée.

Dans cet état de choses, les Égestins firent demander des secours à Athènes; et pour décider cette république à les leur accorder, ils insinuèrent aux Athéniens qu'il leur serait facile, au moyen de la guerre projetée, de s'emparer de Syracuse qui avait embrassé la cause des habitants de Sélinonte. Or, comme Syracuse était une ville sur laquelle les Athéniens avaient des vues depuis fort longtemps, ils accueillirent très-bien les envoyés des habitants d'Égeste.

Syracuse était, en effet, une proie magnifique, non-seulement à cause des trésors qu'elle contenait, mais parce qu'une fois maître de ce point, le plus important de la Sicile, on pouvait aisément s'ouvrir un chemin vers Carthage, s'emparer de toute l'Afrique et pousser même jusqu'aux colonnes d'Hercule : ce qui était le rêve des Athéniens.

Néanmoins on ne se dissimulait pas toutes les difficultés d'une entreprise contre Syracuse ; on savait que les Syracusains opposeraient à l'attaque de leur ville une défense des plus énergiques, et peut-être eût-on suivi les sages conseils de l'un des chefs de la république, le prudent Nicias qui était opposé au projet, si son collègue, l'impétueux Alcibiade, n'avait pas eu la malheureuse habileté de faire oublier la voix de la raison par les prestiges de l'éloquence.

Dans le conseil qui fut tenu à ce sujet, Nicias et Alcibiade avaient successivement pris la parole :

« Quelle utilité, avait dit Nicias, peut-il en revenir à la
» république ? Est-ce que nous n'avons pas assez d'enne-
» mis près de nous, sans en aller chercher si loin ? Est-il
» de votre sagesse de hasarder ce que vous possédez, sur
» l'espérance d'un avantage incertain ? de songer à faire
» de nouvelles conquêtes avant d'avoir assuré les an-
» ciennes ? de ne vous occuper que de votre agrandis-
» sement, et de négliger absolument le soin de votre
» propre sûreté…. Vous n'ignorez pas quelle a toujours
» été et quelle est encore la disposition des Lacédémo-
» niens à notre égard. Ils abhorrent notre gouvernement
» comme contraire au leur, ils voient avec douleur et
» dépit l'empire de la Grèce entre nos mains, ils regar-
» dent votre gloire comme un sujet de honte et de confu-
» sion pour eux ; et il n'y a rien qu'ils ne soient prêts
» à faire pour humilier et abaisser une puissance qui
» leur fait ombrage et les tient toujours dans la crainte.
» Voilà quels sont nos véritables ennemis ; voilà contre
» qui nous devons être en garde. Sera-t-il temps de

» faire ces réflexions, lorsqu'après avoir partagé nos
» troupes et pendant que nous serons occupés ailleurs et
» hors d'état de leur résister, toutes les forces du Pélo-
» ponèse viendront fondre sur nous ?... Laissons les Sici-
» liens dans leur île vider entre eux leurs querelles,
» sans nous y embarrasser. Que les Égestins se retirent
» sans nous d'une guerre qu'ils ont entreprise sans
» nous. »

Puis, faisant allusion à Alcibiade, il avait ajouté :

« Que si quelqu'un de vos généraux vous conseille
» cette entreprise par ambition ou par intérêt, pour faire
» parade de ses magnifiques équipages, ou pour trouver
» de quoi fournir à ses dépenses, ne soyez pas assez im-
» prudents pour sacrifier les intérêts de la république aux
» siens, ou pour souffrir qu'il la ruine en se ruinant
» lui-même. »

Commençant par répliquer à la péroraison de Nicias, Alcibiade avait répondu :

« Ce n'est pas d'aujourd'hui que le mérite a excité la
» jalousie, et que la gloire a fait des envieux. On me fait
» un crime, j'ose le dire, de ce qui fait honneur à ma
» patrie, et de ce qui devrait m'attirer des louanges.
» L'éclat dans lequel je vis, les dépenses que je fais,
» surtout dans les assemblées publiques, outre qu'elles
» sont justes et légitimes, relèvent la gloire d'Athènes
» dans l'esprit des étrangers et font voir qu'elle n'est
» point épuisée d'argent, comme nos ennemis se l'ima-
» ginent. »

Puis, abordant le fond de la question :

« Les villes de Sicile, dit-il, lasses du gouvernement

» injuste et cruel de leurs princes, et encore plus de
» l'autorité tyrannique que Syracuse exerce sur elles,
» n'attendent qu'un moment favorable pour éclater, et
» sont prêtes à ouvrir leurs portes à quiconque s'offrira
» pour rompre le joug sous lequel elles gémissent depuis
» longtemps. Quand les Égestins, comme vos alliés,
» n'auraient pas droit à votre protection, la gloire
» d'Athènes devrait vous engager à les soutenir. C'est
» en secourant les opprimés que les États s'agrandis-
» sent, et non en restant oisifs. Dans la conjoncture où
» vous vous trouvez, harceler les uns, arrêter les autres,
» donner de l'occupation à tous et porter au loin vos
» armes, c'est l'unique moyen d'abattre le courage de
» vos ennemis et de montrer que vous ne les craignez
» point. Athènes n'est point née pour le repos, et ce
» n'est point par cette voie que nos ancêtres l'ont portée
» au point de grandeur où nous la voyons. Au reste, que
» hasardez-vous dans l'entreprise dont il s'agit? Si elle
» réussit, elle vous rendra maîtres de toute la Grèce ; et si
» le succès ne répond pas à vos désirs, votre flotte vous
» laissera la liberté de vous retirer quand il vous plaira.
» Il est vrai que les Lacédémoniens peuvent entrer dans
» notre pays : mais outre que nous ne saurions l'em-
» pêcher, quand nous n'irions pas en Sicile, nous demeu-
» rerons toujours, malgré eux, maîtres de la mer ; et c'est
» ce qui ôte à nos ennemis toute espérance de pouvoir
» nous vaincre. Que les raisons de Nicias ne vous tou-
» chent donc point, elles ne tendent qu'à semer la division
» entre les jeunes gens et les vieillards, qui ne peuvent
» rien les uns sans les autres, puisque c'est de la pru-

» dence et du courage, du conseil et de l'exécution que
» dépend le succès de toutes les entreprises. Celle-ci ne
» peut tourner qu'à votre gloire et à votre avantage. »

Entraînés par toutes ces raisons, dont la meilleure ne valait pas, surtout dans les circonstances où l'on se trouvait, la plus mince de celles exposées par Nicias, les Athéniens se déterminèrent à porter le siége devant Syracuse.

Toutefois un épisode qui n'a jamais été bien expliqué, vint ébranler la confiance que l'on avait dans cette expédition. Une nuit, et pendant que l'on faisait les préparatifs nécessaires, toutes les statues de Minerve furent mutilées.

Ce fait si imprudent et si impie de la part de ses auteurs, fut considéré comme un sinistre présage. Alcibiade fut accusé d'en avoir été l'instigateur, et l'on suspendit les apprêts du départ afin de lui faire son procès.

Ce procès fut commencé; mais Alcibiade avait tellement su se concilier l'affection des soldats et des marins que ceux-ci se déclarèrent en sa faveur et que l'affaire en resta là.

Bientôt après la flotte se mit en route. Jamais, au rapport des historiens, on n'en avait vu sortir d'Athènes une plus nombreuse ni aussi richement équipée.

« Les galères [1] avaient tâché de se surpasser par la pompe et la magnificence de leurs ornements. Les peintures les plus éclatantes, les sculptures les plus délicates, les dorures les plus somptueuses les décoraient. Les

---

[1] Eugène Sué, d'après Plutarque et Thucydide.

banderoles de soie, les voiles teintes de diverses couleurs, les rames peintes d'azur et de vermillon rehaussé d'or rendaient ces bâtiments plus semblables à des galères de plaisance qu'à des navires de guerre. Les matelots et les soldats, tous gens de cœur et éprouvés, étaient vêtus avec une sorte de luxe ; le cuivre et l'étain brillaient sur leur armure, tandis que l'or et l'argent étincelaient sur celle des chefs. Avant de quitter le port cette flotte magnifique fut un spectacle pour toute la ville : on eût dit que loin de partir pour une guerre redoutable, elle se préparait à donner une fête splendide en l'honneur de Neptune. Lorsque les équipages s'embarquèrent au Pirée, tout le peuple les accompagna au son des instruments, en faisant des vœux pour la conquête de la Sicile. On se livrait à la joie et à l'espérance. Sur le rivage ce n'étaient que sacrifices et libations pour se rendre les divinités favorables. »

Le premier exploit de l'expédition fut la prise de Catane dont Alcibiade se rendit maître par surprise.

C'était assez bien débuter. Mais alors le *vaisseau de Salamine*, vaisseau que les Athéniens employaient uniquement au transport des coupables, parut en vue de la flotte.

Il venait chercher Alcibiade, que l'on avait laissé partir pour ne pas indisposer les matelots et les soldats, mais dont on n'avait pas oublié le procès.

Alcibiade ne fit aucune résistance et partit pour Athènes. Mais à peine eut-il mis pied à terre qu'il disparut et se réfugia chez les Lacédémoniens pour éviter la mort qu'il prévoyait devoir trouver dans sa patrie.

Ses juges, en effet, le condamnèrent à mort par contumace.

Cet événement, qui fut une très-grande faute de la part des Athéniens, eut beaucoup d'influence sur le sort de la campagne. D'abord, il jeta le découragement parmi les matelots et les soldats; secondement, il chargea Nicias d'un poids qu'il était peut-être incapable de porter seul; enfin il fut cause que les habitants de Messine, qui avaient promis de se livrer à Alcibiade, retirèrent leur parole dès qu'ils eurent eu connaissance du rappel de ce général.

Malgré tout, la campagne fut continuée. Mais au lieu d'aller directement mettre le siége devant Syracuse, ainsi qu'Alcibiade l'avait résolu, Nicias voulut d'abord faire celui d'Hybla, petite ville de fort peu d'importance où il eut la honte d'échouer.

Cette défaite eut le double désavantage de discréditer tout à fait Nicias aux yeux de ses soldats, et de donner aux Syracusains le temps de se préparer à la défense.

Sur les conseils d'Alcibiade qui saisit cette occasion de se venger de ses concitoyens, les Lacédémoniens envoyèrent au secours de Syracuse une flotte commandée par Gylippe, un de leurs meilleurs capitaines; les Corinthiens firent de même, et Nicias fut alors environné par terre et par mer, d'ennemis nombreux et déterminés.

Il éprouva successivement plusieurs pertes, et bien qu'il eût reçu des renforts d'Athènes et de Ségeste, il se trouva bientôt dans une situation que dépeindront les passages suivants extraits d'une lettre qu'il écrivit à Athènes.

« ..... Je vous ai déjà informés de ce qui se passait ici ; mais il est nécessaire que vous sachiez l'état présent des affaires pour y donner ordre. Après que nous avons remporté l'avantage dans plusieurs combats, et que nous avons presque achevé notre circonvallation, Gylippe est entré dans Syracuse avec des troupes de Lacédémone et de Sicile, et ayant été battu la première fois, a été victorieux la seconde, par le moyen de sa cavalerie et de ses gens de trait. Nous demeurons donc renfermés dans nos retranchements, sans oser rien entreprendre, ni pouvoir achever notre contrevallation, à cause des forces supérieures de nos ennemis : car une partie de nos soldats sont occupés à garder nos forts, de sorte que nous ne pouvons pas nous servir de toutes nos troupes dans un combat. D'ailleurs, comme les Syracusains ont coupé nos lignes par un mur à l'endroit où elles n'étaient pas achevées, nous ne pouvons plus envelopper la place, à moins que nous ne forcions leurs retranchements, et d'assiégeants nous sommes devenus assiégés, sans oser nous écarter, dans la crainte de leur cavalerie.

» Non contents de ces avantages, ils font venir de nouveaux secours du Péloponèse, et ont envoyé Gylippe pour obliger les villes neutres de la Sicile à se déclarer, et les autres à leur envoyer des hommes et des vaisseaux pour nous attaquer par terre et par mer..... Les galères font eau de tous côtés, parce qu'on ne peut les tirer à sec pour les radouber...... Pour l'équipage, il dépérit tous les jours à vue d'œil, parce que plusieurs s'écartant pour la maraude, ou pour aller chercher du bois et de l'eau, sont surpris et tués par la cavalerie. Les esclaves, tentés par le voisinage du camp des ennemis, désertent et s'y rendent en grand nombre. Les étrangers qu'on a levés par force se dissipent ; et ceux qu'on a enrôlés pour de l'argent, qui pensaient venir au pillage plutôt qu'au combat, trouvant tout le contraire, vont se rendre aux ennemis qui sont proches, ou se cachent dans la Sicile.

» Mais ce qu'il y a de plus fâcheux, c'est qu'avec toute mon autorité de général, je ne puis empêcher ce désordre.... Nos alliés de Sicile sont hors d'état de nous aider ; et si les villes d'Italie, d'où nous tirons notre subsistance apprenant l'extrémité où nous sommes réduits, et que vous ne songez point à nous envoyer du secours, se joignent aux Syracusains, nous sommes absolument perdus, sans que l'ennemi ait besoin de nous livrer aucun combat. »

Aussitôt la réception de cette lettre, qui fit sur eux l'impression la plus pénible, les Athéniens s'empressèrent d'envoyer de nouveaux renforts à Nicias.

Une flotte de soixante-cinq vaisseaux fut équipée avec toute la célérité que commandaient les circonstances, et on la plaça sous le commandement d'Eurymédon et de Démosthène.

Mais pendant le temps que l'on mit à lever cette flotte, les Syracusains qui reconnaissaient leurs avantages ne laissaient pas les assiégeants tranquilles. Plusieurs engagements eurent lieu tant sur terre que sur mer. A dire vrai, les Athéniens remportèrent quelquefois la victoire, mais en somme, leurs pertes furent beaucoup plus considérables que celles de leurs ennemis.

Enfin Démosthène arriva. Le secours qu'il amenait ranima le courage des Athéniens qui depuis longtemps s'étaient résignés à ne plus revoir le ciel de leur patrie.

Démosthène, s'apercevant de l'effet que produisait son arrivée, résolut d'en profiter, et proposa à Nicias d'attaquer immédiatement Syracuse. Nicias, n'osant pas contrarier son collègue, se rendit à son avis, et la nuit suivante, Démosthène à la tête de dix mille hommes vint donner l'assaut à la ville.

Ainsi surpris à l'improviste, les Syracusains eurent un instant le dessous; mais bientôt après, reprenant l'avantage, ils repoussèrent vigoureusement Démosthène, qui laissa plus de deux mille hommes sur la place.

Découragé par un échec aussi terrible, Démosthène fut d'avis qu'on levât le siége; ce qui sans doute eût été le meilleur parti. Mais Nicias qui voyait pour lui dans cette retraite une honte irréparable, refusa cette fois de partager l'avis de son collègue, et voulut au contraire tenter de réparer dans un combat naval la défaite qu'ils venaient d'essuyer sous les murs de Syracuse.

Il fut donc résolu que l'on attaquerait la flotte des Syracusains. Hélas! cette fois encore la victoire se rangea du côté des assiégés, et les Athéniens se virent obligés de prendre la fuite.

Une seule chose alors leur restait à faire : c'était de conserver les débris de leur flotte. Mais pour y réussir il fallait s'éloigner sans aucun retard, et ne pas perdre son temps, ainsi que voulut le faire Nicias, à offrir des sacrifices aux dieux.

Cet hommage intempestif eut la conséquence que l'on

peut prévoir. Les Syracusains allèrent se ranger de façon à barrer le passage aux Athéniens; et ayant en outre réussi à séparer Démosthène de Nicias, ils les attaquèrent séparément et engloutirent presque tous leurs vaisseaux.

Dans cette sanglante affaire qui termina le siége de Syracuse, les deux généraux perdirent la vie [1], et la marine athénienne reçut un coup dont elle ne put jamais se relever.

La prise d'Athènes par Lysandre fut amenée par des événements de diverse nature.

Les personnages qui jouèrent les principaux rôles dans ces événements, furent Alcibiade, Pisandre, Conon, Callicratidas, et enfin Lysandre.

Alcibiade qui s'était retiré, comme nous l'avons vu plus haut, chez les Lacédémoniens, reçut d'eux des propositions tendant à achever la destruction de la puissance athénienne, si fortement ébranlée par le siége de Syracuse.

De leur côté, les Athéniens, reconnaissant la faute qu'ils avaient commise en condamnant Alcibiade, lui firent proposer de revenir à eux.

---

[1] Obligés de se rendre, Nicias et Démosthène avaient demandé et obtenu la vie sauve pour eux et pour les leurs. Mais le conseil de Syracuse exigea que les prisonniers passassent en jugement. Les Athéniens de condition libre furent envoyés dans les carrières, les esclaves vendus, et les deux généraux battus de verges et mis à mort.

Alcibiade, qui malgré tout aimait sa patrie, ne balança point à accepter l'offre des Athéniens; seulement il mit pour condition à son retour, que l'ancienne aristocratie serait rétablie.

Cette condition offensa bien un peu les Athéniens qui, malgré leur amour pour le luxe, étaient sincèrement attachés à l'organisation sociale démocratique; cependant les circonstances étaient si pressantes, et le besoin d'un vaillant général si grand, qu'ils se soumirent à la condition imposée par Alcibiade.

Sur ces entrefaites, Pisandre qui avait été choisi comme ambassadeur auprès d'Alcibiade revint à Athènes, et jugeant que la direction des affaires appartiendrait à celui qui saurait s'en emparer, il essaya de faire tourner les circonstances à son profit.

Dans ce but, il proposa un décret dans lequel il était dit : que le gouvernement serait remis aux mains de quatre cents hommes ayant un pouvoir absolu, mais qui dans de graves circonstances convoqueraient cinq mille citoyens.

Le peuple ayant accepté le décret, Pisandre se rendit aussitôt dans le sénat à la tête des quatre cents, et précédé de cent vingt jeunes gens armés de poignards. Il chassa les sénateurs, nomma des magistrats de son choix, et fit déclarer que les bannis ne seraient point rappelés; ce qui empêchait le retour d'Alcibiade dont il craignait la supériorité.

Pendant cette expédition qui fut accompagnée d'assassinats, de bannissements, etc., Alcibiade était à Samos, où se trouvait l'armée des Athéniens.

Dix députés y arrivèrent pour annoncer la réforme accomplie par Pisandre.

A cette nouvelle l'armée manifesta son mécontentement dans les termes les plus vifs; elle accueillit par des huées les sollicitations des ambassadeurs, et demanda à marcher immédiatement sur Athènes pour en chasser les quatre cents tyrans.

Alcibiade calma cette impétuosité qui pouvait tout perdre; il mit les députés sous sa sauvegarde et leur promit de faire accepter l'autorité des cinq mille citoyens, pourvu que les quatre cents fussent déposés et le sénat rétabli.

Les Athéniens se conformèrent à cette réponse; ils déposèrent les quatre cents et firent supplier Alcibiade de rentrer dans sa ville natale.

Il eût été sans doute fort doux pour Alcibiade de revenir au milieu de ses concitoyens, mais il ne voulut pas profiter de la grâce qui lui était offerte, avant de s'en être rendu digne par de nouveaux exploits utiles à son pays.

En conséquence, il alla croiser avec quelques navires dans les environs des îles de Cos et de Cnide, et y ayant rencontré la flotte athénienne qui poursuivait celle du Péloponèse, commandée par Myndare, il se joignit à la première et battit les Péloponésiens.

Mis en prison un peu plus tard par Tissapherne, un des principaux satrapes de la Perse, qu'il était allé visiter en ami, il s'échappa, rejoignit la flotte athénienne sur laquelle se trouvaient Théramène et Thrasybule, et ayant appris que Myndare s'était emparé de la ville de Cyzique, il s'y rendit aussitôt.

La flotte athénienne se composait de quatre-vingt-six navires. Alcibiade en prit seulement vingt, pour faire croire à Myndare qu'il n'était pas de force à soutenir le combat, et laissa les autres derrière l'île de Préconèse, sous le commandement de Théramène et de Thrasybule.

Ce stratagème lui réussit à merveille. Myndare trompé par l'apparence se hâta d'engager l'action; Alcibiade feignit de prendre la fuite, Myndare le poursuivit, et lorsque tous les vaisseaux eurent dépassé l'île de Préconèse, Théramène et Thrasybule fondirent sur eux par derrière en même temps qu'Alcibiade faisait volte-face.

La bataille fut longue, car Myndare était un vaillant général et ses matelots fort courageux; mais enfin la flotte péloponésienne finit par être mise en déroute, Myndare fut tué et les Athéniens devinrent les maîtres de l'Hellespont.

Après cette victoire Alcibiade crut pouvoir retourner dans son pays. On l'y reçut comme un libérateur. On lui décerna des couronnes d'or, il fut remis en possession de ses biens qui avaient été confisqués, et nommé généralissime des armées de terre et de mer. Mais bientôt après, Alcibiade ayant perdu vingt galères dans un combat contre Lysandre, successeur de Myndare, les Athéniens, toujours injustes et encore plus ingrats, lui firent un nouveau procès qui, cette fois, eut son plein cours et se termina par une condamnation d'exil.

Comme Lysandre était de mœurs très-légères, les Spartiates l'avaient remplacé par Callicratidas. Mais ce général ayant été tué dans la bataille des îles Arginuses où Conon, successeur d'Alcibiade, avait dispersé la flotte lacédémonienne, on rappela Lysandre pour venger cette défaite.

La vengeance obtenue par Lysandre fut la prise et l'esclavage d'Athènes qui, privée de ses vaisseaux dont Lysandre s'était emparé par surprise [1], se vit dans la cruelle nécessité d'accepter un traité dans lequel il était stipulé : « Qu'on démolirait les fortifications du Pirée,
» avec la longue muraille qui joignait le port à la ville;
» que les Athéniens livreraient toutes leurs galères, à la
» réserve de douze; qu'ils abandonneraient toutes les
» villes dont ils s'étaient emparés, et se contenteraient de
» leurs terres et de leur pays; qu'ils rappelleraient les
» bannis, et qu'ils feraient ligue offensive et défensive
» avec les Lacédémoniens et les suivraient partout où ils
» voudraient les mener. »

Ce traité fut signé l'anniversaire du jour de la bataille de Salamine !

Les exploits d'Alexandre ont été bien plus importants sur terre que sur mer; cependant ses expéditions maritimes ne sont pas sans intérêt.

Héritier de presque toute la Grèce par son père Phi-

[1] Voici quel fut le stratagème employé par Lysandre : sa flotte était mouillée sur les bords de l'Hellespont, non loin de celle des Athéniens; il donnait l'ordre à ses soldats de descendre à terre dès qu'il voyait que les Athéniens s'y disposaient. Pendant cinq jours il maintint cet ordre. Mais le jour suivant, au lieu d'agir de même, il fondit sur la flotte athénienne, et s'en rendit maître sans autre résistance que celle opposée par quelques matelots restés sur les navires.

lippe qui, profitant des dissensions des Athéniens et des Lacédémoniens, avait fini par asservir ces deux peuples et leurs alliés, Alexandre aussitôt son avénement au trône de Macédoine voulut agrandir les conquêtes de son père.

Le premier royaume sur lequel il jeta les yeux, fut celui des Perses qui était alors un des plus puissants, tant par sa marine que par son armée de terre.

La flotte macédonienne se composait de tout au plus cent navires.

Néanmoins Alexandre attaqua les Perses; les battit en différentes circonstances; les soumit à sa domination; s'empara quelque temps après de la ville de Tyr après un siége de sept mois; pénétra dans les Indes, et enfin, descendant le fleuve Indus, arriva jusqu'à l'Océan.

Ces différentes expéditions ne se firent pas sans des armements considérables et l'emploi d'ingénieuses tactiques navales. Mais comme les pages précédentes donnent une suffisante idée de la marine des anciens à cette époque, nous ne signalerons dans les conquêtes d'Alexandre que deux choses relatives à la marine : la découverte d'un phénomène inconnu jusqu'alors, et l'importation d'un perfectionnement extrêmement remarquable emprunté des Syracusains.

Le phénomène dont nous voulons parler est celui du flux et du reflux de la mer. Les anciens n'avaient pas encore eu l'occasion de l'observer; aussi la terreur des Macédoniens fut-elle grande, lorsque, arrivés sur les bords de l'Océan, ils virent à la marée montante se briser les câbles qui retenaient leurs ancres, et leurs navires entraînés vers la côte. Ils furent plus terrifiés encore, quand, la marée descendant, leurs navires demeurèrent à sec.

Sans en comprendre la cause, Alexandre devina le phénomène, et, prévoyant qu'il ne tarderait pas à se reproduire, il envoya des cavaliers à l'embouchure du fleuve afin d'être prévenu dès qu'il commencerait à se manifester.

En effet, le lendemain au matin on vit les cavaliers accourir à toute bride pour prévenir Alexandre que la mer approchait.

On peut conclure de ce fait que les vaisseaux des Macédoniens étaient fort grands et fort lourds, car nous avons vu précédemment, que les anciens n'éprouvaient aucun embarras à faire porter leurs embarcations à dos d'hommes.

Cette conclusion est corroborée par le perfectionnement qu'Alexandre apporta dans sa marine à l'exemple des Syracusains.

Jusque-là chaque rame était manœuvrée par un seul homme, quoiqu'il y eût une disproportion considérable entre celles des *thalamites* (les plus courtes) et celles des *thranites* (les plus longues). La force d'un homme suffisait donc pour mouvoir les plus lourdes rames des navires. Mais ces navires devenant plus élevés et la longueur des rames augmentant en conséquence, il fallait nécessairement augmenter la puissance motrice, et c'est ce que firent les Syracusains en portant pour chaque rame le nombre des thalamites à deux, celui des zygites à quatre et celui des thranites à six.

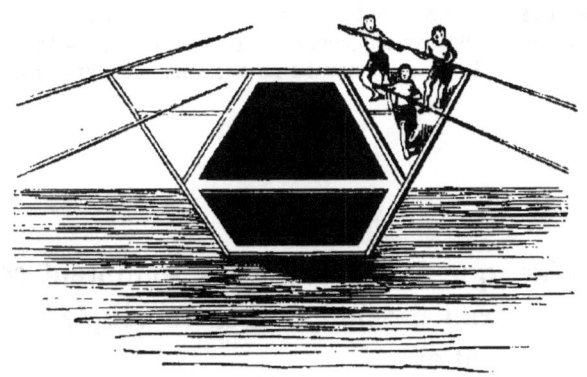

Coupe verticale d'un navire ancien pour montrer l'application du système des Syracusains dans une galère à deux rangs de rames.

Nous verrons dans le chapitre suivant de quelle importance cette innovation, toute simple qu'elle paraisse, fut pour la marine.

CHAPITRE SEPTIÈME.

DE LA PENTÈRE : Modifications qu'elle amena dans les navires ; — Formes, noms et place des voiles chez les Anciens. — DE LA LIBURNE. — INVENTION DU FEU GRÉGEOIS. — Ses conséquences. — DE LA DROMONE. — Instructions militaires de Léon VI. — INVENTION DE LA BOUSSOLE. — Chars magnétiques des Chinois.

Le siége que les Syracusains soutinrent contre les Athéniens, avait développé chez ce peuple son instinct pour la navigation.

Or, ayant été, quelques années plus tard, obligé de se défendre contre les Carthaginois qui s'étaient emparés sous Annibal d'une partie de la Sicile, il se mit en mesure de lutter avec avantage, et construisit à cette occasion la première *pentère*.

Nous avons indiqué tout à l'heure en quoi consistait cette innovation.

Disons maintenant ce qu'elle amena.

L'invention une fois découverte et admise, tous les constructeurs de vaisseaux s'empressèrent de renchérir les uns sur les autres.

La *pentère* avait deux rangs de rames dont les supérieures étaient manœuvrées chacune par trois hommes et les inférieures par deux. Xénagoras inventa l'*hexère* qui avait trois rangs de rames manœuvrées : celles du premier rang par trois hommes, celles du milieu par deux, celles de l'inférieur par un.

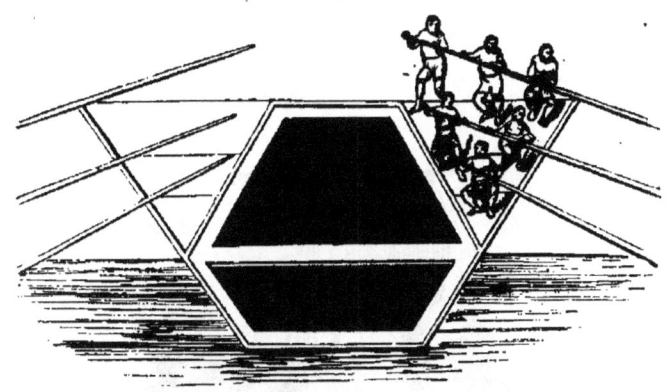

Coupe verticale d'une hexère.

Mnésigéton imagina l'*heptère*, l'*octère*, l'*ennère* et la *décère*.

Rameurs d'une heptère au repos.

Alexandre fit construire des *dodécaères* ou navires ayant six files de rameurs sur le banc le plus élevé.

Enfin, on alla jusqu'à faire des vaisseaux ayant de chaque côté quatorze, quinze et seize files de rameurs, autrement dit des *décatessères*, des *décapentères* et des *décaexères*.

Ce ne fut pas tout. La multiplication du nombre des rameurs rendant les embarcations plus vastes, l'unique voile employée dans les *pentécontores* et les *trières*, devint insuffisante.

Galère à une voile.

Il fallut en ajouter d'autres, et l'on imagina successive-

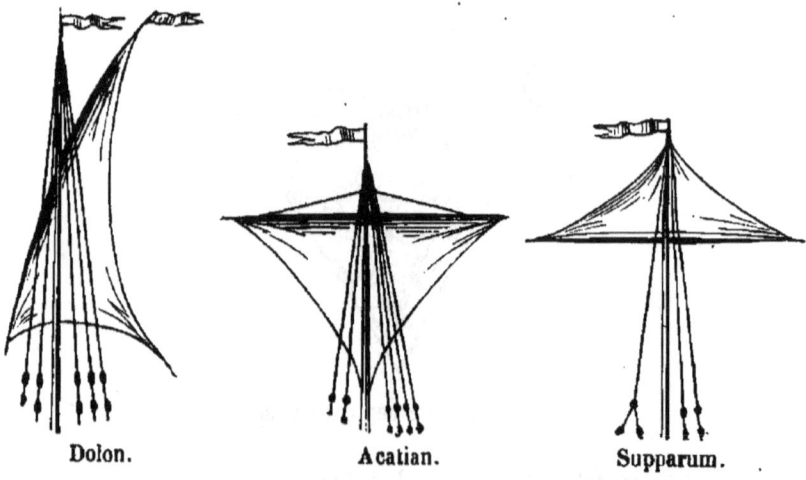

Dolon.   Acatian.   Supparum.

ment le *dolon*, l'*acatian*, le *supparum*, l'*épidrome* et l'*artimon*.

Dans les *pentères* il y avait deux mâts portant chacun une voile triangulaire ou carrée.

Galère à deux voiles.

Les *hexères* et les *heptères* avaient trois mâts et trois voiles : un *acatian*, un *épidrome* et un *dolon*.

« Hésychius, dit Leroy, appelle le grand mât *acation*; à ce mât était suspendue la grande voile qui, prenant son nom du mât qui la soutenait, se nommait *acatian*. La seconde des voiles en grandeur était l'*épidrome*; le même auteur nous apprend qu'elle était à la poupe. Le *dolon*,

Galère à trois voiles.

la troisième des voiles en grandeur, était petite, selon Suidas, et Isidore nous instruit qu'elle était à la proue. »

Plus tard, on inventa le *supparum* que l'on plaçait au-dessus de l'*acatian*, et qui selon quelques auteurs, servait quelquefois de signal.

Galère ayant quatre voiles : un *acatian*, un *épidrome*, un *dolon* et un *supparum*.

On croit que le premier *supparum* a été imaginé pour la fameuse galère d'Hiéron construite sous la direction d'Archimède, et dont Eugène Suë donne en ces termes la description d'après Athénée : « La galère d'Hiéron avait vingt rangs de rames, Archimède en donna le dessin, Architas le Corinthien en conduisit l'ouvrage. Trois cents charpentiers accompagnés de leurs valets la bâtirent en un an, et y employèrent autant de bois qu'il en eût fallu pour bâtir soixante galères ordinaires. On y comptait quantité de clous d'airain qui pesaient chacun dix livres. Il y avait trois étages ou trois ponts. Le plus bas (sorte de cale), servait à placer le lest et les marchandises; dans celui du milieu, on trouvait trente chambres de quatre lits chacune; enfin le pont, pavé en mosaïque du plus beau travail, représentait la guerre de Troie. Au-dessus d'une partie du tillac, s'élevait encore une sorte de galerie remplie d'arbustes et de fleurs rares, au milieu desquels était à demi cachée une dunette formant salon pour les femmes, et somptueusement parée en agate et en corail. Toutes les parois intérieures de cette galerie étaient revêtues de cyprès délicatement incrusté d'ivoire, d'argent et de nacre ; en outre, on remarquait encore une salle commune, une bibliothèque et un corps de garde pour les soldats, défendu par de grosses tours de bois remplies d'excellentes machines de guerre. Enfin cette galère monstrueuse était du port de douze mille tonneaux. »

Ce fut encore un navire de cette espèce qui amena l'invention de l'*artimon* : l'*eicossère* carthaginoise, construite dans la seconde guerre punique, et dont la longueur nécessita l'addition d'un quatrième mât.

On doit l'invention de la LIBURNE aux Illyriens. C'était une espèce de *pentécontore* n'ayant qu'un seul rang de rameurs, et pouvant contenir un très-grand nombre de combattants.

Grâce à la légèreté de ces embarcations, les Illyriens se rendirent pendant quelque temps très-redoutables à leurs voisins.

Ils battirent plusieurs fois les Grecs, exercèrent en grand la piraterie sur toutes les mers environnantes, et poussèrent l'audace jusqu'à s'attaquer aux Romains qui avaient alors une très-forte marine.

Leur soumission fut prompte et complète; les Romains s'emparèrent de la plus grande partie de leur flotte et, s'étant aperçus des nombreux avantages que réunissaient les *liburnes*, ils s'empressèrent de construire des embarcations semblables.

Le petit nombre de rameurs que nécessitaient ces navires, permit aux Romains d'y multiplier, non-seulement les combattants, mais encore les machines de destruction employées dans les combats d'alors.

Outre l'éperon dont les *liburnes* étaient armées, on y voyait en avant, cette machine de guerre appelée *corbeau* par les anciens et qui, à peu près semblable à la grue que l'on emploie pour l'enlèvement des fardeaux, retenait le vaisseau ennemi après l'avoir effondré [1]. On dressait sur les bords de la liburne, des espèces de remparts crénelés derrière lesquels s'abritaient les soldats ; on élevait à la poupe de grosses tours du haut desquelles les archers lançaient leurs flèches. Enfin, on remplissait la cale de toutes sortes d'instruments de mort, tels que : vases remplis de feu d'artifice, étoupes imbibées d'huile, de poix et de soufre, bouteilles pleines de serpents, etc., etc.

Les principaux faits accomplis avec l'aide de la marine organisée comme nous venons de le voir, furent : les guerres puniques, la prise de Syracuse par Marcellus et la bataille d'Actium.

Nous n'entrerons dans aucun détail sur ces différents

[1] « On voyait sur les murailles de Syracuse, dit Plutarque en parlant des corbeaux inventés par Archimède, de grandes machines qui, avançant et abaissant tout d'un coup sur les galères de grosses poutres d'où pendaient des antennes armées de crocs, les cramponnaient, et, les enlevant ensuite par la force de contre-poids, les lâchaient tout d'un coup et les abîmaient ; ou bien, après les avoir enlevées par la proue avec des mains de fer ou des becs de grue et les avoir dressées sur la poupe, elles les plongeaient dans la mer. »

faits, attendu qu'il nous faudrait noyer dans un trop long récit les quelques observations, relatives à la marine, que nous pourrions y recueillir; et nous arriverons tout de suite à l'invention du *feu grégeois* qui modifia considérablement la tactique navale.

CHAPITRE HUITIÈME.

Invention du feu grégeois. — De la Dromone. — Ordonnance de Léon VI. — Découverte de la Boussole. — Invention de la poudre à canon.

L'invention du *feu grégeois* date du septième siècle de notre ère, et fut mise en usage pour la première fois au siége que Constantinople soutint contre les Sarrasins, sous le règne de Constantin IV.

Cet agent destructeur paraît être dû à un architecte syrien nommé Callinique, qui l'avait composé pour les Sarrasins, mais qui, ayant eu à se plaindre de ceux-ci, alla offrir ses services à Constantin.

Les Sarrasins, dont la flotte était considérable, croyaient pouvoir s'emparer très-facilement de Constantinople, ce qui serait probablement arrivé sans le nouvel instrument de mort imaginé par Callinique. Mais à peine leurs vaisseaux furent-ils rangés sous les murs de la ville, qu'ils se virent assaillis par une véritable pluie de feu dont les effets furent terribles, tant pour les hommes que pour la flotte.

Vainement les Sarrasins tentèrent-ils de poursuivre ce

siége qui dura environ sept années, ils furent obligés d'y renoncer, grâce au *feu grégeois* qui retarda ainsi de quelque temps la chute de l'empire d'Orient.

Avant l'invention du *feu grégeois*, que l'on nommait aussi *feu marin*, *feu liquide* et *huile incendiaire*, les anciens se servaient dans leurs batailles navales d'un mélange de soufre et de naphte appelé *huile de Médée*. Cette huile était employée pour confectionner des brûlots et autres machines incendiaires qu'on envoyait contre la flotte ennemie ; mais elle était loin de produire les terribles effets du *feu grégeois*, attendu qu'elle était beaucoup moins facile à employer et n'avait pas comme ce dernier la faculté de se raviver sous l'eau.

La découverte du feu grégeois fut donc une très-notable innovation, je dirai même un immense progrès.

Au premier abord, on pourra trouver qu'il y a quelque profanation à servir du mot *progrès* pour une invention aussi barbare dans ses résultats que l'était le feu grégeois ; mais en se donnant la peine d'y réfléchir, on se convaincra facilement que ce mot est parfaitement à sa place et que cette effroyable composition fut, ainsi que je viens de le dire, un progrès immense.

Et en effet, ce que nous appelons des instruments de guerre, devrait plutôt être qualifié du nom d'instruments de paix ; et plus les instruments sont terribles, plus ils contribuent à la civilisation.

Ceci n'est point un paradoxe.

En lisant l'histoire on s'aperçoit que le nombre des guerres a successivement diminué.

Pourquoi ?

Est-ce que les hommes sont devenus plus raisonnables ?
Oui ; mais comment ?

Par l'augmentation ou le perfectionnement des moyens de destruction.

Quand les hommes n'avaient pour armes offensives que des massues, des piques et des flèches, instruments dont on pouvait parer les coups, soit en s'esquivant avec adresse, soit en s'abritant sous des cuirasses de fer, la guerre était un jeu ; et ce jeu se renouvelait à chaque instant, parce qu'il était assez rare qu'un grand nombre de combattants restassent sur la place.

Mais à mesure que se développa ce qu'on nomme *l'art de la guerre ;* à mesure qu'on vit grossir les monceaux de cadavres laissés sur le champ de bataille, les hommes devinrent plus circonspects ; ils se hâtèrent moins d'engager ces combats sanglants dont le résultat pouvait être la ruine de tout un peuple ; le parlementarisme devint d'un plus fréquent usage.

Cette vérité déjà si manifeste quand on compare le présent au passé, le devient bien plus encore lorsqu'on interroge l'avenir.

En considérant avec quelle rapidité le génie de l'homme fait aujourd'hui la conquête de tous les éléments qui nous entourent ; en voyant la puissance énorme que l'on a trouvée dans l'eau, le feu, l'air, les gaz et des milliers de substances dont les effets étaient naguère à peu près inconnus, l'on est effrayé de ce qui arriverait si cette puissance appliquée maintenant à l'industrie, c'est-à-dire à la création, le devenait à la guerre, c'est-à-dire à la destruction.

Quelles sont les murailles qui seraient capables de résister à l'action de la poudre, aidée des moyens stratégiques, que nos ingénieurs augmentent et perfectionnent chaque jour avec tant d'habileté?

Comment oser d'ailleurs entreprendre le siége d'une ville un peu importante, lorsqu'on sait que les habitants retranchés derrière d'immenses barricades, opposeront aux assiégeants vingt fois autant de redoutes qu'il y aura de rues dans la ville?

Quelles sont les flottes qui pourraient soutenir le choc de ces boulets incendiaires, dont une demi-douzaine suffit pour couler bas un vaisseau?

Quels sont enfin les insensés qui tenteront une bataille en rase campagne, lorsqu'après la découverte de la direction des aérostats, une seule de ces machines pourra réduire en poudre des armées entières, en laissant tomber sur elles une pluie incessante d'agents destructeurs?

Ah! alors, il faudra bien que les instincts guerriers s'anéantissent pour faire place à des sentiments plus en harmonie avec les maximes évangéliques; il faudra bien que l'on reconnaisse que la mission de l'homme sur la terre n'est point d'employer à détruire la force dont il lui est permis de disposer; il faudra bien enfin, que l'on accepte cette paix universelle qui nous arrive à grands pas, et sous laquelle nous verrons la nouvelle reine du monde, *l'industrie*, répandre à pleines mains sur les peuples de tout l'univers, les prodigieuses merveilles et les innombrables trésors qu'elle est susceptible de créer.

L'invention du feu grégeois, avons-nous dit, apporta

dans la tactique navale de nombreuses modifications.

Il était aisé de le prévoir. Autrefois, en effet, avant la découverte de cet agent, tout l'art des batailles navales consistait, ainsi qu'on l'a vu dans celles que nous avons relatées, à surprendre l'ennemi par différentes ruses ou à s'en emparer à l'abordage. Mais lorsqu'on eut à redouter les terribles atteintes auxquelles on pouvait s'exposer en sautant à l'abordage, on dut y recourir moins fréquemment et se borner à combattre à distance.

Tous les efforts des combattants tendirent alors à incendier les vaisseaux de la flotte opposée, tout en évitant le même sort; et l'on vit, en conséquence, se perfectionner les machines à lancer les projectiles, telles que : balistes, catapultes, béliers, arbalètes, etc.

On en créa même plusieurs nouvelles. Les principales étaient des tubes de cuivre, dont les uns, ayant un fort grand diamètre, ressemblaient assez à nos canons; ils étaient munis d'une soupape de détente, et placés à la proue des navires.

Les autres, beaucoup plus petits, étaient des espèces de sarbacanes; on s'en servait comme des nôtres, c'est-à-dire en lançant au moyen du souffle, le projectile mis dans l'intérieur.

On avait aussi de gros vases de terre vernissée que l'on remplissait de *feu grégeois*, et qui étaient lancés à la main comme aujourd'hui nos grenades.

DE LA DROMONE.

Peu de temps après la découverte du feu grégeois, on construisit une nouvelle espèce d'embarcation que l'on nomma *dromone*.

Ces *dromones* étaient pour la forme à peu près semblables aux *liburnes*; et quant à l'arrangement des rameurs, il était celui que, d'après M. Deslandes, nous avons dit avoir été employé dans quelques *trières* grecques ; c'est-à-dire, que les rameurs s'y trouvaient disposés de la manière suivante : les *thranites* sur le tillac, auprès de la poupe ; les *zygites* au milieu du navire, sur un banc moins élevé ; les *thalamites* du côté de la proue, sur un gradin encore plus bas.

INSTRUCTIONS DE LÉON VI.

Vers la même époque, en 898, Léon VI, dit le Philosophe, publia son *Traité des institutions militaires*, dans lequel on trouve les premières ordonnances qui aient été écrites sur la marine, et qui achevèrent d'organiser celle du Bas-Empire.

Certains passages de ces ordonnances sont fort curieux, tant sous le rapport des mœurs que sous celui de la navigation.

« Il y a plusieurs artifices, dit l'empereur Léon, qui peuvent être d'un grand secours, si vous avez l'adresse de prévoir certaines choses et de les prédire, en les donnant comme preuves surnaturelles de la protection du ciel. Ainsi en mer, l'apparition d'un astre ou d'une éclipse dont le vulgaire ignore la cause. Vous pouvez aussi supposer un songe par lequel Dieu vous excite à l'entreprise; le marin qui la voit approuvée du ciel en aura plus de courage et de confiance....

» .... De temps en temps vous exercerez les navires séparément, ainsi que les dromones; tantôt vous en joindrez plusieurs pour qu'elles s'attaquent mutuellement, et que les soldats se servent de boucliers et de baguettes au lieu de traits. Puis vous réunirez quelquefois toutes les dromones, et les divisant en deux corps vous simulerez une bataille rangée, sa poursuite et sa retraite; les marins se serviront de longues lances pour séparer les vaisseaux, afin d'éviter le choc s'ils combattaient de trop près; qu'ils s'exercent enfin de toutes les manières pour qu'ils puissent s'accoutumer au fracas et au mouvement de la mer.....

» .... Au moment du combat, que les marins soient rassemblés sur le tillac, et que chaque *centurion* [1] leur

---

[1] Le centurion était le capitaine du navire. Il avait au-dessous de lui son *lieutenant;* le *bendaphor* ou porte-étendard, et deux pilotes appelés *protocarabes;*

Le grand amiral commandant la flotte se nommait *drongaire de mer;*

Les vice-amiraux portaient le nom de *comtes* et commandaient chacun trois ou cinq dromones;

Il y avait en outre à bord de chaque navire : un *chirurgien;* un *crieur* ou *chanteur*, et cinq ou six *buccinateurs* ou joueurs de trompette;

Les soldats étaient divisés en *scutagios* ou *porte-bouclier*, et en *psilites* ou soldats armés à la légère.

lise les peines militaires, puis les exhorte à soutenir le danger, afin que, moitié par crainte du supplice, moitié par persuasion, ils deviennent braves et courageux...... N'engagez, autant que possible, l'action qu'à portée de votre territoire, où, selon le proverbe, le soldat se croit sauvé s'il peut y planter sa pique. Si le combat ne peut absolument s'éviter, rangez votre flotte en demi-cercle; vous, amiral, tenez-vous au fond et au milieu, pouvant de là tout voir ; que vos meilleures et vos plus fortes dromones soient à chaque aile, c'est-à-dire en croissant : c'est le meilleur moyen pour envelopper l'ennemi. D'autres fois, formant votre flotte sur une seule ligne, vous avancerez sur l'ennemi, tâchant de l'incendier en jetant du feu par vos *syphons*[1]. Vous pouvez encore vous former en deux ou trois lignes, afin de remplacer les vaisseaux de la première qui auraient été atteints. Il faut surtout choisir, pour livrer une bataille navale, le moment où l'ennemi aurait fait naufrage ou été mis en désordre par un précédent combat ou par la tempête. »

INVENTION DE LA BOUSSOLE.

Les perfectionnements apportés dans la marine au douzième siècle acquièrent une nouvelle importance, grâce à un instrument qui, permettant aux navires de s'éloigner des côtes autant que leurs conducteurs le ju-

---

[1] Les *syphons* étaient les tubes destinés à lancer le feu grégeois. Le plus gros placé à la proue, ainsi que nous l'avons dit plus haut, avait une embouchure en forme de gueule de lion ou de tête de Gorgone. Les petits *syphons* étaient portés par les *psilites*.

geaient convenable, fournit à ces perfectionnements un plus large cercle d'application.

Cet instrument est la *boussole*. Il est basé sur la propriété que possède une aiguille aimantée de se tourner toujours du côté du pôle nord, en vertu de l'attraction que lui fait alors subir le magnétisme terrestre.

On nomme en physique ce phénomène : *polarité de l'aimant.*

C'est aux Chinois que l'on est redevable de cette invention qui, d'après le passage suivant, remonterait à une époque fort ancienne.

« Les capitaines, dit un de leurs écrivains, qui naviguent dans la mer de Syrie, lorsque la mer est tellement obscure qu'ils ne peuvent apercevoir aucune étoile pour se diriger selon les quatre points cardinaux, prennent un vase rempli d'eau, qu'ils mettent à l'abri du vent, en le plaçant dans l'intérieur du navire; ensuite ils prennent une aiguille qu'ils enfoncent dans une cheville de bois ou un chalumeau, de telle sorte qu'elle forme avec lui une croix. Ils la jettent dans l'eau que contient le vase, et elle y surnage; ensuite ils prennent une pierre d'aimant assez grande pour remplir la paume de la main; ils l'approchent à la superficie de l'eau, impriment à leurs mains un mouvement de rotation vers la droite, en sorte que l'aiguille tourne sur la surface de l'eau; ensuite ils retirent leurs mains subitement, et alors l'aiguille, par ses deux points, fait face au sud et au nord. Je le leur ai vu faire, de mes yeux, dans un voyage par mer de Tripoli de Syrie à Alexandrie, en l'année 640 (1242 avant J. C.) »

L'espèce de *boussole* décrite dans cette citation est celle que les Chinois nommaient *boussole humide*, et dont on ne se sert plus aujourd'hui.

L'autre, nommée *boussole sèche*, consistait en une aiguille aimantée mobile sur un petit pivot. Elle a servi de modèle aux nôtres.

Les Chinois avaient encore dans le même but, de petits chariots appelés *chars magnétiques*. Ils se composaient d'une boîte au milieu de laquelle était la figure d'un génie, vêtu d'un habit de plumes et tenant une flèche à la main. Aux quatre angles de la boîte, se trouvaient des statuettes en bois, indiquant les quatre points cardinaux.

Guyot de Provins, qui vivait vers la fin du douzième siècle, est le premier auteur européen qui ait parlé de la boussole ; voici ce qu'il en dit :

. . . .
« Quand la mer est obscure et brune ;
» Qu'on ne voit étoile ni lune
» Dont font à l'aiguille allumer,
» Puis n'ont garde de s'égarer,
» Contre l'étoile va la pointe. »
. . . .

INVENTION DE LA POUDRE A CANON.

On a longtemps attribué l'invention de la poudre à un moine nommé Schwartz. Mais il a été reconnu : que Schwartz s'occupait beaucoup plus de confectionner des canons que de la poudre ; que ce sont les Mongols qui vers le treizième siècle ont introduit en Europe l'usage de la poudre à canon ; que bien avant cette époque on se servait de l'artillerie ; enfin que ce sont les Chinois qui ont inventé la poudre.

Toutes choses parfaitement établies par les passages ci-après :

« J'ajouterai à ce sujet, dit M. Libri, dans une note de son *Histoire des Sciences mathématiques en Italie*, que le savant M. Lacabane, employé aux manuscrits de la Bibliothèque du Roi, qui s'occupe de préparer une histoire de l'artillerie, m'a fait connaître un ouvrage inédit fort curieux, qui me semble démontrer jusqu'à l'évidence que le moine Schwartz n'est pas l'inventeur de la poudre, et qui explique en même temps ce que Schwartz a fait. Voici ce passage : « Le 17 mai 1354, ledit seigneur
» roi étant occupé de l'invention de faire *artillerie,*
» *trouvée en Allemagne par un moine nommé Schwartz*
» (*Bertolde*), ordonne aux généraux des Monnaies faire
» diligence, d'entendre quelle quantité de cuivre estoit
» audit royaume de France, tant pour adviser aux
» moyens d'iceux faire artillerie que semblablement em-
» ployer la vente d'iceux à étranger. »

A propos de la citation d'un combat naval livré entre l'émir de Séville et celui de Tunis, il est dit dans la chronique d'Alphonse VI : « Les vaisseaux du roi de Tunis portaient certains tubes de fer avec lesquels ils jetaient beaucoup de tonnerre de feu. »

Un écrivain arabe rapporte qu'au siége de Grenade en 1325, « les Maures battaient la ville avec des machines
» et engins qui lançaient des globes de feu avec de
» grands tonnerres tout semblables aux foudres de la

» tempête et qui faisaient grands dégâts sur les tours et
» les murs de la ville. »

Enfin, d'après les traditions recueillies en Chine par les navigateurs, il paraît certain que l'usage de la poudre à canon est fort ancien chez ce peuple. On va même jusqu'à dire que les Chinois se servirent de l'artillerie dans la guerre qu'ils soutinrent contre les Tartares vers l'an 530 avant J. C.

La réforme nécessitée dans les armes et machines de guerre par l'invention ou plutôt l'importation de la poudre en Europe fut bien plus radicale que celle amenée par la découverte du feu grégeois.

Les catapultes, les tours, les mangonneaux, les balistes, etc., furent aussitôt abandonnés, et remplacés par les armes offensives que nous allons succinctement indiquer et décrire.

La première arme à feu dont on se servit fut le *canon*.

On en fit de plusieurs dimensions; il y en eut de monstrueux.

L'ingénieur Ufano, capitaine d'artillerie au château d'Anvers, parle d'un canon qui portait de Bolden à Bonunel.

Il est fait mention dans l'histoire de Charles VII d'un canon qui, dit-on, était si lourd, qu'il fallait cinquante chevaux pour le traîner.

Mais le plus étonnant fut, sans contredit, celui que l'on fondit à Tours sous le règne de Louis XI et que l'on amena à Paris.

Il lançait des boulets de cinq cents livres, et portait de la Bastille à Charenton.

Les canons étant alors peu nombreux recevaient des noms particuliers. Celui mentionné par l'ingénieur Ufano se nommait *la diablesse*. On en désignait sous le nom de *fulminant, tonnerre, couleuvre, serpent*, etc. ; d'autres fois on les baptisait du nom de quelque saint, mais on choisissait de préférence des dénominations rappelant des objets dangereux ou monstrueux.

« Encore derechef, dit Froissard, en parlant d'une bombarde [1] qui avait figuré au siége d'Oudenarde, pour plus esbahir ceux de la garnison d'Oudenarde, ils firent œuvrer une bombarde merveilleusement grande, laquelle avoit cinquante pieds de long et jetoit pierres, grandes, grosses et pesant merveilleusement. Quand cette bombarde décliquoit, on l'oyoit bien de cinq lieues par jour, et de dix par nuit ; et menoit si grande noise au décliquer qu'il sembloit que tous les diables d'enfer fussent au chemin [2]. »

[1] La dénomination générale des canons était *bombarde*, mot tiré du grec *bombos* qui signifie bruit.

[2] Florance Rivault donne au mot bombarde et à celui de canon une signification différente. Faisant allusion à un passage où Froissart parle encore de canons et de bombardes, Florance Rivault dit qu'il faut plutôt interpréter ce passage et autres semblables *des machines à pierres qui étoient bandées comme arbalètres, et se bracquoient à certains points comme un niveau ou quadran, qui se nommoit* CANON, *c'est-à-dire règle et loi de la machine. Les autres prenoient leur force par l'esbranlement d'un gros arbre, qui estoit suspendu en balance, et lasché de grand bransle, alloit du bout frapper roidement une pierre exposée à cela, et l'envoyoit fort loin avec une extrême violence ; et de ce balancement la machine s'appeloit* CANON, *parce que proprement* CANON *est le style de la balance ou du trébuchet qui font paraître l'égalité ou inégalité du poids. Quant aux bombardes, ce pouvoient*

Les canons semblent n'avoir été qu'une imitation des syphons à lancer le feu grégeois; seulement ils demandaient quelques modifications, comme, par exemple, un peu plus d'épaisseur dans leurs parois, attendu que la déflagration de la poudre cause un ébranlement considérable.

On distinguait les canons, comme les syphons, en *gros canons* et *canons à main*.

Les premiers, d'un calibre plus ou moins considérable, étaient placés soit sur des remparts, soit par terre sur des élévations immobiles et plus tard sur des affûts.

Les seconds étaient manœuvrés à la main, ainsi que leur nom l'indique. Ils étaient appelés aussi *couleuvrines* et *serpentines*.

Les autres armes à feu étaient l'*arquebuse*, les *pistoles* ou *pistolets*, les *pétrinaux* et les *mousquets*.

Dans le principe, l'*arquebuse* consista tout simplement en un tube terminé par un morceau de fer plein. On l'appliquait contre la poitrine, et on y mettait le feu au moyen d'une mèche.

Mais comme le recul de cette arme était parfois si fort qu'il blessait les soldats, on imagina d'appuyer l'arquebuse sur une branche de fer fixée à la selle du cava-

---

estre quelques armes qui menoient bruit au deslâcher qu'elles faisoient, et en fut pris le mot du grec, qui signifie proprement mener le bruit des mouches à miel, et depuis a été transféré à mille autres sons, et principalement à la rumeur du tonnerre, etc.

Le père Daniel n'est pas de cet avis; il pense que la bombarde dont parle Froissart était une baliste ou catapulte, car il se refuse à admettre un **canon** de cinquante pieds de long.

lier, et plantée en terre pour les fantassins. Cette innovation ayant nécessité à l'arquebuse l'addition d'un petit crochet, on nomma dès lors cette arme *arquebuse à croc*.

Le boute-feu dont on se servait pour faire partir l'arquebuse était fort incommode aux soldats, qui, obligés de l'avoir constamment à leurs côtés, devaient prendre beaucoup de précautions pour ne pas incendier leurs cartouches. Aussi, pour y obvier, on plaça l'arquebuse sur un fût de bois, et on inventa un mécanisme au moyen duquel le boute-feu fut assujetti, près de la lumière de l'arquebuse, sur une sorte de chien nommé *serpentin*. Quand on voulait le faire partir, on pressait sur une longue détente, et la mèche, s'abaissant sur le bassinet, mettait le feu à l'amorce. Cette arquebuse se nommait *arquebuse à mèche*, et fut très-longtemps l'arme unique de l'infanterie.

A l'arquebuse à mèche succéda l'*arquebuse à rouet*, ainsi désignée parce que la pièce principale de la batterie était une roue d'acier qui, mise en mouvement par un ressort, frottait contre une pierre de composition appelée pierre de mine, en faisait jaillir des étincelles et mettait le feu à l'amorce.

Les arquebuses ayant un poids fort considérable, on en diminua le volume, et elles prirent alors le nom de *mousquets*, dont l'usage se perpétua jusque sous Louis XIII.

L'invention des *pistolets* date du seizième siècle ; leur nom vient de ce que les premiers furent fabriqués à Pistoie en Toscane. Leur batterie était à rouet et la longueur du canon ne dépassait pas trente-cinq centimètres. Ils furent introduits en France par les Allemands, qui avaient alors un corps de fantassins uniquement armés de pistolets, et appelés pour cela *pistoliers*.

Les *pétrinaux* tenaient le milieu pour la longueur entre les pistolets et les arquebuses, mais ils étaient d'un plus gros calibre, ce qui obligeait de les appuyer contre la poitrine lorsqu'on voulait s'en servir ; d'où le nom de *poitrinal* ou *pétrinal*, sous lequel cette arme fut désignée.

De l'époque où nous étions arrivés de l'histoire de la marine, c'est-à-dire de la chute du Bas-Empire, nous arriverons promptement au règne de Louis XIII, duquel date le rétablissement de la marine en France.

Dès les premiers temps de la monarchie française, on s'occupa bien, à la vérité, de l'organisation des forces navales, et déjà sous Charlemagne nos flottes étaient assez considérables pour garder l'embouchure de tous nos principaux fleuves. Mais comme les événements qui s'accomplirent jusqu'au dix-septième siècle n'ont été signalés par aucune de ces innovations qui font époque et sur lesquelles seulement nous devons nous appesantir, nous nous bornerons à mentionner les faits auxquels la marine s'est trouvée liée depuis Charlemagne jusqu'à Louis XIII.

Sous la troisième race, les ports de France étant presque tous sous la domination des grands vassaux, et d'ailleurs les pirates du Nord ayant renoncé, depuis l'établissement des Normands, à venir troubler nos côtes, nous n'avions point d'armées navales.

Mais quand les Anglais commencèrent à étendre leur prépondérance maritime, Philippe-Auguste sentit qu'il était nécessaire de la contre-balancer, et il arma l'une après l'autre deux flottes considérables que les Anglais nous détruisirent.

Saint Louis répara les échecs de son père. Il opposa d'abord une première flotte de quatre-vingts vaisseaux à Henri III, roi d'Angleterre, qui avait paru sur les côtes du Poitou.

Celle que le comte d'Anjou, l'un de ses frères, avait réunie pour la conquête de Naples comptait autant de voiles.

A l'expédition de Damiette, saint Louis avait, disent les auteurs, *dix-huit cents vaisseaux tant grands que petits.*

Enfin, l'armée navale équipée pour la conquête de l'Afrique se trouva encore plus considérable.

Philippe III, Philippe le Bel et Philippe de Valois soutinrent assez honorablement la marine de saint Louis, ainsi qu'en témoignent l'incendie de la ville de Southampton, défendue par Édouard III, et deux autres batailles gagnées, l'une devant Ziriczée en Zélande, contre les Flamands, l'autre contre les Anglais, entre les îles de Jersey et de Guernesey.

Il n'en fut pas de même sous le roi Jean. Le règne de ce prince vit la marine déchoir de la façon la plus déplorable; et Charles V, son successeur, fut contraint à des efforts inouïs pour la rétablir. Il y réussit au delà de ce qu'on eût pu espérer, eu égard à la situation dans laquelle se trouvait alors la France, et il eut l'avantage de remporter, contre les Anglais, devant la Rochelle, en 1372, une victoire qui abaissa momentanément l'insolence de ses voisins.

Charles VI augmenta beaucoup la puissance maritime de la France. Il acheta des étrangers, disent les historiens, une infinité de vaisseaux qui, joints avec ceux de la France, composèrent une flotte de deux mille deux cent quatre-vingt-sept voiles; de sorte qu'il y en avait assez pour faire un pont depuis Calais jusqu'à Douvres.

Charles VII entreprit quelques expéditions qui eurent du succès malgré lui, car il s'occupait peu de la marine. Sous Louis XI, il n'y eut aucun combat naval; et toute la flotte se composait de quelques galères destinées à escorter les navires de commerce qui faisaient les voyages du Levant.

Charles VIII, malgré sa conquête de Naples, ne possédait qu'une marine extrêmement faible. « Le duc d'Orléans, qui commandoit la flotte, dit Philippe de Comines, arriva devant Gênes avec quelques naves et bon nombre de galées, et une grosse galeace qui étoit mienne, que patronisoit messire Albert Mely. »

Louis XII rendit également fort peu de services à la marine. Sa plus nombreuse flotte comptait à peine vingt galères.

François Ier, obligé de se défendre à la fois contre Henri VIII et Charles-Quint, se trouva par là dans la nécessité de posséder une flotte. L'action maritime la plus remarquable accomplie par François Ier fut de faire passer sa flotte de la Méditerranée dans l'Océan. Jusque-là aucune armée navale n'avait osé franchir le détroit de Gibraltar.

Henri II se borna à entretenir les vaisseaux laissés par son prédécesseur.

Henri III n'eut qu'un fort petit nombre de navires.

Henri IV n'en avait pas du tout.

Il était réservé à Louis XIII, avec l'aide du cardinal de Richelieu, de donner à la marine cette impulsion vigoureuse qui devait quelquefois s'amollir, mais ne jamais s'éteindre complétement.

Nous verrons dans le chapitre suivant la prodigieuse activité qui fut déployée par le cardinal. Mais avant d'y arriver, disons quelques mots des navires de cette époque.

Ces navires étaient : les *galées* ou *galères*, les *galions*, les *galéasses*, les *balingers*, les *barges*, les *caraques* et les *ramberges*.

Les *galères* étaient des navires allant à la rame et à la voile. Le nom de *galée* leur avait été donné, dit-on, parce qu'on avait l'habitude de peindre un casque sur leur proue.

Les *galions* ne différaient des galères que par leurs proportions plus considérables. On les nommait vaisseaux de haut bord.

On appelait *galéasse* une espèce de galère fort allongée allant à la rame et à la voile, ayant des vergues très-grandes. On s'en servait beaucoup dans la Méditerranée [1].

---

[1] Strade dit que ce furent les Vénitiens qui se servirent les premiers de cette espèce de vaisseau, et que ce fut à la bataille de Lépante qu'ils en firent d'abord usage; mais j'ai remarqué ailleurs que dès le temps de Charles VIII, il y en avait une dans la flotte du duc d'Orléans, armée de gros canons, et par le moyen de laquelle ce prince battit les ennemis à Rapallo, à quelques lieues de Gênes. Louis XI même en avait trois. (*Histoire de la Milice française*, par le père Daniel.)

Les *barges* et les *balingers* étaient de grandes chaloupes dépendant le plus souvent d'un grand navire, mais qui parfois étaient assez fortes pour figurer parmi les vaisseaux de la flotte. « Les ennemis, dit Walsingham (*Histoire du règne de Richard II, roi d'Angleterre*), avaient armé cinq vaisseaux de guerre du nom de *balingers*. »

On désignait sous le nom de *caraque* une sorte de galère inventée par les Génois, et tellement formidable que *les navires anglais n'osaient presque paraître devant celles-là.*

Au sujet des *ramberges*, voici ce qu'en dit M. du Bellay : « Il y a une espèce de navires particuliers dont usaient nos ennemis (les Anglais), en forme plus longue que ronde, et plus étroite beaucoup que les galères, pour mieux se régir et commander aux courants qui sont ordinaires en cette mer ; à quoi les hommes sont si duits, qu'avec ces vaisseaux ils contendent de vitesse avec les galères, et les nomment *ramberges.* »

Il y eut à cette époque, comme précédemment, des vaisseaux particulièrement remarquables. Les principaux furent : *la Charente*, *la Cordelière* et *le Caracon*.

La Charente, que l'on construisit sous Louis XII, portait deux cents canons de différents calibres, et était montée par douze cents hommes.

La Cordelière était d'une force supérieure. Voici ce que M. du Bellay dit de ce navire et du combat où il périt : « Derechef devant Saint-Mahié en Bretagne, le jour de Saint-Laurent, fut combattu par quatre-vingts navires anglais contre vingt bretons et normands, et étant le vent pour nous et contraire aux Anglais, fut combattu en pareille force ; et entre autres, le capitaine Primauguet, Breton, capitaine de *la Cordelière*, navire surpassant les autres en grandeur, que la reine Anne avait fait construire et équiper, se voyant investi de dix ou douze navires d'Angleterre, et ne voyant moyen de se développer, voulut vendre sa mort ; car, ayant attaché *la Régente d'Angleterre*, qui était la principale nef des Anglais, jeta feu : de sorte que *la Cordelière* et *la Régente* furent brûlées et tous les hommes perdus, tant d'une part que d'autre. »

Le Caracon, bâti par François Ier, n'était pas aussi gros que les précédents. Il ne jaugeait que huit cents tonneaux, et n'était armé que de cent canons ; mais le luxe avec lequel on l'avait construit le rendait le plus remarquable de la flotte. Dans la dédicace faite à François Ier d'un livre écrit en ce temps-là sur la marine, l'auteur dit que *le Caracon* était dans une flotte comme une citadelle entre les autres vaisseaux et qu'il n'y avait à craindre pour lui sur la mer que le feu et les rochers.

Ce fut le feu qui détruisit ce beau navire. Étant en rade du Havre, à la tête de la flotte qui se disposait à faire voile pour l'Angleterre, *le Caracon* fut choisi par François Ier pour être le siége d'une fête qu'il désirait offrir aux dames de la cour. De grands préparatifs avaient été faits à bord ; mais comme on était sur le point de servir le festin, le feu se déclara subitement et *le Caracon* brûla tout entier, à la vue des nobles convives qui s'y étaient promis de *tant joyeux esbattements*.

CHAPITRE NEUVIÈME.

DE LA MARINE SOUS LOUIS XIII ET LOUIS XIV. — Établissements fondés par le cardinal de Richelieu. — Organisation créée par Colbert. — Composition des flottes au dix-septième siècle : *frégates, galiotes, corvettes, flûtes, brûlots, galères.* — Artillerie de ces différents navires. — Relation du combat de Candie. — Signaux. — Gardes-marines. — Soldats. — Chiourmes.

―◦◇◦―

L'événement qui acheva d'engager Louis XIII à s'occuper activement de la réorganisation de la marine fut le siége de la Rochelle. Les différentes phases de ce mémorable siége lui montrèrent de quelle importance est une flotte, et il donna carte blanche au cardinal de Richelieu pour travailler au rétablissement de la marine.

Le cardinal de Richelieu, qui, depuis longtemps déjà, tourmentait Louis XIII à ce sujet, ne se le fit pas répéter. De magnifiques fonderies furent établies au Havre-de-Grâce et à Brouage; on construisit dans les ports de vastes magasins et de magnifiques ateliers de construction, et défense fut faite à tous pilotes, charpentiers, artilleurs, calfats, matelots, etc., de quitter le royaume.

Afin d'apprendre aux Français les principes de l'art auquel on allait donner un si large essor, des écoles d'hydrographie furent ouvertes, et pour habituer les

Français à la mer, on institua des compagnies de commerce pour les îles de l'Amérique et du Canada.

Tant d'intelligente activité trouva sa récompense ; plusieurs fois les flottes françaises battirent les Anglais et les Espagnols ; et il est probable que si le cardinal eût vécu plus longtemps, l'empire de la mer nous eût bientôt appartenu.

Vers la fin du règne de Louis XIII notre marine déchut considérablement. Les guerres intestines et étrangères, la direction des esprits vers des choses beaucoup moins importantes, l'insouciance enfin du monarque lui-même réduisirent à un nombre de vaisseaux très-restreint la flotte laissée par Richelieu [1]. Mais cette décadence fut bientôt arrêtée : Louis XIV étant monté sur le trône, la marine reprit avec plus d'énergie l'élan qu'elle avait reçu du cardinal.

Le premier homme que nous trouvons à la tête du mouvement réorganisateur est Colbert.

Possédant des vues profondes et vastes, doué d'une habileté peu commune et ne connaissant aucun obstacle capable de faire fléchir sa volonté, Colbert était né pour une telle tâche.

Voici dans quel état se trouvait la marine quand cet homme illustre fut nommé ministre.

La France avait:

Trois vaisseaux du troisième rang :

La Reine ;

---

[1] A la mort du cardinal, la France avait soixante vaisseaux et trente-cinq galères.

Le Saint-Louis;

Le César.

Quatre vaisseaux du quatrième rang :

L'Hercule;

Le Soleil;

Le Mazarin;

La Françoise.

Un seul du cinquième rang :

Le Dragon.

A peine fut-il au pouvoir, que Colbert se mit aussitôt en mesure d'établir la marine française sur le pied qu'elle devait avoir.

Il établit des manufactures et des chantiers de construction dans plusieurs endroits; il enrôla de toutes parts autant de matelots qu'il en put trouver; fit faire des armements considérables; établit les principaux arsenaux à Toulon, à Brest, à Rochefort, à Dunkerque et au Havre, et rendit enfin la marine d'alors assez puissante, pour pouvoir lutter avec avantage contre tous les ennemis de Louis XIV.

Indépendamment des *vaisseaux*, les flottes d'alors se composaient de *frégates*, de *galiotes*, de *corvettes*, de *flûtes*, de *brulôts* et de *galères*.

Les *frégates* étaient des bâtiments à un seul pont, et montant de vingt à vingt-cinq pièces d'artillerie.

Les *galiotes* se distinguaient en *galiotes simples* et en *galiotes à bombes*. Les premières, employées seulement pour la course, n'avaient que deux ou trois pierriers et pas de pont; les secondes portaient plusieurs mortiers placés sur un tillac. Toutes marchaient à la voile et à la rame.

Les *corvettes*, qui de nos jours sont des navires d'une certaine importance, consistaient alors en une espèce de barques. On les employait pour le service des dépêches. Elles avaient, comme les galiotes, des voiles et des rameurs.

On donnait le nom de *flûtes* à de gros bâtiments ayant l'avant presque pareil à l'arrière, des flancs très-larges, et que l'on employait au transport des provisions et des troupes.

Les *brûlots* étaient des navires destinés à incendier les vaisseaux ennemis. On se servait pour cela de vieux bâtiments hors de service que l'on remplissait de matières inflammables. Des grappins de fer pendaient à toutes leurs vergues, et une porte se trouvait à l'arrière, afin de donner passage aux quelques hommes qui montaient ces brûlots, quand l'incendie les forçait de s'éloigner.

Les brûlots jouaient un grand rôle dans les batailles navales; ils n'étaient confiés qu'à de hardis capitaines, et l'on employait tous les moyens pour qu'ils s'acquittassent bien de leur périlleuse mission.

« Comme l'emploi de capitaine de brûlot est très-dangereux, dit le père Daniel, le feu roy, par une ordonnance de 1673, proposa de grandes récompenses à ceux qui y réussiraient, à proportion des vaisseaux où ils mettraient le feu. Un capitaine de brûlot qui aurait brûlé l'amiral de la flotte des Hollandais, avec lesquels on était alors en guerre, devait être récompensé d'une charge de capitaine de vaisseau du roy, et de 20,000 livres de gratification. Celui qui brûlerait un autre vaisseau portant pavillon d'amiral devait avoir 15,000 livres de gratification. Il y en avait une de 10,000 livres pour celui qui brûlerait un vaisseau portant pavillon de vice-amiral ou de contre-amiral, et une de 6,000 pour celui qui brûlerait un autre vaisseau de guerre. Mais, d'ailleurs, il y avait défense à tout capitaine de mettre le feu à son brûlot avant que d'avoir abordé le vaisseau ennemi, à moins qu'il n'eût été obligé de l'abandonner par des accidents imprévus qui peuvent arriver dans un combat; et, en ce cas, il devait en rendre compte dans le conseil de guerre. »

Les *galères,* nommées aussi *vaisseaux de bas bord,* pour les distinguer des autres navires de guerre que l'on appelait de *haut bord,* étaient des bâtiments qui marchaient à la voile et à la rame.

Galère du dix-septième siècle.

Elles avaient deux mâts, de longues vergues et des voiles triangulaires.

Les plus grandes de ces voiles se nommaient *marabou-*

tins, les secondes *telettes* ou *misaines*, les troisièmes *bouffettes* et les quatrièmes *polacrons*.

On connaissait deux genres de *galères* : les *galères sensiles* ou *ordinaires*, et les *grosses galères* ou *galères extraordinaires*. Celles-ci étaient distinguées en *réales, patronnes, capitanes* et *galères de chef d'escadre*.

Les *galères sensiles* ou *ordinaires* n'avaient que vingt-six rames de chaque côté ; les *grosses galères* en comptaient de vingt-huit à trente-deux.

Les noms de *réale, patronne, capitane* et *chef d'escadre*, donnés aux grosses galères, étaient simplement des titres honorifiques. La qualification de *réale* équivalait à celle d'*amiral*, que prend un navire commandé par l'officier supérieur que ce nom désigne. Et de même qu'aujourd'hui tout vaisseau portant un amiral est qualifié du nom de son chef, de même alors toute galère, de quelque force qu'elle fût, s'appelait *réale* quand elle était montée par le général des galères.

Les marques distinctives des réales consistaient en trois fanaux placés à la poupe, et en un étendard de damas rouge, sur lequel étaient brodées les armes de France entourées de fleurs de lys d'or.

La *patronne* était montée par le lieutenant général des galères. Elle avait deux fanaux à la poupe, et au bout du grand mât un pavillon rouge orné des armes de France sans fleurs de lys.

Les *capitanes* fort communes dans certaines républiques, telles que celles de Florence, de Malte, etc., furent très-rares en France, où le titre de capitan n'a presque pas été employé.

La capitane portait un étendard à sa poupe et trois fanaux, dont l'un avançait plus que les deux autres : ce qui distinguait cette galère d'une réale, dans laquelle les fanaux se trouvaient sur la même ligne.

Les *galères chefs d'escadre* étaient celles des officiers de ce nom. Elles avaient un fanal à la poupe et un pavillon carré au grand mât.

Maintenant que nous avons énuméré les différents navires qui composaient les flottes, nous allons dire quelques mots de l'artillerie employée sur ces navires.

Les principales pièces d'artillerie que l'on employait sous Louis XIV étaient les *canons*, les *pierriers* et les *bombes*.

Les *canons* constituaient les seules armes des vaisseaux, où ils se trouvaient répartis d'après les ordonnances suivantes, datées de 1689.

« Tous les vaisseaux de premier rang, par quelques officiers qu'ils soient commandés, seront armés de canons de fonte, sans mélange d'aucune pièce de fer.

» Ceux de second rang, commandés par l'amiral, le vice-amiral, ou par un lieutenant général, auront aussi tous leurs canons de fonte, et s'ils sont commandés par un chef d'escadre ou par un capitaine, ils n'auront que les deux tiers de canons de fonte et un tiers de canons de fer.

» Ceux de troisième rang, commandés par l'amiral, le vice-amiral, ou par un lieutenant général, auront pareillement tous leurs canons de fonte ; par un chef d'escadre, les deux tiers de fonte et le tiers de fer ; mais s'ils sont commandés par un capitaine, ils n'auront que la moitié de canons de fonte, et la moitié de canons de fer.

» Les vaisseaux de quatrième rang auront un tiers de canons de fonte, et les deux tiers de canons de fer.

» Ceux du cinquième seront armés de trois quarts de canons de fer, et d'un quart de canons de fonte ; les frégates légères et tous les autres bâtiments n'auront que des canons de fer. »

Les projectiles dont on chargeait les canons étaient de plusieurs sortes.

On avait :

Les *boulets ordinaires;*

Les *boulets à tête*, qui consistaient en deux de ces projectiles réunis par une verge de fer ;

Les *boulets à chaîne*, qui différaient de ceux-ci par leur moyen de jonction, qui était une chaîne au lieu d'une verge : on les employait dans le but de couper les mâts et les cordages ;

Les *paquets de fer* et les *lanternes de mitraille*.

Les *pierriers* étaient de petits canons à peu près semblables à ceux que l'on désigne aujourd'hui sous ce nom. On les mettait sur des bâtiments légers.

Les *bombes* se lançaient au moyen des mortiers placés sur les galiotes.

Pour achever de donner une idée de ce que Colbert avait fait de la marine, nous allons transcrire une pièce officielle relative à la reddition de Candie, et nous y joindrons, chemin faisant, quelques notes qui comprendront différentes choses dont nous n'avons pas pu parler jusqu'ici.

Extrait du Mémoire de M. de Vivonne sur le combat qui eut lieu devant Candie.

« D'après l'ordre de marche que je me suis donné l'honneur d'envoyer à votre majesté, *l'Étoile*, commandée par M. de Coutay, remorquée par la galère *la Renommée*; *le Courtisan*, vaisseau amiral remorqué par *la Force*, prirent les premiers leur poste; mais comme ils étaient incommodés des batteries des ennemis, ils crurent être obligés de faire leurs premières décharges sans attendre mon signal [1]...... Le vaisseau amiral n'eut pas plutôt commencé à tirer, que je pris mon poste sous les batteries turques. *Le Comte*, remorqué par *le Saint-Louis*, *le Bourbon* par *la Victoire*, *le Provençal* par *la Couronne*, *la Thérèse* par *la Dauphine*, *le Toulon* par *la Patronne*, se rangèrent ensuite à leur poste [2] avec tous les autres

---

[1] Bien avant le dix-septième siècle on se servait de pavillons pour communiquer des ordres; mais ce fut M. de Tourville qui, en 1694, organisa le premier le service des signaux. La série qu'il indiqua fut bientôt augmentée, et en 1697 le jeu des signaux était réglé comme suit :

Pour se rallier.	Pavillon blanc et rouge.
Pour donner la chasse à une flotte en retraite.	Pavillon blanc et bleu.
Pour courir sur des vaisseaux que l'on veut reconnaître.	Pavillon rouge et bleu.
Pour finir la chasse.	Amener le pavillon du général et tirer un coup de canon.
Pour aller à l'abordage.	Pavillon blanc facié de rouge.
Pour doubler les ennemis.	Pavillon blanc facié de bleu.
Pour disposer les brûlots.	Pavillon rouge facié de blanc.
Pour envoyer les brûlots.	Pavillon rouge facié de bleu.
Pour commencer le combat.	Trois coups de canon.
Pour cesser le combat.	Amener le pavillon et l'enseigne du général.

[2] Jusqu'à Louis XIV l'arrangement en bataille était en croissant; mais depuis la bataille du Texel, qui eut lieu en 1665 entre les Anglais et les Hollandais, on adopta la ligne droite et parallèle à la

vaisseaux et galères, sous les batteries que les Turcs avaient faites à fleur d'eau le long de la marine, outre celles dont ils avaient coutume de battre la ville; et comme l'amiral tire beaucoup plus d'eau que les autres vaisseaux, je fus contraint de le laisser demeurer un peu plus au large, et je m'avançai plus près de terre et me plaçai près du vaisseau amiral et de *la Thérèse*. Ce voisinage pensa perdre *la Capitane* (que montait M. de Vivonne); car le feu ayant pris aux poudres de *la Thérèse*, elle sauta en l'air et pensa m'accabler de ses débris. Ce malheur, joint à la perte qu'on avait déjà faite de beaucoup de gens par le canon et la mousqueterie des ennemis, nous mit en quelque désordre; mais chacun demeura à son poste. Votre majesté saura que l'effet de la

flotte ennemie. Les brûlots et les bâtiments de charge étaient placés derrière les vaisseaux de ligne et assez près pour les rejoindre ou les dépasser au plus vite selon que les circonstances l'exigeaient.

Quant aux galères, elles occupaient différentes positions. « Dans un combat de vaisseaux où il y a des galères, dit le père Daniel, elles peuvent y être d'une grande utilité. On ne les met pas dans la ligne des vaisseaux parce qu'elles seraient foudroyées par le canon de l'ennemi; mais on les met sous le vent de la flotte, ou au vent, selon que la flotte se trouve située. S'il vient un calme durant le combat, comme il arrive souvent, elles peuvent faire bien du mal à la flotte ennemie qui n'aurait pas de galères, en attaquant le premier vaisseau de l'avant-garde ou le dernier de l'arrière-garde, et évitant de se trouver par le travers d'aucun navire : car alors, les vaisseaux ne pouvant manœuvrer faute de vent, elles serviraient à remorquer des brûlots pour les brûler, à remorquer les vaisseaux incommodés pour se radouber, à leur aider de la même manière pour se mettre en ligne et en bataille, comme on m'a dit qu'elles firent au combat de Malgue. »

poudre de *la Thérèse* fut si grand, que la mer s'entr'ouvrit et coucha la *capitane* trois fois sur le côté, de manière qu'on en vit la quille et que chacun la crut perdue. Ce désordre n'empêcha pas les autres vaisseaux et galères de canonner le camp des Turcs, jusqu'à ce que le signal de la retraite eût paru sur le fort de Martinencq.

» *Le Contre-amiral*, commandé par M. Gabaret, avec sa division de sept vaisseaux et de sept galères, firent leur devoir on ne peut mieux; le seul désordre qu'il y eut de ce côté fut que, l'espace étant un peu serré pour tant de vaisseaux, ils se trouvèrent quasi les uns sur les autres et ne purent laisser entre eux les intervalles nécessaires pour les galères, hors *le Contre-amiral*, à la gauche duquel la galère *la France* trouva place pour se mettre. Les autres galères, *la Croix de Malte*, capitaine d'Oppède; *la Fleur de Lys*, capitaine Labretèche; *la Fortune*, capitaine de Janson; *la Valeur*, capitaine de Vivier, et deux galiotes, se trouvèrent nécessitées, pour être de la partie, de se mettre entre la terre et les vaisseaux; ces galères souffrant que les vaisseaux susdits fissent leurs décharges par-dessus elles, plutôt que de manquer à prendre un poste honorable [1].

» .... Il n'y a d'officiers blessés sur les galères que le sieur de Manse, capitaine de la capitane, blessé d'un éclat à la cuisse; le chevalier de Mirabeau, major des galères,

---

[1] Ce passage démontre que les précautions indiquées dans la note de la page précédente n'étaient pas toujours suivies, et que quoique les galères pussent être facilement brisées par les boulets ennemis, leurs capitaines ne craignaient pas d'en courir les chances, plutôt *que de ne pas être de la partie*, comme le dit le rapport.

blessé d'une balle de mousquet à la tête et de deux éclats à l'épaule et au bras ; de tués que les sieurs de Tagenat, lieutenant de *la Patronne*, et de Chabert, sous-lieutenant de *la Capitane* de deux balles de gros mousquet dans la poitrine [1]. Mes volontaires [2] furent maltraités. M. de Montbousquet et le chevalier Gaillard furent dangereusement blessés d'un éclat de *la Thérèse;* et le jeune de Manse, fils du capitaine, eut le bras droit cassé d'une balle de mousquet ; et aussi le sieur Videau, capitaine de ma barque longue, fut tué. Pour le reste tué ou blessé

---

[1] L'état-major des vaisseaux, comme des galères, se composait comme suit : Un capitaine, un lieutenant, un enseigne, un major et un aide-major.

Les officiers supérieurs étaient : Un général commandant la flotte, un ou plusieurs lieutenants généraux et des chefs d'escadre.

Les officiers qui montaient des galères joignaient ce mot au nom de leur grade et s'appelaient : capitaines de galères, lieutenants de galères, enseignes de galères, etc. Ils étaient assimilés aux officiers de leurs grades embarqués sur les vaisseaux ; néanmoins ceux-ci les commandaient et avaient le droit d'exiger que leurs collègues des galères les saluassent les premiers.

[2] Sous ce nom de *volontaires*, M. de Vivonne veut probablement désigner les *gardes-marines*, dont l'institution fut créée par Louis XIV. Pour être admis dans ce corps les jeunes gens devaient justifier de titres de noblesse ; cependant les enfants de familles honorables y étaient reçus quelquefois.

Les *gardes marines* recevaient, aux frais de l'État, une instruction conforme aux exigences de la carrière qu'ils embrassaient. On leur enseignait les mathématiques, l'hydrographie, la stratégie, l'escrime, la danse et l'exercice de la pique et du canon. Ils étaient en outre initiés à l'art des constructions.

— 149 —

sur les galères, ce n'a été que *soldats* [1], *matelots* et *chiourme* [2]. » (Tiré des Archives par Eugène Süe.)

Il est impossible de parler de la marine du dix-septième siècle, sans dire quelques mots de ces intrépides marins dont les noms sont devenus si populaires : Tourville, Duquesne, Jean Bart et Duguay-Trouin.

Toutefois, comme nous ne pouvons pas entrer ici dans de grands détails sur les victoires et les aventures de ces hommes héroïques, nous nous bornerons à emprunter à

---

[1] Il y avait deux sortes de soldats : les soldats à demi-solde et les soldats à solde entière. Les premiers étaient des hommes de métiers qui, au moment d'une guerre, abandonnaient leurs travaux pour aller combattre. Tant qu'ils restaient embarqués, ils recevaient la solde entière ; mais quand on les renvoyait dans leurs foyers, ils n'en recevaient plus que la moitié. Les soldats à solde entière demeuraient constamment au service de l'État, que l'on fût en paix ou en guerre.

[2] On donnait le nom de *chiourme* aux malheureux condamnés et aux esclaves qui ramaient dans les galères. Véritables mécaniques humaines, ou du moins considérés comme tels, ces infortunés avaient à bord des galères le sort le plus déplorable. Manœuvrer constamment la lourde rame à laquelle ils étaient attachés ; ne dire mot, sous peine d'être bâillonnés, et rester spectateurs impassibles des batailles dans lesquelles leur existence était au moins aussi compromise que celle des marins, voilà quelle était la condition de la *chiourme*.

Tous les soins que l'on avait d'eux se bornaient à les bien nourrir et à empêcher qu'ils ne souffrissent trop des injures de l'air.

« Comme l'État a besoin de ces misérables qui composent la
» chiourme, dont toute la vie est un travail très-pénible et quelque-
» fois accompagné de très-grands dangers, on les nourrit bien, et
» l'on prend des précautions pour les défendre, autant qu'il se
» peut, contre les injures de l'air où ils sont exposés. » (Daniel.)

chacun d'eux le récit d'une de ses batailles, et cela suffira pour notre but, qui est de mettre en relief les hommes et les choses qui ont le plus daté dans l'histoire de la navigation.

CHAPITRE DIXIÈME.

Lettre de Tourville rapportant son combat du cap de Beveziers. — Extrait d'une Lettre de Duquesne, écrite après le combat d'Agosta, où périt l'amiral Ruyter. — Lettre de Jean Bart relatant le combat qu'il soutint le 17 juin 1696 contre une flotte hollandaise. — Relation faite par Duguay-Trouin de la manière dont il prit *le Sans-Pareil*.

—o❍o—

Lettre de Tourville rapportant son combat du cap de Beveziers.

Monseigneur,

Je n'ai pas le temps de vous faire le détail du combat que nous venons de rendre contre la flotte ennemie, il est impossible que j'en puisse savoir les particularités. Les ennemis avaient le vent sur nous. J'ai formé notre ligne; les Hollandais se sont trouvés à l'avant-garde : Herbert faisait le corps de bataille, et le pavillon bleu anglais l'arrière-garde; M. de Châteaurenault se trouva à l'avant-garde par la disposition de notre armée, et M. le comte d'Estrées à l'arrière-garde. Les Hollandais vinrent avec toute la vigueur possible sur notre avant-garde; Herbert ne voulut pas me combattre et même ne combattit avec aucun de nos pavillons. Je combattis avec son vice-amiral et deux seconds aussi gros que lui; M. le comte d'Estrées combattit avec le pavillon bleu. Nous tînmes le vent si heureusement, que les Hollandais s'étant un peu trop abandonnés ne purent se rallier au vent avec facilité, ce qui fut cause qu'ils furent entièrement désemparés ; il y eut, *comptant les anglais, douze de leurs navires rasés sans aucun mât*. Je ne crois pas que pour un combat donné sous le vent on ait eu un pareil avantage. Le calme vint, ce qui fut cause qu'il n'y eut qu'un de leurs vaisseaux qui tomba entre nos mains, et qui était un hollandais de soixante-huit pièces de canon. Il est sûr que si nous avions eu nos galères, nous prenions tous ces navires démâtés, qui mouillèrent au jusant. Le soir le vent tourna de notre côté environ une demi-heure ; s'il eût continué, il y avait dix vaisseaux hollandais de coupés. Lorsque l'armée ennemie eut mouillé, pour ne pas tomber sur nous et se conserver la marée, je m'aperçus de leurs manœuvres, quoiqu'ils eussent toutes leurs voiles, et je mouillai avec quelques vaisseaux de mon escadre à la portée du canon de sept ou huit vaisseaux hollandais qui étaient près de moi. Après la marée finie, ils levèrent l'ancre et se firent remorquer avec leurs chaloupes : ce sont des bâtiments plats qui tirent peu d'eau, et par conséquent plus aisés à remorquer que les nôtres. Ils s'éloignèrent un peu de nous ; nous sommes toujours en présence ; le vent est toujours de leur côté. L'avant-garde, commandée par M. de Châteaurenault, soutint parfaitement bien les vaisseaux ennemis ; M. le comte d'Estrées, qui était de l'arrière-garde, soutint de son côté parfaitement l'escadre bleue qui le vint attaquer ; il y eut deux vaisseaux anglais de l'arrière-garde qui furent démâtés, le reste des vaisseaux fut démâté par l'avant-garde de notre corps de bataille. Vous ne doutez pas qu'après un combat de huit heures nous ne soyons fort désemparés, la plupart de nos vaisseaux n'ont plus de munitions; nous suivons cependant l'armée ennemie. Je saurai plus de particularités dans la suite, que je vous manderai. On ne peut être plus satisfait que je suis de tous les capitaines : M. de Villette, qui était le troisième ou le quatrième vaisseau de l'avant-garde, commandée par M. de Châtaurenault, a fort bien soutenu. Je suis fort content de mes deux matelots, qui étaient le marquis de Laporte et Coëtlogon; le premier a été entièrement désemparé. Il y a trois ou quatre vaisseaux de l'arrière-garde, commandée par M. le comte d'Estrées, qui ont été fort désemparés, particulièrement Pannetier. Il y a beaucoup de nos vaisseaux qui n'ont plus de poudre. Le vaisseau ennemi se rendit à M. de Nesmond. Je trouve que les ennemis se sont parfaitement bien battus; il n'y a eu qu'Herbert et ses seconds qui n'ont pas tiré de près et qui n'avaient choisi que des vaisseaux particuliers de l'escadre du marquis d'Amfreville. Si nous avions eu le vent, l'affaire aurait été plus complète; mais vous pouvez assurer le roi qu'elle ne le peut avoir été davantage, les ennemis ayant le vent sur nous. Je suis fort content des chevaliers de Bouillon, d'Armagnac et de Luynes; Pinon a parfaitement bien fait son devoir et ne m'a pas été inutile. Je puis aussi rendre témoignage que j'ai été fort secouru de M. de Vauvré, par sa présence et par ses conseils. Le major général m'a fort bien secondé en tout. *Le petit Renan a eu la basque de son juste-au-corps emportée d'un coup de canon, qui lui a passé entre les jambes en ce temps qu'il dressait un plan ; il a de l'esprit, de la capacité et beaucoup de valeur, et est d'un bon conseil.*

Je suis obligé de vous dire que le sieur Truillet a fait des merveilles ; il commandait les batteries : c'est le meilleur officier de France. Il y aurait de la justice que vous lui envoyiez une commission de capitaine ; dans une occasion comme celle-ci cela donnerait de l'émulation aux autres officiers.

M. de Colombe s'est parfaitement acquitté de son devoir avec les gardes qu'il commandait.

Je suis avec beaucoup de respect,

  Monseigneur,

    Votre très-humble et très-obéissant serviteur,

      Le comte de Tourville.

(*Archives de la marine.*)

Extrait d'une lettre de Duquesne, écrite après le combat d'Agosta où périt l'amiral Ruyter.

.... Je mis à la voile avec l'armée le 20 de ce présent mois d'avril ; ce même jour, l'on eut avis que les quatre vaisseaux de charge partis de Toulon s'étaient écartés de la rencontre de l'armée ennemie vers le golfe de Catania, deux desquels avaient heureusement gagné le port d'Agosta, et les deux autres la mer, pour éviter leur prise.

Dans la vue de les rencontrer, attendu le besoin des vivres qu'ils nous apportaient, je fis route la première nuit vers le cap Spartimente, où je trouvai l'un d'eux et une tartane qui apportait des paquets de la cour pour M. le duc de Vivonne ; j'envoyai ensuite une barque pour croiser la mer et chercher ce quatrième vaisseau, lequel nous a aussi joints ensuite.

Le 21 au soir, je fis route avec l'armée vers Agosta, pour y apprendre des nouvelles des ennemis, et le lendemain matin, 22, l'on vit paraître leur armée. Nous étions lors en calme, vers le travers de Catania. J'assemblai les officiers généraux, et, après avoir reconnu que les ennemis commençaient à avoir le vent sur nous, chacun se rendit à son bord, avec ordre de se ranger en bataille, ce qui ne put pas être sitôt fait, n'y ayant pas assez de vent pour gouverner les vaisseaux. Les ennemis venaient aussi lentement par la même raison. L'heure de midi se passa sans que les ennemis fussent à nous ; sur les deux heures, leur avant-garde mit en panne pour attendre leur arrière-garde. Toute leur armée était composée de trente-neuf ou quarante voiles, tant espagnoles que hollandaises, chaque nation ayant son pavillon d'amiral, vice-amiral et contre-amiral, et, de plus, neuf galères qui étaient partagées entre les divisions.....

. . . .

Lors, voyant que l'amiral d'Espagne n'approchait pas assez, je fis davantage de voiles avec ma division, en ayant fait le signal auparavant à notre avant-garde, afin de me donner lieu de partager le feu des ennemis les plus proches. Alors l'amiral d'Espagne, qui n'avait tiré que de loin, arriva à bonne portée sur nous pour seconder son vice-amiral et celui de Hollande, qui nous avait attaqués ; et, comme toute l'armée du roi était sur une même ligne, en tenant le vent au plus près, cela faisait que les ennemis, qui mettaient souvent leurs huniers en panne, s'approchaient de notre ligne en dérivant, de sorte que nos canons faisaient un grand effet sur eux, dont quatre de leurs gros vaisseaux démâtés seraient tombés en nos mains sans les galères d'Espagne, qui les vinrent prendre et remorquer hors la portée de nos canons, non pas sans en avoir essuyé plusieurs volées.

Dans ces temps-là il y eut quelques vaisseaux de notre avant-garde dont les équipages s'ébranlèrent après la mort de leur commandant, M. d'Almeras ayant été tué d'un boulet de canon, M. de Tambonneau d'un semblable coup dès le commencement, le sieur de Cou blessé d'un éclat dont il est mort ensuite, et le sieur de Cogolin blessé, mais non si dangereusement.

Après que ces quatre vaisseaux démâtés, et un cinquième dont nous ignorons l'incommodité, furent sauvés par les galères, l'amiral Ruyter se trouva peu accompagné ; il fut contraint de mettre le vent sur ses voiles pour donner lieu aux vaisseaux qui étaient derrière lui de le rejoindre, en sorte qu'il tomba en travers du *Saint-Esprit*, qui était entre *le Sceptre* et *le Saint-Michel*, desquels il essuya un si grand feu, qu'il fut obligé de revirer de bord à la faveur de la grande fumée que causaient les canonnades de part et d'autre, et même de l'obscurité de la nuit qui s'approchait, sans quoi il y aurait sans doute demeuré, et l'on entendra dire quelque jour que jamais vaisseaux ne se sont retirés en si méchant état.

. . . .

. . . .

Le jour que j'entrai à Agosta, j'appris d'un matelot provençal, ci-devant de l'équipage du sieur Gossonville, qui s'est sauvé de l'armée d'Espagne, que les vaisseaux hollandais sont fort battus et plus en désordre que les Espagnols, qui reçoivent beaucoup d'injures de ces premiers, qui leur font de grands reproches de n'avoir pas fait tout leur devoir, et qu'il y avait peu de chose dans Syracuse pour raccommoder leurs vaisseaux, et que l'on avait dépêché à Palerme savoir s'ils y trouveraient de quoi, sinon qu'il fallait que ladite armée allât ailleurs, et y attendre le secours de douze vaisseaux hollandais, que le fils de Ruyter ou autre doit lui amener de Cadix, sans lequel secours l'on assure que les Hollandais ne demeureront plus longtemps avec les Espagnols dans ces mers. Ce matelot assure que dans ce dernier combat, *l'amiral Ruyter a eu une partie du pied emportée d'un boulet de canon, une jambe cassée et un éclat par la tête.*

. . . .
. . . .

. . . . Il faut avouer que pour cela j'ai un peu fatigué l'armée ; notamment ceux qui ont remorqué les plus maltraités, pour leur avoir fait tenir la mer après le combat, et même la plus grande partie des capitaines se plaignaient de n'avoir que très-peu de poudre et encore moins de boulets ; mais j'ai cru qu'il fallait risquer dans ce rencontre, et n'épargner pas la fatigue pour nous faire revoir aux ennemis pour la troisième fois.

J'estime que cette action plaira au roi, qui aime la

gloire de sa marine; et même, si Sa Majesté regarde que trente de ses vaisseaux de guerre, sous un pavillon de vice-amiral, sont allés attaquer et ont combattu sous le vent, et battu un plus grand nombre de vaisseaux espagnols et hollandais, sous deux pavillons d'amiraux et autres inférieurs, lesquels ont tout risqué le lendemain du combat pour entrer dans une embouchure de port fort étroite, et se tapir là-dedans, sans avoir osé en sortir à la vue de son armée qui n'avait pas encore pris le loisir de se réparer.

J'espère que dans peu de temps Sa Majesté aura la satisfaction de voir sa marine en réputation, si elle a agréable de la purger de quelques esprits brouillons et autres mercenaires qui causent de la division dans le corps.

(*Archives.*)

Lettre de Jean Bart relatant le combat qu'il soutint le 17 juin 1696 contre une flotte hollandaise.

MONSEIGNEUR,

Après trente et un jours de croisière sans rien trouver, je joignis, le 18 juin, une flotte hollandaise, que j'attendais depuis quinze jours, sur les avis que j'en avais eus à la mer; elle était d'environ quatre-vingts bâtiments marchands, escortée par cinq navires de guerre, dont il y en avait deux de quarante-quatre canons, deux autres de trente-huit et un de vingt-quatre pièces. Je les attaquai, et j'eus le bonheur d'enlever les cinq convois après un combat très-opiniâtre où j'eus quinze hommes de tués, dont M. de Carguères a été du nombre, et quinze blessés, entre lesquels il y en a cinq ou six d'estropiés. Chaque capitaine vous rendra compte de la part qu'il y a eue, et de la conduite de ses officiers. Pour ce qui me regarde en particulier, après avoir fait rendre celui de vingt-quatre pièces par le canon de la mousqueterie, j'enlevai le commandant à l'abordage, qu'il ne me refusa pas ; et ensuite je donnai dans la flotte avec l'escadre, où il y eut vingt-cinq grosses flûtes de cinq, six à sept cents tonneaux, chargées de mâts, blé ou goudron, de prises, desquelles j'en pris neuf pour ma part, et les autres furent prises par les autres vaisseaux de l'escadre. J'aurais détruit toute la flotte sans une escadre de douze vaisseaux de guerre hollandais qui ont été témoins de notre combat, et qui étaient à notre vue avant que nous eussions attaqué. Comme elle m'était fort supérieure en nombre et en grosseur, et qu'elle avait vent arrière sur moi avec un bon frais, et que je ne pouvais pas, sans compromettre beaucoup les armes du roi, entreprendre de soutenir contre cette escadre, je fus obligé de faire brûler toutes mes prises marchandes, aussi bien que les quatre vaisseaux de guerre, et je donnai celui de vingt-quatre canons, après les avoir encloués et mouillé les poudres, pour reporter les prisonniers en Hollande, qui m'auraient fort embarrassé si j'avais été obligé de donner un second combat, et qui m'auraient d'ailleurs consommé tous mes vivres. Tout cela fut exécuté avec tant de diligence et si à propos, que les ennemis n'étaient qu'à deux portées de canon de moi lorsque je commençai à faire servir.

Comme tout le reste de la flotte s'est trouvé séparé et sans convoi, je ne doute pas, Monseigneur, que les câpres de Dunkerque n'aient achevé de la détruire; et il y en eut deux qui donnèrent dans la flotte, d'abord que je commençai le combat, lesquelles je couvris par ma manœuvre avec toutes leurs prises pendant tout le temps que les ennemis me chassèrent, qui fut jusqu'à la nuit. Ainsi, je compte que cette flotte, qui était de très-grande conséquence pour les ennemis, sera presque toute prise par nos câpres qui croisaient à l'ouverture du Texel, dont je n'étais qu'à quatre lieues et demie.

Relation faite par Duguay-Trouin de la manière dont il prit *le Sans-Pareil*.

. . . . . . Je montai donc *le François*, — dit Duguay-Trouin, — et, cinglant en haute mer, j'établis ma croisière sur les côtes d'Angleterre et d'Irlande; je pris d'abord cinq vaisseaux chargés de tabac et de sucre, ensuite un sixième chargé de mâts et de pelleteries, venant de la Nouvelle-Angleterre; ce dernier s'était séparé depuis deux jours d'une flotte de soixante voiles, escortée par deux vaisseaux de guerre anglais, l'un nommé *le Sans-Pareil*, de cinquante pièces de canon, et l'autre, *le Boston*, de trente-huit canons, mais percé à soixante-douze, les habitants de Boston ayant fait construire ce dernier vaisseau exprès pour en faire présent au prince George. Il était chargé de très-beaux mâts et de pelleteries; je m'informai avec grand soin de l'aire de vent où cette flotte pouvait être, et courus à toutes voiles de ce côté-là : j'en eus connaissance vers midi. L'impatience que j'avais de prendre ma revanche me fit, sans hésiter, attaquer les deux vaisseaux de guerre qui lui servaient d'escorte. Dans mes premières bordées j'eus le bonheur de démâter *le Boston* de son grand mât de hune, et de lui couper sa grande vergue : cet accident le mit hors d'état de traverser le dessein que j'avais de traverser *le Sans-Pareil;* cet abordage fut à l'instant exécuté, et mes grappins furent jetés au milieu de notre feu mutuel de canons et de mousqueterie ; cela fut suivi d'un si grand nombre de grenades, que j'avais fait disperser de l'avant à l'arrière, que ses ponts et ses gaillards furent nettoyés en fort peu de temps. Je fis battre la charge, et mes gens se présentèrent à l'abordage ; mais le feu prit tout d'un coup à la poupe si vivement que, dans la crainte de brûler avec lui, je me vis contraint de faire pousser vite au large. Dès que cet embrasement fut éteint, je raccrochai le vaisseau *le Sans-Pareil* une seconde fois, et, le feu ayant aussi pris à ma hune et dans ma misaine, je me trouvai encore dans la nécessité de déborder. Sur ces entrefaites, la nuit vint et toute la flotte se dispersa. Les deux vaisseaux de guerre furent les seuls qui se conservèrent et que je conservai de même très-soigneusement ; cependant je fus obligé de faire changer toutes mes voiles criblées et brûlées, tandis que les ennemis étaient de leur côté occupés à se raccommoder.

Sitôt que le jour parut, je recommençai une troisième fois l'abordage du vaisseau *le Sans-Pareil;* mais au milieu de nos deux bordées de canon et de mousqueterie, ses deux grands mâts tombèrent dans mes porte-haubans ;

cet accident, qui le mettait hors de combat et hors d'état de s'enfuir, m'empêcha de permettre que mes gens sautassent à bord ; au contraire, je fis pousser précipitamment au large et courus avec la même activité sur le vaisseau *le Boston*, qui faisait alors tous ses efforts pour s'enfuir. Je le joignis, et m'en étant rendu maître en peu de temps, je revins sur son camarade qui, étant ras comme un ponton, fut obligé de céder.

Ces deux vaisseaux étant soumis, un Hollandais, capitaine d'une prise que j'avais faite peu de jours auparavant, monta de notre fond de cale sur le gaillard pour venir m'en faire compliment ; il me dit, d'un air joyeux, qu'il venait aussi de remporter une petite victoire sur le capitaine de la prise qui m'avait donné avis de cette flotte, et qu'étant descendus tous deux ensemble au fond de cale, un moment avant notre combat, l'Anglais lui avait dit : — « Camarade, réjouissons-nous, vous serez bientôt en liberté ; le vaisseau *le Sans-Pareil* est monté par un des plus braves capitaines de l'Angleterre, qui, avec ce même vaisseau, a pris à l'abordage le fameux Jean Bart et le chevalier de Forbin ; son camarade est aussi bien armé et bien commandé, ayant fortifié leur équipage de celui d'un vaisseau anglais qui s'est perdu depuis peu sur la côte de Boston, et ce vaisseau français ne saurait jamais leur résister longtemps. » — Le capitaine hollandais m'assura qu'il lui avait répondu qu'il me croyait plus brave qu'eux, et qu'il parierait de sa tête que je remporterais la victoire. L'Anglais indigné répliqua à celui-ci qu'il en avait menti, et l'autre lui ayant donné un soufflet, ils en étaient venus aux mains. Le

Hollandais demeura le vainqueur et vint dans le moment me conter son combat, en me demandant en grâce de faire monter son adversaire sur le pont, afin qu'il vît de ses propres yeux ces deux vaisseaux soumis, et qu'il en crevât de dépit. En effet, je l'envoyai chercher; il faillit en devenir fou quand il eut vu *le Sans-Pareil* et *le Boston* dans le pitoyable état où je les avais mis; il se retira jurant comme un païen et s'arrachant les cheveux.

Cependant j'eus une peine extrême à pouvoir amariner ces deux vaisseaux; ma chaloupe et mon canot étaient hachés, et il survint un orage qui nous mit en très-grand péril par le désordre où nous avait mis un combat si long et si opiniâtre. Le capitaine et tous les officiers du vaisseau *le Sans-Pareil* furent tués ou blessés, et l'on m'apporta les brevets de MM. Bart et Forbin, depuis chefs d'escadre, qui avaient été ci-devant pris par ce même vaisseau.

(*Archives.*)

CHAPITRE ONZIEME.

NAVIRES MODERNES. — Vaisseaux. — Frégates. — Corvettes. — Bricks. — Flûtes. Gabares. — Goëlettes. — Lougres. — Côtres. — Chasse-marée. — Bâtiments à vapeur.

Les navires modernes se divisent en *bâtiments de l'État* et en *bâtiments du commerce* ou *navires marchands*.

Les bâtiments de l'État se distinguent en *vaisseaux*, *frégates*, *corvettes*, *bricks*, *flûtes*, *gabares*, *goëlettes*, *lougres*, *côtres* et *sloops*.

Les bâtiments marchands sont classés d'après le nombre de tonneaux qu'ils peuvent recevoir.

NAVIRES DE L'ÉTAT.

VAISSEAUX.

Les *vaisseaux* sont les plus grands navires que nous ayons.

Il y en a de différentes grandeurs : on les divise en *vaisseaux* de premier, deuxième et troisième rang.

Les vaisseaux de premier rang ont de cent à cent vingt canons ;

Ceux de deuxième rang, de quatre-vingts à quatre-vingt-dix;

Ceux de troisième rang, de soixante-quatorze à quatre-vingt-six.

Vaisseau de premier rang.

Il nous est impossible de donner ici l'énumération et l'usage des innombrables parties qui entrent dans un vaisseau. Nous nous bornerons aux principales; et, comme nous les prendrons d'un vaisseau de premier rang, ce que nous en dirons suffira pour tous les autres navires.

La COQUE du bâtiment est ce que l'on appelle vulgairement son corps; elle est partagée en plusieurs étages, qui sont, en allant de bas en haut :

La *cale*,

Le *faux-pont*,

L'*entre-pont* ou *première batterie*,

La *deuxième batterie*,

La *troisième batterie*,

Le *pont*.

Les MATS d'un vaisseau sont au nombre de quatre :

Le *grand mât*, qui occupe à peu près le milieu;

Le *mât d'artimon*, qui est placé derrière le précédent, du côté de la poupe;

Le *mât de misaine*, situé vers la proue;

Le *mât de beaupré*, qui est placé obliquement à l'avant.

Ces quatre mâts sont décomposés en plusieurs pièces qui portent chacune le nom de *mât*. Ainsi dans le *grand mât* et dans le *mât de misaine* on trouve, de bas en haut :

Les *bas mâts*,

Les *mâts de hune*,

Les *mâts de perroquet*

Et les *mâts de cacatois*.

Dans le *mât d'artimon* on rencontre les mêmes pièces; seulement elles sont moins considérables et deux d'entre elles, les mâts de perroquet et de cacatois, portent des noms particuliers : le mât de perroquet de l'artimon se nomme *mât de perruche*, et celui de cacatois *cacatois de perruche.*

Le *mât de beaupré* se compose de trois parties :

Le *mât de beaupré proprement dit* ou partie attenante au navire ;

Le *bout dehors de clin foc*

Et le *bout dehors de foc volant.*

Les VERGUES sont de longues traverses sur lesquelles s'attachent les voiles.

Elles sont de diverses grandeurs et désignées d'après la situation qu'elles occupent. Les vergues du grand mât s'appellent : *grand'vergue, vergue du grand hunier, vergue du grand perroquet.*

Celles du mât de misaine se nomment : *vergue de misaine, vergue du petit hunier, vergue du petit perroquet ;*

Celles du mât d'artimon : *vergue d'artimon* ou *barrée, vergue du petit hunier d'artimon, vergue de la perruche.*

Les VOILES employées à bord d'un vaisseau sont fort nombreuses ; mais il est facile de se rappeler leurs noms, parce qu'elles sont désignées par groupes, et s'appellent comme les mâts qui les supportent.

Celles des bas mâts se nomment *basses voiles* (*voile du grand mât* ou *grande voile* ;

Voile de misaine ou simplement *misaine* ;

Voile d'artimon).

Celles des mâts de hune se nomment *huniers ;*

Celles des mâts de perroquet, *voiles de perroquet ;*

Celles des mâts de cacatois, *voiles de cacatois.*

On appelle *focs*, les voiles triangulaires qui viennent s'appuyer sur le beaupré, et *bonnettes*, des voiles supplémentaires que l'on ajoute aux autres voiles au moyen de petites vergues, également supplémentaires, que l'on appelle *bouts dehors*.

Les *hunes* sont des espèces de balcons qui existent à de certaines hauteurs autour des mâts.

Parmi les autres objets, fixes ou mobiles, que l'on rencontre dans un vaisseau, nous citerons :

Les *haubans*, ou échelles de cordes qui relient le pont avec les grandes hunes, et celles-ci avec les parties supérieures des mâts ;

Les *écoutilles*, grandes ouvertures carrées par lesquelles on descend du pont dans la batterie ;

La *roue du gouvernail* ;

Les *sabords*, sortes d'ouvertures carrées par où passe la gueule des canons ;

Les *ancres* ;

Les *cordages* ;

Le *cabestan*, machine destinée à hisser à bord différentes choses et particulièrement l'*ancre*.

Les *bouées*, barils plus ou moins gros qui indiquent où l'ancre est accrochée ;

Le *lock*, instrument au moyen duquel se détermine la vitesse avec laquelle marche le navire ;

L'*habitacle*, où est renfermée la boussole ;

Les *magasins*, les *soutes*, etc., etc.

DES FRÉGATES.

Les *frégates* sont des bâtiments qui ne diffèrent des vaisseaux que par leurs proportions, qui sont moins volumineuses, et le nombre de leurs canons, qui est plus restreint.

Frégate.

On les distingue en frégates de premier et de second rang.

Les frégates de premier rang ont de soixante à soixante-quatorze canons; les autres n'en portent que cinquante au plus.

DES CORVETTES.

Les *corvettes* sont encore des diminutifs du vaisseau. La mâture et la voilure sont à peu près les mêmes que dans celui-ci ; mais la coque est beaucoup plus allongée. Elles ont de vingt à trente canons ou caronades.

Corvette.

Leur marche est ordinairement plus rapide que celle des vaisseaux et des frégates ; aussi les emploie-t-on surtout dans les voyages qui doivent être accomplis avec célérité.

En temps de guerre, ou quand les navires sont réunis en *escadre*, les corvettes jouent d'habitude le rôle de messagers et d'éclaireurs.

DES BRIGS.

Les *brigs* ou *bricks* sont des bâtiments légers n'ayant que trois mâts, y compris celui de beaupré.

Le grand mât est oblique sur l'arrière.

Ils ont des cacatois et des bonnettes de même que les navires à quatre mâts.

Brick.

Le nombre de leurs canons ou caronades varie de dix-huit à vingt-deux.

DES FLUTES ET DES GABARES.

Les *flûtes* et les *gabares* sont des bâtiments à trois mâts que l'on emploie pour le transport des hommes et des denrées.

Elles ont de douze à quinze caronades, mais elles seraient susceptibles d'en monter un plus grand nombre : ce qui arrive lorsqu'en temps de guerre ces navires doivent figurer dans une bataille.

DES GOELETTES.

On désigne sous le nom de *goëlettes*, de jolis petits bâtiments dont les deux mâts sont légèrement inclinés vers l'arrière.

Goëlette de guerre.

Ils montent de huit à douze canons et sont en général de fort bons marcheurs.

DES LOUGRES.

Les *lougres* ont trois mâts : un grand mât, un mât de misaine, et sur l'arrière un autre nommé *tapecu*; ces mâts sont inclinés sur l'arrière; le beaupré est fort court.

Ils ont pour voilure, des basses voiles, des huniers et quelquefois des perroquets.

DES COTRES ET DES SLOOPS.

Les *côtres* et les *sloops* ont entre eux beaucoup de ressemblance.

Ces deux genres de navires n'ont qu'un seul mât; ce mât est incliné vers l'arrière; la grande voile est montée sur une vergue qui embrasse le mât par son gros bout et que l'on nomme corne.

La seule différence qui existe entre un sloop et un côtre, c'est que celui-ci a des dimensions plus considérables. Le côtre a quelquefois un mât de perroquet, ce que l'on ne trouve jamais dans le sloop.

Côtre.

On peut les armer tous les deux en guerre; mais il est rare que le sloop serve à d'autres choses qu'à faire un service de dépêches ou de transport.

BATIMENTS MARCHANDS.

Les bâtiments marchands ou du commerce sont classés, ainsi que nous l'avons dit, d'après leur capacité.

Quant à leurs formes, ce sont celles des derniers navires de guerre, et ils portent comme ceux-ci les noms de bricks, flûtes, goëlettes, etc.

Il y a cependant un bâtiment marchand dont le type est tout spécial : c'est le *chasse-marée.*

Ce bâtiment qui a une forme très-avantageuse pour la marche, a deux mâts dont le plus grand est fort incliné sur l'arrière et supporte une grande voile ou un taille-vent, et un hunier.

Le mât de misaine est petit ainsi que sa voile ; à l'arrière du bâtiment est un petit mât supportant un tapecu.

Les *chasse-marée* sont de grandeurs très-diverses ; il y en a depuis dix tonneaux jusqu'à cent.

Ceux de cette force entreprennent le voyage des Antilles.

Les autres font ce que l'on appelle le *petit cabotage,* c'est-à-dire, la traversée d'un cap à un autre cap peu éloigné.

DES BATIMENTS A VAPEUR.

Il est probable que plus tard, alors qu'on aura fait disparaître quelques inconvénients attachés aux bâtiments à vapeur, tous les navires de l'État ou du commerce marcheront par ce nouveau système, combiné avec l'action des voiles.

Les avantages de la machine à vapeur appliquée à la locomotion aquatique sont, en effet, trop considérables pour que l'on ne tente pas de donner à cet agent toute la perfection dont il est susceptible.

Bâtiment à vapeur.

Ici, comme en presque toutes choses, le perfectionnement doit être dans la simplification, et chaque jour on fait dans cette voie des progrès qui, sans aucun doute, conduiront très-prochainement au but que l'on veut atteindre.

La navigation par la vapeur est d'ailleurs une chose encore toute nouvelle : à peine compte-t-elle une trentaine d'années.

Ce sont les Américains qui les premiers en ont fait l'essai; et cet essai ayant pleinement réussi, toute l'Europe s'est mise aussitôt en mesure de les imiter, à commencer par les Anglais, qui ne sont jamais en arrière, il faut bien l'avouer en passant, lorsqu'il s'agit d'utiliser une découverte réellement utile.

La France, à vrai dire, n'a pas autant tardé que d'habitude à profiter de l'impulsion donnée par un autre peuple. En l'année 1822, elle fit partir pour New-York un de ses plus savants ingénieurs, M. Marestier, et peu de temps après on mettait sur nos chantiers le bâtiment *le Sphinx*, qui fut notre premier navire à vapeur.

On n'osa d'abord appliquer la vapeur qu'à de petits bâtiments, mais peu à peu la force des machines fut augmentée, et nous avons maintenant un grand nombre de frégates dont la vapeur est la principale puissance locomotrice.

CHAPITRE DOUZIÈME.

Locomotion aérienne. — Les frères Montgolfier. — Les ballons Charles. — Ascension du Champ de Mars. — Exploit des habitants de Gonesse. — Manière de gonfler les ballons au gaz hydrogène.

Ce n'est déjà plus aujourd'hui tout à fait une chimère, et l'on admet généralement qu'il sera possible un jour, de voyager dans les airs aussi bien que sur la terre et l'eau; mais dans la stupéfaction que cause ce progrès immense de l'esprit humain, on en ajourne indéfiniment la réalisation, et l'on s'endort tranquillement dans le *statu quo*, en attendant l'heure où une machine aérienne, glissant avec majesté dans l'espace que l'homme aura soumis à sa puissance, annoncera le début de la plus grande révolution qui puisse être opérée sur le globe.

Quel magnifique spectacle nous sera donné ! que de voies nouvelles nous seront ouvertes ! quels changements surtout s'opéreront dans les relations sociales et internationales !

Que deviendront ces mesquines barrières où les produits étrangers sont obligés de payer un droit, afin que nous participions aux jouissances qu'ils procurent ?

Quels sont les peuples qui voudront s'entre-livrer des

batailles impies lorsqu'ils sauront qu'un navire dissimulé dans les nuages peut en quelques secondes foudroyer des milliers d'hommes ?

Que deviendront les distances, lorsque les plus considérables pourront être franchies en quelques jours ?

A cette époque, il n'y aura plus de distances, il n'y aura plus de batailles, il n'y aura plus de barrières.

Contraints de pratiquer les maximes évangéliques, sous peine de voir tourner contre eux les fruits de leur génie, les hommes oublieront toutes ces considérations futiles qui les tiennent aujourd'hui séparés; leurs relations n'auront que de nobles mobiles : ce ne sera plus un vil intérêt; ce ne sera plus une basse cupidité; ce ne sera plus un sordide égoïsme qui feront aller les peuples les uns chez les autres. Non : leurs rapports seront basés sur la confraternité la plus douce, sur les sentiments les plus dignes; ils formeront entre eux une sainte alliance et se tendront la main au nom du Dieu de paix et d'amour.

Oh! sans doute ce résultat ne sera pas immédiatement obtenu.

La révolution opérée par la découverte de la navigation aérienne ne produira pas immédiatement les merveilleux et bons effets que l'on doit attendre d'elle; il y aura d'abord de la confusion, un véritable chaos amené par le conflit de toutes les tendances progressives et rétrogrades, qui s'entre-choqueront alors avec d'autant plus de violence que le dénoûment sera plus proche.

Mais cet état de transition ne durera pas; car, avertis par les expériences de plus en plus audacieuses qui se font chaque jour, les hommes chargés de veiller à la sûreté des nations s'occupent sans aucun doute de remplacer ce qui est par ce qui devra être.

Ils ont très-certainement un plan tout prêt et tous les matériaux nécessaires pour reconstruire un nouveau monde aussitôt que l'ancien s'écroulera.

Lois, institutions, règlements, transformation, tout, à coup sûr, est prévu dans leur cadre ; l'événement ne les surprendra pas, et ils ne seront point obligés, ne sachant plus où donner de la tête, de faire arrêter les *aéronautes* par les gendarmes, de les envoyer à Bicêtre, ainsi que l'on fit de l'infortuné Salomon de Caus, et de décréter, par un édit semblable à celui par lequel on supprima les voitures en 1563, l'auto-da-fé de tous les *aérostats*.

L'invention des *aérostats* est d'origine toute nouvelle ; elle ne compte pas deux tiers de siècle.

A la vérité, plusieurs savants avaient depuis longtemps exprimé cette opinion : qu'un ballon contenant un gaz plus léger que l'air s'élèverait dans celui-ci, de même qu'une bouteille vide flotte à la surface de l'eau.

A une époque plus rapprochée de nous, différents expérimentateurs avaient bien tenté de réaliser cette idée. Tel, au quatorzième siècle, le moine augustin Albert Saxony ; tels, deux siècles plus tard, le jésuite portugais Mendoza et l'Allemand Gaspard Schott, qui avaient rêvé tout un système de navigation aérienne ; tel, à la même époque, un autre jésuite, le père François Lana, qui proposa d'employer un ballon de cuivre à parois extrêmement minces, et que l'on aurait rendu plus léger que l'air en soutirant tout celui qui se trouverait dans son intérieur ; tel encore le docteur Blank d'Édimbourg, qui, après la découverte du gaz hydrogène par Cavendish, imagina de remplir un ballon de verre mince avec ce gaz ; tel enfin Cavallo, qui en 1782 découvrit que des bulles de savon pleines de gaz hydrogène s'élevaient rapidement dans l'atmosphère. Mais il faut arriver aux frères Montgolfier pour voir la science aéronautique passer de la théorie à l'application.

Des deux frères Montgolfier, qui se sont illustrés dans la navigation aérienne, l'un, Joseph-Michel, doué d'un esprit indépendant à l'excès, quitta sa ville natale aussitôt après avoir terminé ses études, fréquemment interrompues par de nombreuses escapades, et vint à Paris, où il devint bientôt un des habitués les plus assidus du café Procope, ce qui toutefois ne l'empêchait pas de se mettre au courant des idées d'alors, touchant la mécanique, la physique et la chimie.

Effrayé de l'existence que menait son fils, Montgolfier père, qui dirigeait une manufacture de papier fort importante à Vidalon-lès-Annonai, dans l'Ardèche, rappela Joseph auprès de lui et voulut l'associer aux travaux de sa papeterie.

Joseph se rendit aux injonctions de l'auteur de ses jours, et partagea quelque temps ses occupations ; mais ayant tenté de perfectionner les procédés employés jusque-là par Montgolfier père et celui-ci s'y étant opposé, Joseph forma avec un de ses frères, deux nouvelles manufactures, l'une à Voiron et l'autre à Beaujeu.

Libre dès lors de donner à son imagination tout son élan, Joseph passa tout son temps à faire des expériences.

Beaucoup lui réussirent : il simplifia considérablement la fabrication du papier ordinaire, améliora celle des papiers de tenture, inventa une machine pneumatique pour raréfier l'air de ses moules, etc., etc.

Mais, hélas! les expériences sont fort coûteuses ; d'un autre côté, l'homme de génie est insouciant, et bientôt Joseph se trouva plongé dans une gêne extrême.

D'un esprit plus calme, mais non moins ingénieux que son frère, Étienne Montgolfier fit ses études avec la plus grande distinction au collége Sainte-Barbe de Paris ; et de retour auprès de son père, qui le plaça à la tête de sa manufacture, il ne tarda pas à augmenter la prospérité de cet établissement par une foule d'innovations qui furent couronnées des plus brillants succès.

On lui doit d'excellents procédés pour le collage du papier ; il perfectionna les séchoirs ; devina la fabrication du papier vélin, qui avant lui était pour la France une lettre close, etc., etc. Mais tous ces motifs de célébrité s'effacent devant celui qui portera son nom dans la postérité la plus reculée : l'invention des *aérostats*.

Plusieurs versions ont été faites sur la voie qui conduisit les frères Montgolfier à cette découverte sublime.

Les uns prétendent que c'est Étienne qui en eut la première idée ; les autres assurent que c'est Joseph.

Ceux qui attribuent l'honneur de cette invention à Étienne, disent qu'elle lui fut révélée comme il gravissait la côte de Serrières, en réfléchissant à l'ouvrage de Priestley sur les différentes espèces d'air.

Ceux qui la rapportent à Joseph racontent que, se trouvant à Avignon pendant le siége de Gibraltar, et révant aux moyens de pénétrer dans la place, la fumée de son feu lui en donna le secret. Construisant aussitôt, ajoutent-ils, un petit ballon de taffetas contenant environ quinze mètres cubes d'air, il plaça dessous un corps en ignition, et vit ce ballon s'élever avec rapidité jusqu'au plafond de son appartement.

Le comte Boissy-d'Anglas rejette cette version, avec raison peut-être : « L'invention des frères Montgolfier, dit-il, fut pour eux bien certainement le résultat d'une théorie appuyée sur des faits et des observations, qui avaient échappé jusqu'alors à l'attention des hommes vulgaires. Ils reconnurent qu'il serait possible d'élever à une grande hauteur une masse d'un très-grand poids, en remplissant son intérieur d'un fluide plus léger que l'air atmosphérique dont elle serait entourée, de telle sorte que, n'étant plus en équilibre avec lui, elle pût s'élever, par sa légèreté relative, comme une bouteille vide surnage au-dessus de l'eau, étant devenue, en se remplissant d'air, plus légère qu'elle ; ils n'eurent plus alors qu'à trouver ce fluide, et ce fut l'air atmosphérique lui-même, raréfié par la chaleur, qui le devint. »

Telle est, en effet, la théorie de ces aérostats qui, du nom de leurs inventeurs, sont appelés *Montgolfières*. C'est de l'air qui, étant devenu plus léger par sa dilatation au moyen de la chaleur, emporte dans l'espace l'appareil qui le contient.

Cette théorie n'est pas tout à fait celle que les frères Montgolfier avaient d'abord entrevue.

Ils pensaient que l'élévation des aérostats était due à un fluide particulier que certaines substances, et principalement la laine, développaient en brûlant. Aussi, dans la première expérience qu'ils tentèrent en public, et qui eut lieu à Annonai le 5 juin 1783, jetaient-ils de temps en temps de la laine hachée sur le feu de paille au moyen duquel ils gonflaient leur ballon. Mais ils ne tardèrent pas à reconnaître leur erreur et à s'appuyer dans leurs expériences suivantes sur le véritable principe de l'élévation des aérostats : la dilatation de l'air.

Cette ascension fut d'ailleurs fort belle.

L'aérostat, qui avait trente-cinq mètres environ de circonférence et qui pesait deux cent vingt-cinq kilogrammes, s'éleva en moins de dix minutes à quatre cents mètres de haut, et parcourut avant de tomber une distance de plus de deux mille mètres.

Peu de temps après que les frères Montgolfier eurent démontré la possibilité de ce qui avait été considéré jusque-là comme impossible, un professeur de physique, nommé Charles, eut l'idée de remplacer l'air raréfié par le gaz hydrogène, que l'on venait de découvrir, et qui devait produire le même résultat, puisque ce gaz, lorsqu'il est purifié, pèse environ quatorze fois moins que l'air atmosphérique.

L'expérience eut lieu au Champ de Mars le 25 août 1783, au milieu d'un concours immense de spectateurs.

L'aérostat, qui était de taffetas verni à la gomme élastique, et qui avait douze mètres de circonférence, s'éleva, dans l'espace de deux minutes, à plus de mille mètres de hauteur, et alla tomber au bout d'une heure près du petit village de Gonesse.

Ce spectacle fut pour les Parisiens un événement qui,

pendant plusieurs jours, défraya toutes les conversations et tint en émoi tous les esprits.

Tandis que le ballon se construisait, une foule curieuse assiégeait la porte de l'atelier des frères Robert, situé dans la rue Notre-Dame des Victoires, et les rares privilégiés que l'on admettait à l'intérieur, étaient assaillis par des milliers de questionneurs qui ne lâchaient pas prise avant d'avoir obtenu quelques détails.

Le transport de l'appareil au Champ de Mars offrit un singulier aspect. Il eut lieu à deux heures de la nuit. Le ballon, à moitié gonflé et retenu par des cordes, était escorté par un détachement du guet à pied et à cheval, précédé d'individus portant des torches allumées.

On aurait voulu que ce transport s'opérât en secret ; mais trop de gens étaient dans le mystère pour qu'il n'en transpirât pas quelque chose. Aussi toutes les rues où passa le cortége se trouvèrent-elles garnies de spectateurs, qui se prosternaient silencieusement et avec respect devant la gigantesque machine. Plusieurs l'accompagnèrent au Champ de Mars, faisant de bon cœur le sacrifice de quelques heures de sommeil, au désir d'être mieux placés pour la cérémonie.

Dès que le jour parut, on se mit en devoir d'achever le gonflement du ballon, opération qui exige, même encore aujourd'hui, un temps assez considérable.

Enfin, à trois heures de l'après-midi, tout était prêt pour le départ. Plus de trois cent mille curieux, que l'incertitude du temps n'avait pas arrêtés, encombraient le Champ de Mars, le Trocadéro, les bords de la rivière, et l'École militaire. Des savants étaient allés se placer sur la terrasse du Garde-Meubles, et d'autres sur les tours de Notre-Dame, afin de suivre mieux et plus longtemps la direction de l'aérostat.

A cinq heures précises, un coup de canon, tiré en guise de signal, annonça le terme des impatiences de la foule. Au bruit tumultueux des conversations, succéda le silence le plus complet, et bientôt l'aérostat, dégagé de ses liens, s'éleva majestueusement dans l'espace. Chacun, retenant son souffle et les yeux collés sur le ballon qui montait toujours, se tenait immobile et comme pétrifié ; puis, quand ce moment d'extase eut cessé, des tonnerres d'applaudissements, des cris et des trépignements de joie éclatèrent de tous côtés ; on se pressait les mains, on s'embrassait, l'enthousiasme était à son comble.

Cette solennelle ovation eut, comme beaucoup de choses en ce monde, son côté mesquin et grotesque.

Le ballon s'étant dirigé vers Gonesse, petit village situé à cinq lieues de Paris, les habitants de l'endroit conçurent les plus vives inquiétudes, en apercevant cette masse globuleuse planer dans les airs ; et leur terreur fut inexprimable quand ils la virent s'abattre sur leurs maisons avec une extrême rapidité, ce qui était causé par une déchirure de plusieurs pieds que la dilatation du gaz avait faite à l'appareil.

Ces honnêtes villageois, excessivement naïfs à cette époque, se crurent définitivement perdus : les uns assuraient que c'était un sorcier, d'autres, le diable en personne ; les plus savants affirmaient que c'était la lune qui, ayant rompu ses attaches, arrivait écraser la terre.

Les avis étant contradictoires, et nul n'osant aller dans la direction où l'objet s'était abattu, tous s'enfuirent au presbytère, et racontèrent au curé ce dont ils avaient été témoins.

Le curé, qui devait croire à la présence de quelque être malin plutôt qu'à la chute de l'astre des nuits, rassura ses brebis ingénues en leur disant qu'il allait exorciser le monstre.

L'assurance et le sang-froid de leur pasteur dissipèrent un peu les inquiétudes des habitants de Gonesse, et ils suivirent le vénérable ecclésiastique, qui, son bréviaire d'une main et son goupillon dans l'autre, partit bravement et sérieusement peut-être, pour s'opposer aux maléfices de *la chose*.

Arrivé sur les lieux où gisait le malheureux ballon, qui, à moitié plein de gaz et soulevé par le vent, cherchait, mais en vain, à abandonner la terre, le curé se tenant prudemment à distance, pratiqua ses exorcismes, lança dans les airs autant qu'il put d'eau bénite, et entonna les versets et les psaumes ordonnés en pareil cas.

Rien de tout cela ne produisait l'effet attendu ; le diable restait toujours à la même place, toujours se soulevant et s'abaissant au gré de la rafale, et faisant entendre, au dire de quelques témoins oculaires, les cris les plus épouvantables.

Alors, un des braves du pays, qui s'était muni d'un fusil de chasse, ajusta la pauvre machine et fit feu. Ce trait de hardiesse pouvait avoir pour conséquence de jeter les habitants de Gonesse dans une cruelle incertitude, si son auteur eût tiré de plus près, car dans ce cas la déflagration de la poudre ayant enflammé le gaz hydrogène, il s'en fût suivi une détonation à la suite de laquelle on n'eût plus retrouvé que quelques vestiges du ballon.

Heureusement le tireur, confiant dans la bonté de son arme, n'avait pas jugé à propos de s'aventurer plus loin que les autres : le plomb seul atteignit les flancs de l'appareil. Mais il n'en fallut pas davantage pour en avoir raison : le gaz s'échappa vivement par les trous ainsi pratiqués, et les assistants, voyant l'objet en question s'amoindrir de plus en plus, se ruèrent à la fois sur lui en criant : Victoire ! Ils le déchirent à coups de couteaux, de faux et de fourches, malgré l'odeur infecte qui s'en échappe ; et pour achever de le détruire, ils l'attachent à la queue d'un cheval, qui, pendant plus de trois heures, disperse ses débris sur les épines et les cailloux du chemin.

Tandis que cela se passait à Gonesse, Paris continuait de chanter les louanges de Charles et des frères Robert, et quelques dessinateurs étaient occupés à reproduire l'image du majestueux appareil que l'on avait vu disparaître dans les nuages.

A la suite de cette expérience, deux systèmes se trouvèrent donc en présence : les *montgolfières* et les ballons au gaz hydrogène.

Si les *montgolfières* eussent existé déjà depuis longtemps lors de l'expérience de Charles, peut-être que la routine eût fait une rude guerre à celui-ci. Mais il eut le bonheur d'arriver avant que le progrès ne fût ankylosé, et l'avantage des ballons au gaz hydrogène, devint évident pour tout le monde.

Une description sommaire et comparative des deux appareils montrera que l'incertitude à cet égard ne pouvait être longue.

Les ballons à la *montgolfier* ne pouvant se tenir dans l'atmosphère, qu'autant que la raréfaction de l'air était toujours au même degré, on était obligé, quand on voulait que l'ascension se prolongeât, de fixer à leur partie inférieure, un corps en ignition pour opérer la raréfaction du fluide aériforme à mesure qu'il s'en introduisait dans le ballon.

Or, on conçoit que ce feu, toujours entretenu dans l'appareil, pouvait amener de graves accidents.

Il était fort difficile de le graduer de telle sorte que l'on fût maître de limiter la force ascensionnelle de la montgolfière, et souvent il arrivait que, s'élançant comme une flèche, elle atteignait des hauteurs incommensurables. Ensuite la lumière pouvait s'éteindre, ce qui aurait causé une chute rapide. Enfin, elle pouvait incendier le ballon.

Dans le système de Charles, tous ces accidents étaient évités.

Une fois que le *gaz hydrogène* était introduit dans le globe de taffetas qui constituait son ballon, on fermait l'ouverture par laquelle on avait fait pénétrer le gaz, dont on proportionnait le volume à la force ascensionnelle que l'on désirait avoir, et l'aérostat se tenait suspendu dans l'espace jusqu'à ce que le fluide gazeux filtrant au travers du taffetas, ce qui avait lieu fort lentement, ne fût plus en équilibre avec l'atmosphère.

Disons un mot de ce *gaz hydrogène*, qui continuera,

jusqu'à ce que l'on ait trouvé mieux, de jouer un si grand rôle dans la navigation aérienne.

Un grand nombre de corps contiennent du *gaz hydrogène ;* mais celui qui en fournit la plus grande quantité et le plus commodément, est l'eau.

Ce liquide est, en effet, formé de deux parties de gaz *hydrogène* et d'une partie d'un autre gaz que l'on nomme *oxygène.*

Il s'agit donc de décomposer l'eau et de séparer les deux gaz qui la constituent.

Voici comment on procède à cette curieuse opération. Mais disons d'abord que tous les corps *décomposables* sont formés de deux ou plusieurs éléments qui ont avec les éléments d'un autre corps, une plus ou moins grande *affinité*, c'est-à-dire, que lorsqu'on décompose dans un même vase deux de ces corps décomposables, tel élément de celui-ci va s'unir immédiatement pour former un autre corps, avec tel élément de celui-là.

Rendons cette théorie plus saisissable.

Soient deux corps C et E, dont le premier (C) renferme deux éléments i f; et le second (E) deux autres éléments o h. Admettons que l'élément i du corps C a beaucoup d'affinité pour l'élément o du corps E, et l'élément f du premier corps avec l'élément h du second.

Supposons maintenant que l'on décompose les corps C et E dans un même vase; aussitôt l'élément i va s'unir avec l'élément o, et l'élément f avec l'élément h.

Cette théorie, comme on le voit, est excessivement simple, et à la rigueur elle pourrait suffire pour comprendre la décomposition de l'eau; cependant, comme elle n'est pas tout à fait conforme à ce qui se passe lors de l'extraction du gaz hydrogène, nous allons faire deux autres hypothèses qui nous conduiront insensiblement à l'opération chimique que nous voulons rendre palpable.

Dans la première, nous admettrons que le corps C, qui nous a servi tout à l'heure, est composé d'un élément de plus k, lequel élément k n'a aucune affinité pour les éléments $o\ h$ du corps E. Dans ce cas, et lorsqu'on décomposera les corps C et E, l'élément k ne trouvant à s'unir avec quoi que ce soit, s'envolera dans l'atmosphère si on ne le recueille pas, et l'union des éléments $i\ o$ et $f\ h$ aura lieu comme dans notre premier exemple.

Dans la seconde, qui, pour peu que l'on y mette d'attention, fera certainement deviner la théorie de la décomposition de l'eau, nous supposerons que le corps C est un corps *indécomposable*, ou un corps *simple*, comme disent les chimistes, tandis que le corps E restera ce que nous l'avons fait. Mais ici nous tiendrons compte de la substance qui doit opérer la décomposition du corps E. Cette substance peut elle-même se décomposer dans l'opération, ou s'unir tout entière avec l'un des corps décomposés.

C'est ce dernier fait que nous admettons ici, pour ne mettre en relief que la chose la plus essentielle.

Voici donc ce qui se passera : la substance décomposante, que nous désignerons par la lettre S, opérera la disjonction des éléments o et h du corps E; et comme l'élément o a beaucoup d'affinité avec le corps A, il ira s'unir immédiatement à lui pour former un nouveau corps. Mais la substance décomposante S se trouve avoir elle-même une très-grande affinité pour ce nouveau corps. Qu'en résultera-t-il?

Une substance nouvelle, composée du corps A, de l'élément *o*, du corps E, et de la substance décomposante S.

Et alors, que deviendra l'élément *h* du corps E, qui est resté libre?

Il s'échappera dans l'atmosphère, ou sera recueilli sous un vase.

Nous pouvons maintenant expliquer comment on extrait de l'eau le gaz hydrogène, et si, comme je n'en doute pas, on a compris notre dernière hypothèse, l'opération que nous allons décrire ne sera plus qu'un jeu, puisque cette opération va consister à remplacer des lettres par des mots.

Trois corps sont nécessaires pour extraire de l'eau son gaz hydrogène : de l'EAU d'abord (devrais-je le dire?), de la TOURNURE DE CUIVRE [1] et de l'ACIDE SULFURIQUE.

La TOURNURE DE CUIVRE est notre corps indécomposable (C) de l'exemple précédent ; l'EAU est le corps E, composé des deux éléments *o h*, oxygène et hydrogène ; l'ACIDE SULFURIQUE est la substance décomposante S.

Aussitôt que ces trois corps sont mis en présence, l'ACIDE SULFURIQUE décompose l'eau.

L'*oxygène* de ce liquide se porte sur la TOURNURE DE CUIVRE, avec laquelle il forme de l'*oxyde de cuivre*, qui, s'unissant aussitôt à l'ACIDE SULFURIQUE, passe à l'état de *sulfate de cuivre*, tandis que l'*hydrogène*, demeuré libre, est recueilli pour gonfler le ballon ou pour servir à tout autre

---

[1] On se sert aussi souvent de zinc.

objet, et notamment à l'éclairage; car c'est ce gaz qui, brûlant avec cette belle flamme que chacun connaît, a si avantageusement remplacé les réverbères de presque toutes nos villes.

Quoique l'eau dégage beaucoup d'hydrogène, il faut une grande quantité de ce liquide pour obtenir le volume de gaz nécessaire pour gonfler un ballon, ce qui nécessite un appareil considérable.

Appareil pour gonfler les ballons au gaz.

Cet appareil, réduit à sa plus simple expression, se compose de deux poteaux ayant la hauteur du ballon, et de plusieurs barriques communiquant les unes aux autres.

C'était peu pour l'homme d'avoir trouvé le moyen de lancer un ballon dans les airs. Ce ballon, il voulut le suivre, il voulut accompagner son œuvre, il voulut se suspendre à sa pensée pour voguer avec elle au milieu des nuages.

Aujourd'hui que l'on se blase si vite sur les découvertes les plus merveilleuses, et que le mot *aisé* succède si promptement au mot *impossible*, on regarde presque sans étonnement s'élancer dans l'espace ces hardis aéronautes qui confient leur existence à un peu de gaz renfermé dans un globe de soie.

Mais quand pour la première fois des hommes accomplirent ce dessein gigantesque, quelle effrayante stupéfaction durent éprouver ceux qui en furent témoins!

Et ces hommes, quelles émotions sublimes ne durent-ils pas ressentir quand, perdant de vue la terre, ils se trouvèrent suspendus entre le firmament et les nuages! L'orgueil, un orgueil noble et légitime comme celui qu'autorisent toutes les grandes choses, dut alors bien certainement l'emporter chez eux sur la crainte, et ils purent crier à la terre, dont ils étaient éloignés de plusieurs mille mètres : Terre, contemple-nous, nous avons conquis un nouveau monde!

CHAPITRE TREIZIÈME.

Ascension de Pilatre de Rozier et du marquis d'Arlande. — Ascension du professeur Charles. — Mort de Pilatre et de Romain. — Blanchard. — Sa traversée de la Manche. — Disgrâce de Garnerin. — Mme Blanchard. — Sa mort. — Impressions de voyage. — Parachute. — Aéronautes modernes.

―⁂―

Les premiers qui tentèrent de s'élever dans les airs furent Pilatre de Rozier et le marquis d'Arlande, major d'infanterie.

Leur ascension eut lieu le 21 octobre 1783.

Un mois environ auparavant, le 19 septembre, Montgolfier et Pilatre de Rozier avaient bien exécuté une ascension à Versailles en présence de toute la cour ; mais leur ballon était *captif*, c'est-à-dire retenu par une corde, et ils ne s'élevèrent qu'à une cinquantaine de pieds environ.

L'honneur du premier voyage aérien doit donc être rapporté à Pilatre de Rozier et au marquis d'Arlande.

Dans cette ascension, dont le château de la Muette fut le théâtre, l'élan du génie n'était plus retenu par une ficelle ; l'homme avait confiance en son œuvre, il la dominait !

Il la dominait !... Hélas ! autant que l'homme peut dominer ici-bas, et l'accident qui termina ce voyage dut lui montrer que son sceptre est souvent bien fragile.

Le ballon que montaient ces hommes intrépides étant une montgolfière, il arriva l'un de ces accidents que nous avons signalés plus haut : le feu fit plusieurs trous à l'aérostat, quelques cordes se rompirent, et quand l'appareil tomba, l'air qu'il contenait n'étant plus assez dilaté pour amortir sa chute, Pilatre de Rozier, moins

alerte que le marquis d'Arlande, fut enveloppé dans la toile et faillit être brûlé vif.

Mais l'infortuné de Rozier ne devait périr qu'un peu plus tard; il devait lui être donné de faire encore une ascension avant de payer son intrépidité de sa vie.

Les écrivains de l'époque nous ont transmis la description de la montgolfière de Rozier et du marquis d'Arlande. Elle avait vingt mètres de hauteur sur seize de diamètre ; les douze signes du Zodiaque, des fleurs de lis, des aigles, des guirlandes et des soleils, entourant le chiffre du roi, étaient représentés sur ses flancs, dont le fond était d'azur. La nacelle se composait d'une espèce de galerie circulaire, au milieu de laquelle était un réchaud suspendu par des chaînes.

Franklin se trouvait parmi les spectateurs de cette ascension mémorable. Interrogé par quelqu'un sur les fruits qu'elle pouvait produire : *Cette machine*, dit-il, en désignant la montgolfière, *est un enfant qui vient de naître ; quand il sera grand il changera la face du monde.*

Stimulé par les lauriers de ses rivaux, et voulant profiter de l'occasion, pour montrer la supériorité des ballons au gaz hydrogène sur les montgolfières, le professeur Charles ouvrit à quelque temps de là, une souscription de dix mille francs qui fut rapidement couverte, et le 1er décembre 1785, il s'élança à son tour dans les airs.

Son aérostat était construit à peu près comme le sont ceux d'aujourd'hui, c'est-à-dire qu'il se composait d'un globe de taffetas enduit d'un vernis de gomme élastique et entouré d'un filet dont les cordes inférieures supportaient une nacelle d'osier. De cette nacelle, qui était suspendue à vingt pieds environ au-dessous de l'aérostat, on pouvait, quand on voulait, donner issue au gaz au moyen d'une corde attachée à une soupape à ressort.

L'expérience réussit à souhait, et Charles fut bientôt emporté, ainsi qu'un des frères Robert dont il s'était fait accompagner, à une hauteur de plus de dix mille mètres.

Néanmoins, un accident, ou plutôt un épisode, car un accident ne mérite pas ce nom, dans le sens qu'on lui donne généralement, quand on a su le prévoir, et que l'on possède les moyens de le combattre, un épisode, disons-nous alors, dérangea la régularité de cette ascension. Robert, qui descendit le premier de la nacelle, l'ayant de la sorte allégée d'un poids de soixante et quelques kilogrammes, le ballon s'élança rapidement dans les airs. Mais Charles, conservant tout son sang-froid, ouvrit aussitôt la soupape, et descendit tranquillement à quelque distance de là.

Après une ascension qui, même par l'épisode qui l'accompagna, montra si bien l'avantage des ballons au gaz hydrogène, il semblerait que les montgolfières eussent dû leur faire immédiatement place et ne plus figurer que dans l'histoire de l'aéronautique.

Malheureusement il n'en fut pas ainsi : Pilatre de Rozier, dont l'heure était venue, voulut joindre les deux systèmes. Il amarra une montgolfière au-dessous d'un ballon Charles, et partit de la sorte avec un infortuné compagnon de voyage nommé Romain.

Ce que l'on pressent arriva. La flamme ayant atteint le ballon Charles, il s'ensuivit une explosion immédiate qui tua les deux aéronautes.

Cet événement horrible a été rapporté par plusieurs auteurs, et entre autres par le marquis de Maisonfort, qui termine ainsi sa relation : « L'on vit l'enveloppe de l'aérostat retomber sur la montgolfière : la machine entière m'a paru alors éprouver deux ou trois secousses, et la chute s'est déterminée de la manière la plus violente et la plus rapide. Les deux malheureux voyageurs sont tombés, et ont été trouvés fracassés dans la galerie, et aux mêmes places qu'ils occupaient à leur départ. Pilatre de

Rozier a été tué sur le coup, mais son malheureux compagnon a encore survécu dix minutes à cette chute affreuse. Il n'a pas pu parler et n'a donné que de très-légers signes de connaissance. J'ai vu, j'ai examiné la montgolfière, qui n'avait rien éprouvé de fâcheux, n'étant ni brûlée ni même déchirée; le réchaud, encore au centre de la galerie, s'est trouvé fermé au moment de la chute. La machine pouvait être à environ dix-sept cents pieds en l'air; elle est tombée à cinq quarts de lieue de Boulogne (d'où elle était partie), et à trois cents pas des bords de la mer, vis-à-vis de la tour de Croy. »

M. de Maisonfort, qui se fit l'historien de cette catastrophe, avait failli en être victime. Au moment où les deux aéronautes allaient quitter la terre, il s'était élancé vers la nacelle, offrant deux cents louis à de Rozier, pour qu'il l'admît au voyage ; mais Pilatre avait repoussé ses offres : « Nous ne sommes sûrs ni du temps, ni de la machine, répondit-il au marquis de Maisonfort qui s'obstinait à prendre place; ainsi donc, monsieur, ce sera pour une autre fois ! »

De nombreuses épitaphes furent faites au malheureux Pilatre. Voici l'une d'elles :

>   Ci-gît un jeune téméraire
>   Qui, dans son généreux transport,
>   De l'Olympe étonné franchissant la carrière,
>   Y trouva le premier et la gloire et la mort !

Pilatre de Rozier avait pour rival, en aérostatique, le célèbre Blanchard, qui même fut la cause indirecte de la mort de son collègue, dont il avait piqué l'amour-propre en traversant la Manche quelque temps auparavant, le 7 janvier 1785.

Blanchard était venu de Douvres à Calais; Pilatre voulait aller de Boulogne à Londres.

La traversée de Blanchard est un des faits les plus remarquables de l'histoire de l'aérostatique, tant pour la hardiesse de cette entreprise que par les circonstances dont elle fut accompagnée.

Blanchard avait admis le docteur américain Jefferies aux dangers et à la gloire de son expédition.

Toutes les dispositions du voyage avaient été sagement combinées ; le vent était favorable ; les deux aéronautes s'élancèrent gaiement vers les côtes de France. Il était déjà nuit.

Pendant une heure environ tout se passa le mieux possible ; mais quand ils furent au milieu de la Manche, la montgolfière perdit de sa force ascensionnelle et s'abaissa rapidement. Blanchard jeta successivement tout son lest, puis ses provisions, puis ses livres, puis une partie de ses habits, ce que fit également le docteur. L'ancre même, l'ancre si nécessaire pour la descente, fut également sacrifiée, et cependant l'appareil semblait toujours attiré vers l'abîme.

Prenant alors une courageuse et noble résolution, le docteur Jefferies dit à Blanchard, en lui serrant la main, qu'il allait se précipiter à son tour.

— Non ! non ! s'écria Blanchard en se cramponnant à lui, nous périrons du même coup ou nous arriverons ensemble !

Et, disant ces mots, il jette dans le brasier tout ce qui lui reste de combustible.

La flamme s'élève, l'air de l'appareil se dilate, les deux aéronautes se sentent enlevés vers le ciel, et quelque temps après ils s'abattent à une lieue de Calais, du côté de la forêt de Guines.

La réception la plus magnifique les y attendait.

Conviés à souper par M. d'Honinclam, qui les conduisit à son château, ils en repartirent le lendemain pour Calais, dans une voiture à six chevaux que leur envoya la municipalité de cette ville.

Le drapeau national flotta devant la maison où ils descendirent; les carillons des cloches se mêlèrent au bruit du canon; tous les personnages influents de la ville arrivèrent féliciter les aéronautes. Blanchard reçut le titre de *citoyen de Calais*, son ballon fut déposé dans l'église cathédrale; on lui fit une gratification de trois mille francs et une pension de six cents livres, enfin on lui vota d'enthousiasme une colonne de marbre qui serait érigée dans l'endroit où il avait pris terre; lequel endroit serait désigné désormais sous le nom de canton Blanchard.

Rendu à Paris, Blanchard fut comblé de nouveaux honneurs. Le roi lui accorda une pension de douze cents francs et douze mille francs de gratification; le baron de Breteuil, alors ministre, le reçut à sa table, et l'Académie des sciences décida que l'on déposerait dans le lieu de ses réunions, le pavillon que Blanchard avait pendant sa traversée.

Ces témoignages, aussi honorables que légitimes, valurent à Blanchard les sarcasmes de ces pygmées infimes qui ne savent rien que ramper, mordre et salir.

Les moins plats dans leurs attaques pensèrent obscurcir la gloire du célèbre aéronaute en l'appelant le *Don Quichotte de la Manche*; mais le peuple, toujours juste dans ses récompenses comme dans ses châtiments, prit au sérieux l'épithète, et c'est ainsi qu'il désigna Blanchard dans les innombrables chansons qu'il lui dédia.

Quand, six mois après, Blanchard revint à Calais, escorté par une cavalcade nombreuse et choisie : « Grâce à Dieu et à vous, messieurs, s'écria-t-il en apercevant la colonne qui lui avait été érigée, je ne crains plus ni le persiflage ni la calomnie ; il faudrait cinquante rames de libelles entassés les uns sur les autres, pour masquer cette colonne sur toutes ses faces. »

L'inauguration de ce monument eut lieu le 7 janvier 1786. Dans la salle du banquet offert à cette occasion par la municipalité de Calais, on lisait le quatrain suivant, composé par un citoyen de la ville, et tracé dans un médaillon placé sous le buste de Blanchard.

> Autant que le Français, l'Anglais fut intrépide :
> Tous les deux ont plané jusqu'au plus haut des airs ;
> Tous les deux, sans navire, ont traversé les mers,
> Mais la France a produit l'inventeur et le guide.

On eût pu désirer que, pendant qu'elle était en train de produire, la France eût créé pour Calais une muse un peu plus relevée ; mais l'enthousiasme est indulgent, et le quatrain, dit-on, fit fureur.

Le nombre de ceux qui entreprirent, après Blanchard, des excursions aériennes fut très-considérable.

On cite en France, outre ceux que nous avons nommés, le chevalier Andriani, M. de Fleurant, madame Thiblé, M. Proust de Garnerin et sa fille, le duc d'Orléans lui-même, enfin MM. Guyton-Morveau et Testu Brissy. Ces deux derniers rendirent leurs voyages doublement intéressants et célèbres, en faisant durant leur cours, de très-curieuses observations météorologiques.

Testu Brissy fut le premier qui exécuta une ascension équestre; tour de force d'autant plus dangereux que son cheval n'était retenu par aucun lien.

En Angleterre, après que Blanchard y eut fait de nombreuses ascensions, les Italiens Zambeccari et Lunardi marchèrent sur les traces de nos intrépides compatriotes.

L'Allemagne eut aussi, vers le même temps, ses aéronautes. Ceux dont l'histoire a conservé les noms sont les professeurs Jungius et Reichardt, ainsi que la femme de ce dernier.

Enfin la Turquie ne resta pas longtemps en arrière. Deux Anglais, MM. Barly et Devigne, exécutèrent à Constantinople, aux frais du Grand-Seigneur, un voyage aérien fort remarquable.

Quoique à peine commencée, l'histoire de l'aérostatique fourmille déjà d'épisodes, les uns pénibles à raconter, les autres plus ou moins piquants. Nous n'entreprendrons pas de les rapporter tous, ce qui d'ailleurs n'offrirait qu'un intérêt assez médiocre, surtout quant à ces derniers.

Néanmoins nous relaterons le suivant, qui, s'il n'est pas un des plus remarquables au point de vue de la science, offre au moins un côté passablement curieux. Je veux parler de l'ascension à *ballon perdu* qui fut faite lors du couronnement de l'empereur.

Cette partie de la fête avait été confiée aux soins de Garnerin, qui tenait le premier rang parmi les aéronautes de l'époque, et que l'empereur avait fait venir exprès à Paris.

Garnerin avait complétement répondu à la confiance du maître. Un ballon gigantesque, supportant une couronne formée par huit mille verres de couleurs, s'était enlevé dans les airs, escorté de soixante mille fusées, et l'aéronaute avait conquis avec les bravos de la foule, un compliment du souverain, et le principal emploi dans l'organisation des fêtes.

Mais au bout de quelques jours, Garnerin tombait en disgrâce. Que s'était-il donc passé? Nous allons le dire : Le ballon qui portait cette inscription : *Paris, 25 frimaire an XIII, couronnement de l'empereur Napoléon par Sa Sainteté Pie VII*, avait pris le chemin de l'Italie, s'était promené dans les campagnes de Rome, avait plané sur le Vatican, s'était accroché au tombeau de Néron, sur lequel il avait laissé une partie de sa couronne, puis était allé s'abattre dans les ondes du lac Bracciano.

Quelques-unes des phases de cette pérégrination impressionnèrent vivement l'empereur, qui, on le sait, ne manquait pas de superstition. Il défendit qu'on reparlât de cette circonstance, et le pauvre Garnerin, que le vent avait si mal servi, fut mis aussitôt en retrait d'emploi.

On choisit pour le remplacer l'intrépide Mme Blanchard, dont le nom restera célèbre dans la nécrologie de l'aérostatique. Blanchard, qui était mort dans la plus profonde misère, avait dit à sa femme avant de la quitter : « Après moi, ma chère amie, tu n'auras d'autre ressource que de te noyer ou de te pendre. »

Mme Blanchard n'avait fait ni l'un ni l'autre. Elle préféra suivre l'exemple que les derniers conseils de son époux, et bientôt toute l'Europe entendit le récit ou fut témoin de ses exploits. Mais, hélas! sa fin fut aussi cruelle que ses succès avaient été brillants. Ayant voulu donner à Paris le spectacle d'un feu d'artifice descendant du ciel, elle s'éleva, la nuit du 6 juillet 1819, à l'occasion d'une fête qui avait lieu à l'ancien Tivoli, et emportant dans sa nacelle un très-grand nombre de fusées. Par un faux mouvement, la mèche qui devait enflammer ces fusées incendia le ballon, et la malheureuse femme, après avoir fait des efforts inouïs pour conjurer sa perte, tomba avec sa nacelle sur le toit d'une maison de la rue de Provence, et de là fut précipitée sur le pavé, où elle se brisa la tête.

Mme Blanchard avait tellement l'habitude des ascensions, que très-souvent elle s'endormait dans sa nacelle aussi tranquillement que si elle eût été dans son lit.

Sans avoir tous autant de sécurité, les aéronautes qui

ont déjà fait quelques voyages éprouvent un certain charme à les recommencer; et Dupuis-Delcourt, dans son *Traité de l'aérostation*, fait des excursions aériennes une peinture fort susceptible d'en inspirer le désir. « Depuis l'instant où l'on quitte la terre, dit-il, jusqu'à celui où l'on parvient à la hauteur à laquelle il est permis à l'homme de pénétrer dans l'atmosphère, on passe par une succession de sensations nouvelles; le moment le plus agréable est sans contredit celui où l'on se sépare de la terre. Pendant les premiers moments de l'ascension, et jusqu'à 1,000 mètres environ, une jouissance délicate accompagne le voyageur aérien. Rien ne saurait mieux donner l'idée de ce qu'on éprouve alors, que ces rêves si agréables pendant lesquels on se sent voltiger çà et là comme des Zéphirs : ici la réalité remplace l'illusion. L'admiration qu'inspire bientôt le spectacle de la nature se joint à ce premier sentiment. A mesure que l'horizon se développe, les rivières présentent à la fois toutes leurs sinuosités, les villes et les habitations de toute espèce s'offrent en foule; on compte les routes et les sentiers qui les lient entre elles, et cette moindre partie du spectacle n'est pas sans un grand intérêt. Les différentes productions de la terre se font remarquer d'une manière distincte par la variété de leurs teintes et la diversité de leurs nuances. Un champ de blé se distingue parfaitement d'un champ de luzerne, une forêt d'un vignoble. Au-dessus de 500 mètres, les proportions de chaque objet diminuent d'une manière très-sensible. Les hommes ressemblent déjà à des insectes; l'atmosphère est considérablement refroidie; alors, si l'on est plusieurs dans la nacelle, le silence, causé jusquelà par l'admiration des premiers moments, commence à cesser. On s'interroge, on se fait part de ses remarques et des nouvelles sensations qu'on éprouve. Bientôt la force d'ascension du ballon fait parvenir à 1,000 ou 2,000 mètres; avec un froid plus vif, on éprouve des bourdonnements dans les oreilles. A 2,000 mètres, on est obligé à de plus grands efforts pour faire entendre sa voix, le véhicule du son, la densité de l'air, ayant déjà beaucoup diminué. La dilatation du gaz hydrogène contenu dans le ballon, dilatation qui commence dès l'instant où l'on quitte la terre, est portée au point qu'il faut, dans certains cas, faire jouer la soupape pour lui donner une plus large issue. A 4,000 mètres, le froid devient ordinairement rigoureux; la surface de la terre paraît confuse; les grandes routes ressemblent à de petits cordons; les rivières paraissent comme des ruisseaux; le ciel est serein et d'un azur souvent très-foncé. A 6,000 mètres, on ne voit plus que les grandes masses; si alors un bruit éloigné, celui du canon par exemple, vient à se faire entendre, les voûtes du ciel s'ébranlent, le ballon vibre; si à cette distance on lâche des oiseaux, ils tombent ou volent péniblement, l'air étant trop raréfié pour que leurs ailes trouvent un appui suffisant. A 10,000 mètres, distance qui semble être, pour la plupart des hommes, le dernier terme où il leur soit donné de parvenir, l'isolement est parfait; mais la place n'est plus tenable, à cause de l'âpreté du froid et du malaise général qu'on éprouve dans toutes les parties du corps. La voix ne s'entend plus que difficilement; les petits animaux meurent. Les observations doivent se faire avec rapidité, car le ballon, seul objet qui frappe la vue dans l'immensité de l'espace, semble près de s'anéantir, tant le gaz hydrogène tend à s'échapper impétueusement. Les hauteurs de l'atmosphère se perdent enfin dans des ténèbres profondes ; c'est ici que finit la nature physique. La déperdition du gaz, et souvent sa condensation par le froid, font bientôt redescendre le ballon. L'air devient moins froid, et la terre, qui ne paraissait plus que sous la forme d'une masse grisâtre, déroule de nouveau et peu à peu ses productions. Tout paraît éclore et se vivifier à sa surface. Les arbres ressemblent à des plantes naissantes. Plus on s'approche, plus aussi les masses se débrouillent et offrent l'aspect d'une ville, d'une forêt ou d'une prairie. On distingue bientôt les hommes et les animaux, et l'instant arrive enfin où il faut de nouveau toucher la terre. Un aéronaute habile sait retarder ce moment à son gré, en disposant à propos du lest dont le ballon est chargé. Il peut encore franchir de grands espaces et papillonner à la cime des arbres, s'amuser de l'effroi que sa présence cause à tous les animaux dans les campagnes ; leurs cris d'alarme, leur fuite attestent qu'ils reconnaissent la présence d'un être étranger dont la forme les épouvante. L'aéronaute peut souvent reprendre encore un nouvel essor ; et si, dans le cours de son voyage, le hasard le favorise à ce point qu'il soit témoin d'un orage, il verra se développer sous ses pieds de nouveaux objets dignes d'admiration et inconnus au reste des humains. La constitution des nuages, les grandes opérations qui se font dans leur sein, sont bien faites, on doit le penser, pour inspirer du respect, et même une certaine crainte à l'homme qui les aborde pour la première fois. »

Une locomotion qui procure tant d'agréables émotions, serait en vérité ce que l'on pourrait rêver de plus charmant en ce genre, si l'on n'avait pas à redouter ces catastrophes horribles, et trop communes, hélas! dans l'histoire de l'aérostatique.

Presque aussitôt l'invention des aérostats, plusieurs aéronautes s'en sont préoccupés.

Quand fut inventé le PARACHUTE, et par qui fut-il inventé ?

Ces deux questions sont difficiles à résoudre pour qui veut être exact, et rendre à César ce qui appartient à César.

Il existe bien dans les archives de l'académie de Lyon, un mémoire daté de 1784, et dans lequel un homme ingénieux, M. Lenormand, décrit un appareil qu'il nomme *parachute*. Mais quelques historiens prétendent qu'avant cette époque, Blanchard s'était déjà servi d'un appareil à peu près semblable.

Dans l'incertitude, nous nous prononcerons en faveur de tous les deux, car il a pu se faire qu'ils aient inventé chacun de son côté l'appareil en question.

Le parachute est une espèce de calotte composée d'un certain nombre de demi-*fuseaux*[1], dont les pointes se réunissent sur un petit cercle de bois qui forme le sommet de la machine.

---

[1] On nomme *fuseaux*, en aéronautique, les bandes de taffetas ou de mousseline que l'on assemble pour former un ballon.

De ce sommet partent autant de cordes qu'il y a de coutures et par conséquent de demi-*fuseaux* dans le parachute; lesquelles cordes, nouées deux à deux à quelque distance de la base des fuseaux, sont attachées à d'autres cordes qui supportent une nacelle d'osier.

Le mécanisme en est facile à concevoir.

Tant qu'il s'élève dans l'atmosphère, le parachute reste

fermé; mais s'il se détache du ballon et qu'un poids placé dans la nacelle le contraigne à descendre, la résistance de l'air le fait ouvrir, et ce fluide, dont il embrasse alors un fort grand volume, lui oppose une résistance qui ralentit considérablement sa gravitation.

Dans les quelques années qui suivirent sa découverte,

plusieurs aéronautes se sont assez souvent servis du parachute; mais la sûreté des ballons Charles l'a fait bientôt abandonner, et l'on ne s'en est plus servi que pour des chutes volontaires.

Mlle Garnerin, fille de l'inventeur d'un fort bon parachute, a fait ainsi près de quarante descentes.

L'année dernière nous avons vu Mlle Godard, jeune et jolie personne de seize ans, exécuter dans le parc d'Asnières le même tour de force avec un courage bien au-dessus de son âge et de son sexe.

Cette année, l'un de ses deux frères et Mme Poitevin ont plusieurs fois répété cette dangereuse expérience, au grand ébahissement de la foule.

Puisque nous sommes sur le chapitre des aéronautes contemporains et des tours de force qu'ils exécutent, nous consacrerons quelques lignes à ceux qui, dans ces derniers temps, ont fait les beaux jours des Arènes nationales, de l'Hippodrome et du Champ de Mars.

Nous avons encore ici le regret de heurter une tombe, celle de M. Galle, officier de la marine anglaise, qui termina ses jours à Bordeaux, où il s'était rendu après avoir étonné les Parisiens par ses audacieux exercices.

Tout le monde se les rappelle. Au-dessous de la nacelle fixe de son aérostat, M. Galle suspendait une autre nacelle mobile, qu'il faisait descendre à une vingtaine de mètres environ lorsqu'il avait atteint une fort grande hauteur; puis il descendait lui-même dans cette nacelle au moyen d'une échelle de cordes, et ne remontait dans la première que lorsque les spectateurs étaient sur le point de le perdre de vue.

Par malheur, M. Galle oubliait quelquefois cette tempérance si nécessaire aux personnes qui ont besoin de conserver la plénitude de toutes leurs facultés, et ce fut, dit-on, à cet oubli funeste qu'il dut sa fin prématurée.

Au reste, la fatalité s'en mêla. M. Galle venait d'accomplir heureusement une ascension équestre; il était à quelques mètres de terre, et déjà les personnes accourues pour l'aider à descendre avaient détaché son cheval et saisi les cordes de l'aérostat. Un ordre mal compris fit qu'on lâcha les cordes; le ballon repartit dans les airs avec la rapidité d'une flèche, et le malheureux aéronaute fut retrouvé le lendemain dans un petit bois, ne donnant plus aucun signe d'existence.

Que cette leçon cruelle ne soit pas perdue.

Nous éprouvons plus de plaisir à parler des frères Godard, qui se sont fait une si juste réputation. Tous ceux qui ont eu l'avantage de voyager avec eux dans les airs, se plaisent à témoigner de la prudence et du talent qu'ils déploient dans leurs ascensions. Ils ont bien éprouvé quelques-uns de ces accidents presque inévitables dans l'état actuel de l'aérostatique, témoin, par exemple, le jour où l'un d'eux est descendu dans la Seine; mais ceci n'enlève rien à leur habileté; les aérostats sont encore des vaisseaux sans gouvernails, et ceux qui les montent sont impuissants à lutter contre certains caprices de l'atmosphère.

Les messieurs Godard ont néanmoins prouvé plusieurs fois, qu'ils ne sont point complétement esclaves de l'air qui les porte et du vent qui les pousse. Ils savent manier leurs aérostats de façon à opérer plusieurs descentes successives en tirant un judicieux parti du lest et de la soupape. Ils savent profiter des courants d'air qu'ils rencontrent sur leur route ; et bien des fois nous avons pris un plaisir extrême à suivre, pendant des heures entières, leurs manœuvres intelligentes.

Obligés de joindre quelque accessoire émouvant à la partie purement artistique de leur profession, afin d'attirer un public qui se blase si facilement sur les plus belles choses, les messieurs Godard nous ont donné, pendant la saison qui vient de s'écouler, un spectacle des plus impressionnants. Un trapèze était suspendu à douze mètres environ au-dessous de leur aérostat, et sur ce trapèze, un homme, le courageux Alphonse Thévelin, exécutait, jusqu'à ce qu'on l'eût perdu de vue, différents tours de gymnastique.

Tout en admirant l'intrépidité de cet homme, nous ne pouvons nous empêcher de le plaindre et de désirer qu'il adopte une profession moins périlleuse.

M. Poitevin, qui rivalise avec les frères Godard, a droit également à notre reconnaissance pour le plaisir qu'il nous a procuré. Depuis le jour où il a renouvelé l'ascension équestre, effectuée pour la première fois par Testu Brissy, M. Poitevin n'a cessé de varier la forme de ses voyages aériens.

On se souvient de cette scène de Don Quichotte qu'il exécutait avec un de ses élèves, le pauvre Merle, mort de froid, il y a quelques mois, dans une ascension en province.

Nous avons vu M. Poitevin enlever successivement deux ou trois chevaux, une voiture, un canot monté par plusieurs personnes, et une nacelle contenant une quinzaine de voyageurs... Que sais-je encore?

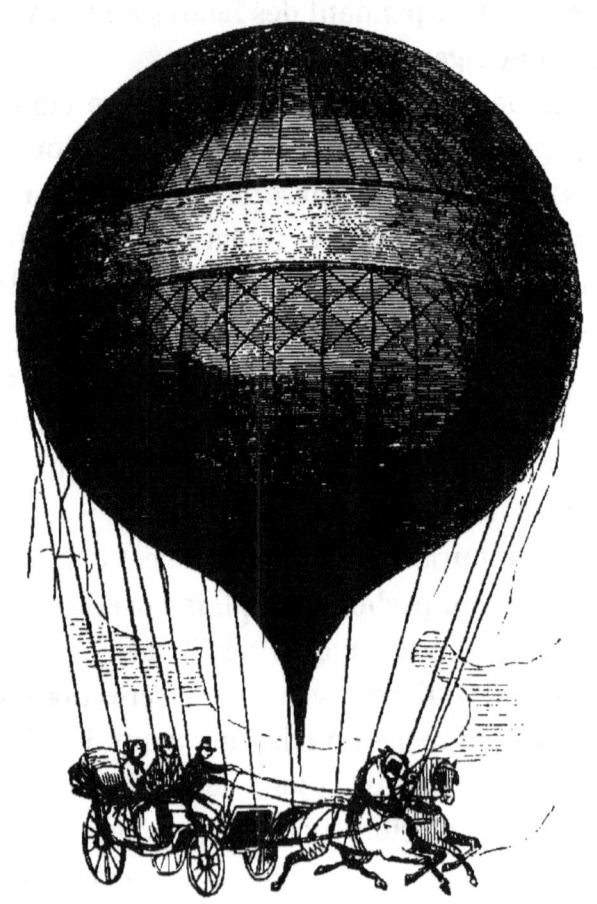

Ces différents exercices témoignent, à la vérité, d'une hardiesse peu commune, et l'on doit des éloges à ces hommes dont l'audace amoindrit la frayeur que beaucoup de gens éprouvent à l'idée seule de la locomotion aérienne; mais c'est là le seul service qu'ils rendent à l'aéronautique, et ce service n'est peut-être pas bien important, relativement surtout à ceux qu'elle attend du génie de nos modernes aéronautes.

Diriger les aérostats, tel est le but, le seul, que devraient se poser tous ceux qui s'occupent d'aérostatique; car ce but, c'est la base de la société future, c'est la fusion des peuples, c'est la régénération du globe, c'est l'immortalité pour son inventeur!

Nous allons consacrer le chapitre suivant à cette question importante.

CHAPITRE QUATORZIÈME.

Direction des aérostats. — Gondole de l'abbé Desforges. — Voiture aérienne de Blanchard. — Machine de Petin.

—o◯o—

Il y a longtemps que l'on a compris tout l'avantage qu'il y aurait pour les relations internationales dans la direction des aérostats, et plusieurs hommes ont tenté de doter leur siècle de ce progrès merveilleux.

En 1772, un ecclésiastique nommé Desforges, résidant à Étampes, crut avoir réalisé ce beau rêve. Sa machine consistait en une espèce de gondole munie de grandes ailes, qui étaient mises en mouvement par un mécanisme.

L'abbé Desforges avait fait annoncer qu'il s'élèverait dans les airs au moyen d'une voiture et qu'il parcourrait au moins trente lieues à l'heure.

L'affluence des curieux fut considérable, et l'abbé, qui s'était installé sur une tour, en partit en effet avec son équipage. Mais hélas! au lieu de gagner les régions célestes, la gondole se dirigea vers la terre, et le nouveau Dédale eut beau faire mouvoir ses ailes avec autant de vitesse qu'il lui fut possible, il ne réussit qu'à ralentir la rapidité de sa chute.

En 1782, Blanchard, avant de se rendre en Angleterre, construisit une voiture aérienne ayant la forme d'un oiseau, et portant trois grandes ailes de chaque côté. Il espérait aussi, lui, faire trente lieues à l'heure et détrôner d'un coup tous les autres véhicules. Mais le succès ne répondit pas à son attente ; sa machine ne put même pas s'enlever.

Laissant de côté les nombreuses tentatives qui ont été faites depuis lors jusqu'à nos jours, dans le but de diriger les aérostats, tentatives fondées pour la plupart sur des bases complétement fausses, nous arriverons à celle dont toute l'Europe s'est dernièrement émue, et que nous avons étudiée avec la plus sérieuse attention.

M. Petin, l'auteur de ce nouvel essai, est un de ces hommes rares, qui ne reculent devant aucun sacrifice personnel, pour réaliser une idée qu'ils croient utile et vraie ; et sa machine ne serait-elle pas ce qu'elle est, un véritable chef-d'œuvre d'intelligence et de raisonnement, que nous ne lui en sacrifierions pas moins les quelques lignes qui vont suivre, ne fût-ce qu'à titre de dédommagement et d'encouragement.

L'obstacle qui jusqu'à ce jour s'était opposé à la direction des aérostats, provenait de l'impossibilité que l'on rencontrait dans la recherche du point d'appui.

Pour transformer l'impossible en possible, M. Petin a examiné ce divin chef-d'œuvre dont les moindres détails contiennent des indications si précieuses, il a interrogé la nature ; et la nature lui a répondu que pour qu'un être ou un corps quelconque entrât en mouvement, il fallait deux conditions principales : 1° dans l'élément qui entoure ce corps ou cet être, un point d'appui ou autrement dit une résistance ; 2° dans l'être qui doit se mouvoir, un centre de gravité permettant des ruptures d'équilibre.

Voilà, en effet, les deux grands principes sur lesquels repose toute espèce de locomotion. M. Petin ne les a pas inventés, car, ainsi qu'il le dit avec raison, il n'y a jamais eu qu'un inventeur, Dieu ; les hommes intelligents ob-

servent, comparent, déduisent et appliquent. Mais si M. Petin n'a pas le mérite d'avoir inventé ces deux principes, dont au reste la plupart des termes étaient connus depuis longtemps, il a su au moins, en tirer des conséquences aussi ingénieuses que rationnelles.

Afin d'arriver à la détermination du point d'appui dans la navigation aérienne, il a examiné comment ce point d'appui s'exerçait chez les animaux, selon qu'ils vivent sur la terre, dans les eaux ou dans l'air.

Ainsi, en comparant les pattes du coq qui vit sur la terre, avec celles du canard qui possède la faculté de se mouvoir sur l'eau, et celles de la chauve-souris qui peut à son gré planer dans les airs, il a constaté que les organes de locomotion ont d'autant plus d'étendue que le milieu dans lequel se tient l'animal est moins dense.

Loi générale, qui l'a naturellement conduit à penser, que les machines employées dans la locomotion aérienne devraient offrir de très-grandes surfaces, et qui lui a fait rêver pour sa machine des proportions gigantesques.

Mais ayant reconnu que la capacité d'une sphère croît en raison du cube de son rayon, tandis que la surface ne croît qu'en raison de son carré, c'est-à-dire qu'un ballon trois fois plus grand qu'un autre offre seulement neuf fois plus de surface, tandis que sa capacité se trouve être vingt-sept fois plus grande, M. Petin a vu qu'il pourrait disposer d'une force ascensionnelle considérable, sans être obligé de donner à ses ballons des dimensions de beaucoup supérieures à celles où sont parvenus aujourd'hui les aérostats.

Le corps de son appareil, qui a cent vingt mètres de longueur sur vingt-sept de large et trente de haut, sera donc facilement enlevé par quatre ballons, dont le plus grand n'a que trente-neuf mètres de hauteur sur quatre-vingts mètres de diamètre.

Il ne suffisait pas d'avoir trouvé que, pour obtenir un point d'appui dans l'air, de grandes surfaces étaient indispensables; il fallait surtout découvrir comment, avec ces grandes surfaces, on arriverait à prendre ce point d'appui.

Rejetant à cet égard les idées admises par le plus grand nombre des princes de la physique, il a observé de nouveau comment se passaient les choses dans l'ordre naturel, et il a constaté que le point d'appui d'un corps qui se meut peut être au-dessus ou au-dessous de son centre de gravité.

Ainsi, quand un oiseau s'élève dans l'atmosphère, et qu'il a pris, au moyen de ses ailes, une force ascensionnelle assez considérable, il est évident qu'il ne prend pas son point d'appui sur les couches d'air qu'il abandonne, mais bien sur celles qui, placées au-dessus de lui, font résistance à son ascension. Que cet oiseau tende au contraire à s'abaisser, la résistance se trouve à la partie inférieure.

Il en est de même d'une substance en mouvement dans un liquide. Si la substance est mise à la surface du liquide et qu'elle soit plus lourde que celui-ci, elle ira gagner le fond du vase en prenant son point d'appui sur les couches inférieures ; si au contraire la substance est plus légère que le liquide, et qu'on la submerge au moyen d'une force quelconque, cette substance, quand la force cessera d'agir, tendra à regagner la surface du liquide en prenant son appui sur les couches supérieures.

En répétant ces expériences, M. Petin a remarqué autre chose : il a vu qu'une plaque de métal jetée dans un vase plein d'eau, gagnait le fond de ce vase en décrivant des diagonales, et qu'une feuille de liége plongée dans un liquide, venait à la surface par le même moyen.

Cette loi est encore une loi générale ; tous les corps, quels qu'ils soient, se meuvent toujours selon des plans inclinés, et à moins, chose impossible, qu'il n'y ait une exception pour la navigation aérienne, cette navigation doit donc, comme tous les autres corps de la nature, s'effectuer sur une suite de plans inclinés.

En vertu de ces observations, M. Petin a imaginé de placer au milieu de son appareil de vastes châssis mobiles, qui, étalés à la suite les uns des autres, peuvent à volonté former des surfaces coniques ayant leurs bases en haut ou en bas. Si l'on veut descendre, ces châssis forment des parachutes, et permettent à l'appareil de prendre son point d'appui sur les couches inférieures de l'air ; si l'on veut s'élever, ils forment des paramontes, dans lesquels viennent s'engouffrer les couches supérieures, sur lesquelles l'appareil trouve alors sa résistance.

Dans cet état, la machine de M. Petin ressemble au levier d'une balance, devant osciller quand il y a une rupture d'équilibre.

Cette rupture d'équilibre est, avons-nous dit, la seconde condition nécessaire au mouvement des corps.

Comment M. Petin l'a-t-il obtenue ? Eh ! mon Dieu, par un raisonnement aussi simple que le précédent.

Quand les plateaux d'une balance sont au même niveau, d'où cela provient-il ? s'est demandé M. Petin : de ce que ces plateaux supportent un poids égal. — Que faudrait-il pour que l'un des plateaux s'abaissât ? — Diminuer tout simplement le poids qu'il contient.

Si donc je puis diminuer à l'une des extrémités de mon levier la pesanteur que l'air exerce également sur les deux, j'aurai une rupture d'équilibre, et mon appareil tendra à glisser sur le plan incliné que l'air lui présentera.

Sans doute, et rien n'est plus aisé que d'obtenir un résultat pareil. Les deux extrémités de mon levier ayant une surface égale pèsent également sur l'air, diminuons alors

— 222 —

une des deux surfaces, et l'équilibre sera rompu. C'est ce qu'a fait M. Petin en imaginant des châssis pouvant se fermer et s'ouvrir, semblables à peu près à ceux de quelques maisons anciennes.

Il ne restait plus enfin, qu'à trouver le moyen de vaincre le vent et les courants d'air, et M. Petin y est arrivé en plaçant à chaque extrémité de son appareil deux hélices, qui se vissant pour ainsi dire dans l'atmosphère

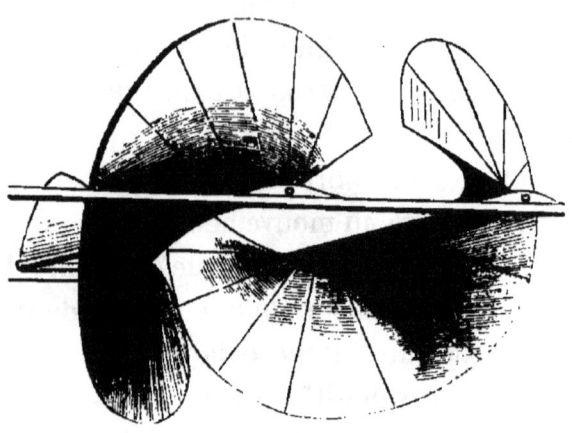

et mises en mouvement par une force quelconque, entraîneront l'appareil dans la direction que l'on voudra.

Telle est en résumé la disposition de cette machine, que nous ne craignons pas d'appeler un chef-d'œuvre. Elle mériterait même que l'on inventât pour elle une autre qualification si nous l'eussions vue traverser l'espace et porter dans toutes les parties du monde un démenti formel à tous ceux qui traitent de chimère la navigation aérienne.

Nous avons cru longtemps que ce volume contiendrait la relation du premier voyage de M. Petin, nous en avons même retardé la publication de quelques mois, espérant toujours que nous aurions le bonheur d'y consigner cet événement, qui eût donné tant de relief à notre ouvrage.

Cette satisfaction nous manque; M. Petin est encore éloigné du but qu'il poursuit depuis quinze ans.

Hâtons-nous d'ajouter que cela ne dépend ni de lui ni de sa machine.

Il y a aujourd'hui, 10 octobre 1851, plus de deux mois qu'il est prêt à partir.

Pourquoi donc n'est-il pas parti? Et qu'avons-nout lu dernièrement dans les journaux? Qu'on lui suscitais des obstacles de toute nature au lieu de seconder l'élan de son génie!

Est-ce possible?

N'avons-nous pas laissé loin de nous, ces siècles dans lesquels le progrès était comprimé dès l'instant où il cherchait à paraître?

Existe-t-il encore aujourd'hui, 10 octobre 1851, des hommes qui mettraient Voltaire au bagne, Salomon de Caus à Bicêtre, Galilée dans un cachot et Jésus-Christ sur la croix!

Laissons la postérité répondre; et vous, Petin, courage, mille fois courage!

Vous voulez, dit-on, passer en Angleterre; allez-y. Blanchard a fait de même.

Obligé de quitter la France qui lui refusait du pain, votre digne prédécesseur y est revenu bientôt après moissonner des flots d'or et des monceaux de couronnes.

Partez, Petin, partez sans aucun retard, et obéissez à la destinée qui sans doute a mis sur ses tablettes :

Les hommes de génie que produira la France ne trouveront d'encouragement que chez un autre peuple.

CHAPITRE QUINZIÈME.

COMMUNICATION INDIRECTE.— Chiens, hirondelles, pigeons, tours et fanaux des Perses. — TÉLÉGRAPHE. — Son origine. — Sa première application. — Télégraphe de M. Gonon. — Manière dont fonctionne le télégraphe ordinaire. — Télégraphe électrique.— Un mot sur l'électricité.— DE LA POSTE AUX LETTRES. — Son origine. — Ses tribulations. — Ses métamorphoses. — Sa relation avec la gratuité de l'enseignement.

Dès la plus haute antiquité, les peuples éprouvèrent le besoin d'établir entre eux, des communications plus rapides et moins dispendieuses, que celles qui s'opéraient par le moyen d'hommes et de chevaux.

Les premiers intermédiaires qui paraissent avoir été employés à cet objet sont les chiens. On attachait des correspondances au cou de ces intelligents animaux, qui franchissaient très-rapidement la distance qu'on leur avait apprise.

Mais la malveillance ayant fait arrêter les messages qui se transmettaient de la sorte, on songea à se servir d'animaux que les hommes ne pourraient pas aussi facilement atteindre, et l'on dressa des hirondelles à cet usage.

Ces nouveaux courriers remplissaient à peu près deux

des conditions que l'on désirait : la sûreté et la célérité ; mais comme on ne pouvait leur confier que des envois très-légers, on eut recours aux pigeons, qui maintenant encore sont quelquefois employés pour les communications clandestines.

Les pigeons étaient, sous plusieurs rapports, d'excellents messagers.

Assez forts pour transporter des dépêches un peu volumineuses ; assez bons voiliers pour franchir, sans s'arrêter, de très-longues distances, et possédant trop le sentiment de l'amour maternel ou paternel pour ne pas retourner aux lieux où les attendaient leurs petits, ils ont souvent rendu de fort grands services. Mais ils présentent plusieurs inconvénients qui dans certains cas peuvent être excessivement graves.

Ainsi, rien n'empêche qu'ils ne soient tués en route ; ils peuvent aussi s'égarer quand la distance à franchir est trop considérable ; et puis, il est nécessaire d'en avoir constamment de prêts à partir, ce qui n'est pas toujours très-facile, puisqu'il faut aller les chercher à l'endroit où ils doivent revenir.

Ce mode de communication ne valait donc guère mieux que les autres quand il s'agissait de missives très-pressées et d'une haute importance.

Frappés de tous ces inconvénients, les Perses avaient imaginé de construire de proche en proche des tours minces et élevées, du haut desquelles des hommes se criaient les dépêches.

Ce moyen, dont le moindre inconvénient était de nécessiter de fort grandes dépenses, fut bientôt abandonné.

Les Messagers des anciens.

Lith. Becan Paris.

Ce n'était pas, à proprement parler, un progrès ; car de cette façon les dépêches n'étaient pas transmises beaucoup plus vite que par les pigeons ou les hirondelles ; et comme la langue diplomatique n'était pas encore inventée, tout le monde pouvait prendre part aux secrets du gouvernement.

Mais ce que l'on doit considérer comme un progrès véritable, fut l'idée qu'eurent ces mêmes Perses de placer des fanaux sur de hautes montagnes et de leur faire représenter successivement différentes figures.

Cette espèce de télégraphe ne pouvait servir que la nuit, sans doute ; les mauvais temps, les forts brouillards, etc., lui faisaient encore obstacle ; néanmoins, c'était un télégraphe : il ne restait plus qu'à le perfectionner.

Ce perfectionnement, beaucoup de peuples l'ont tenté ; mais le télégraphe est une de ces découvertes qui devaient se faire attendre le plus longtemps ; et quoique l'on trouve chez différentes nations quelques essais de transmission télégraphique, ce ne fut réellement qu'en 1793 que le télégraphe fut établi de manière à rendre des services réels. Son enfantement a donc duré près de vingt siècles.

C'est à la France que revient l'honneur de cette découverte, dont l'origine est aussi touchante que curieuse.

Claude Chappe, neveu du célèbre voyageur Chappe d'Auteroche, faisait ses études au séminaire d'Angers, tandis que ses deux frères faisaient les leurs dans un pensionnat situé à une demi-lieue de cette ville.

Peiné de cette séparation, que sa vocation pour l'état

ecclésiastique avait nécessitée, Claude imagina de correspondre avec ses frères au moyen d'un appareil qui reproduirait certaines figures de convention.

L'appareil qu'il construisit dans ce but consistait en une règle de bois aux deux bouts de laquelle existaient deux espèces d'ailes.

Ce petit télégraphe fournissait 192 figures, exprimant chacune des lettres ou des mots.

Grâce à cette invention, dont il fit aussitôt part à ses deux frères, Claude Chappe put chaque jour s'entretenir quelques instants avec eux.

Mais cet ingénieux système, créé par un cœur affectueux avec l'aide d'un esprit intelligent, ne devait pas simplement aboutir à des épanchements d'écoliers.

La révolution approchait; et lorsqu'elle fut dans toute sa force; lorsque la République eut à se défendre contre l'Angleterre, l'Espagne, l'Allemagne et l'Italie, les frères Chappe, pensant que leur système de signaux pourrait être utile à la France, se mirent aussitôt en devoir de le perfectionner, et allèrent ensuite le présenter à la Convention.

Ils demandèrent qu'on expérimentât leur instrument: cela leur fut accordé. Le premier essai signala un double triomphe.

Un télégraphe expédié à l'armée du Nord envoya ces mots à la Convention : *La reprise de Condé sur les Autrichiens*. La Convention répliqua séance tenante : *L'armée du Nord a bien mérité de la patrie.*

Le télégraphe Chappe fut adopté par acclamation.

Ce télégraphe, que l'on nomme *aérien*, pour le distinguer d'un autre dont nous parlerons plus bas : le télégraphe *électrique*, le télégraphe Chappe, disons-nous, a rendu dans maintes circonstances les plus importants services, surtout durant l'époque où l'Europe était presque sans cesse en feu : la destinée d'une nation dépendait quelquefois de la rapidité d'un ordre.

Néanmoins, l'invention des frères Chappe laissait beaucoup à désirer, et elle pèche encore sous de nombreux rapports, ce qu'il sera facile de comprendre au moyen de quelques détails généraux dans lesquels nous allons entrer.

Un télégraphe se compose de deux choses :

1° *D'un appareil destiné à figurer des signes;*

2° *Du système d'après lequel ces signes sont produits et interprétés.*

L'*appareil à signaux* se compose de trois pièces principales et d'une pièce accessoire, sans compter les cordages qui doivent mettre l'appareil en jeu.

La pièce accessoire est une échelle de quatre ou cinq mètres, à l'extrémité de laquelle repose l'ensemble des pièces principales.

De celles-ci, l'une, appelée *régulateur*, est une pièce de bois plate ayant quatre mètres soixante-dix centimètres de longueur et quarante centimètres de largeur. Ce régulateur est mobile au sommet de l'échelle.

Les deux autres pièces, appelées *indicateurs*, ont deux mètres de long et trente-trois centimètres de large. Elles sont mobiles et placées chacune à l'une des extrémités du régulateur.

Le régulateur prend quatre positions, savoir : une verticale, une horizontale et deux obliques, ce qui donne quatre signaux.

Les indicateurs forment avec le régulateur des angles droits, aigus ou obtus qui fournissent quarante-neuf signaux, lesquels, multipliés par les quatre du régulateur, donnent un total de cent quatre-vingt-seize signaux différents, sur lequel total il faut retrancher quatre signes servant à indiquer la mise en jeu, le repos, les brouillards, etc., reste à cent quatre-vingt-douze.

Le système d'après lequel les signes sont produits comprend quatre modes :

Le mode *phrasique*, l'*alphabétique*, le *syllabique* et le *lexique*.

Dans le mode *phrasique*, qui est le plus ancien, on forme un vocabulaire avec un certain nombre de phrases qui correspondent avec telles ou telles positions de l'appareil.

On conçoit que par ce mode la correspondance doive être très-restreinte et fort peu précise; aussi ne l'emploie-t-on seul que dans les cas où les nouvelles peuvent être prévues d'avance.

Le mode *alphabétique*, qui consiste à faire représenter par l'appareil, des lettres avec lesquelles on forme des mots, puis des phrases, semble au premier abord devoir présenter des résultats beaucoup meilleurs.

Aussi a-t-il généralement séduit.

Mais en cherchant à l'appliquer, on s'est aperçu bien vite combien il était défectueux.

Outre qu'il exige une attention longue et soutenue, afin de ne pas mettre une lettre à la place d'une autre, ce qui obligerait souvent à recommencer la dépêche, il demande un très-grand nombre de signaux, tant pour la production des mots que pour leur séparation.

Ce mode est ensuite extrêmement lent, ce qui est un très-grave défaut pour un télégraphe; enfin, la clef en est si facile, qu'il faut fréquemment la changer.

Après l'avoir essayé partout, on a presque généralement renoncé à l'employer seul.

Plus avantageux que le précédent, puisqu'il nécessite un moins grand nombre de signaux, le mode *syllabique*, dans lequel les positions de l'appareil indiquent des syllabes, est encore défectueux par les mêmes motifs qui rendent tel le mode alphabétique.

On ne s'en sert donc qu'en le combinant, ainsi que le faisaient les frères Chappe, avec les modes précédents et le suivant.

Le mode *lexique* consiste, ainsi que son nom l'indique[1], dans l'emploi d'un vocabulaire contenant la plupart des mots dont on peut avoir besoin dans une dépêche.

Ce mode occupe depuis longtemps l'attention des ingénieurs.

Beaucoup pensent qu'il pourrait seul remplacer avantageusement tous les autres, et il y a quelques années, M. Gonon, dont le nom mérite d'être honorablement cité, l'a présenté de nouveau, après lui avoir fait subir un perfectionnement très-remarquable.

D'après son système, le mode lexique serait susceptible de rendre en différentes langues toutes les dépêches, de quelque nature qu'elles soient.

[1] *Lexique* vient du mot *lexicon*, qui signifie dictionnaire.

Voici d'ailleurs comment il l'énonce :

« J'ai commencé par énumérer et classer tous les mots appartenant à la langue française... J'ai examiné ensuite les dictionnaires spéciaux de sciences, d'arts, de métiers, etc. Ayant trouvé que ces mots s'élèvent au nombre approximatif de *quinze cent mille* (sans compter les noms de personnes et de lieux), j'ai réglé en conséquence mes signaux. Ma langue télégraphique exprime donc tous les mots de la langue, chacun de ces mots dans les combinaisons qui lui sont propres, et, en outre, tous les mots nouveaux que l'on peut inventer.

» La même méthode, appliquée aux principales langues étrangères, me donna les mêmes résultats. Le problème une fois résolu pour la nôtre, le reste était presque aisé. La langue anglaise ne produit d'ailleurs que *six cent mille* mots différemment orthographiés ; la langue espagnole que *neuf cent cinquante mille*, etc.

» Les esprits investigateurs se demanderont sans doute en quoi consiste ma méthode. Et moi prudemment je m'abstiendrai de leur en donner la clef. Mais je leur dirai du moins que le fond de mes opérations consiste en 40,960 figures, au moyen desquelles je rends *mot à mot* toutes les dépêches imaginables, avec les citations des langues étrangères, les chiffres, les noms propres allemands, russes, polonais, turcs, arabes, etc.

» Si l'on m'objecte que cette quantité de figures ou signaux étant inférieure de beaucoup à celle des mots français, la traduction littérale est difficile à concevoir, je répondrai que le mérite essentiel de mon vocabulaire consiste à fournir des signaux qui expriment chacun (une grande partie, sinon tous) deux, trois, quatre, huit, dix et jusqu'à deux ou trois cents mots. »

M. Gonon ne s'est point borné à décrire son système dans une brochure; il l'a expérimenté en France, en Amérique, en Russie, etc., et a obtenu partout les témoignages les plus honorables.

Toutefois, comme le gouvernement se sert encore du système Chappe, c'est celui dont nous allons décrire le jeu de préférence.

Le nombre des signaux étant, ainsi que nous l'avons dit, de cent quatre-vingt-douze, on a trois vocabulaires de chacun quatre-vingt-douze pages, et dont chaque page contient elle-même quatre-vingt-douze numéros.

Les numéros de ces pages correspondent à des lettres et à des syllabes dans le vocabulaire *alphabétique-syllabique*, à des mots dans le vocabulaire *lexique*, et à des phrases dans le *phrasique*.

La tâche du télégraphe expéditeur de la dépêche est donc d'indiquer pour chaque lettre, syllabe, mot ou phrase de cette dépêche :

1° Le numéro du vocabulaire;

2° La page de ce vocabulaire;

3° Le numéro qui dans cette page correspond à ce qu'il veut exprimer.

La tâche du télégraphe traducteur est de reconnaître et d'interpréter ces différents signaux.

Celle des télégraphes intermédiaires est de transmettre, quoique sans comprendre leur sens, les signaux qu'ils reçoivent. Cette opération s'exécute en cinq temps:

1er *temps*. Observer la figure du télégraphe précédent.

2ᵉ *temps*. Reproduire cette figure.

3ᵉ *temps*. Regarder si le télégraphe précédent indique qu'on l'a bien reproduite.

4ᵉ *temps*. Répéter le signal approbateur ou désapprobateur que fait ce télégraphe.

5ᵉ *temps*. Transmettre le signal au télégraphe suivant.

Sans parler des brouillards, des accidents, des erreurs, etc., qui peuvent entraver le jeu des télégraphes, toutes ces opérations demandent beaucoup de temps; et quand on a de longues dépêches à transmettre, les télégraphes aériens n'ont en réalité que peu d'avantages (s'ils en ont), sur les chemins de fer. Aussi les remplace-t-on aujourd'hui, partout où cela se peut, par des *télégraphes électriques*.

Pour bien comprendre la théorie des *télégraphes électriques*, il est nécessaire de dire quelques mots de l'électricité.

L'électricité est un fluide impalpable et invisible qui se développe d'une foule de manières, mais surtout lorsqu'on frotte certains corps.

Comme c'est un morceau d'ambre qui a servi à découvrir ce fluide, et que le mot ambre se dit en grec *électron*, ce phénomène a pris le nom d'*électricité*.

Relativement à l'électricité, tous les corps de la nature se divisent en deux classes : ceux qui sont susceptibles de se charger d'électricité quand on les frotte, et ceux qui ne possèdent pas cette propriété.

Parmi les premiers, que l'on nomme *idio-électriques*, les principaux sont l'ambre, le verre, les résines, le soufre, etc., etc.

Au nombre des seconds, qu'on appelle *anélectriques*, se trouvent tous les métaux, tels que le fer, le cuivre, l'or, l'argent, le platine, etc., etc.

Mais si les corps *anélectriques* n'ont pas la propriété de fournir du fluide, ils en ont une autre très-précieuse : c'est celle de transmettre instantanément dans toute leur longueur, quelle qu'elle soit, le fluide qu'ils ont absorbé par une de leurs extrémités. On les appelle pour cela *corps bons conducteurs.*

Par opposition, si les corps *idio-électriques* ont la propriété de produire de l'électricité, ils ne peuvent pas transmettre celle qu'ils recevraient d'un autre corps; on les nomme pour cette raison *corps mauvais conducteurs,* ou *isolants;* isolants, parce que, s'ils sont interposés entre une source de fluide et un corps bon conducteur, ils empêchent l'électricité d'arriver sur celui-ci; ou encore, parce que l'on s'en sert pour *isoler* de la terre, qui tend à absorber le fluide électrique, les corps bons conducteurs au moyen desquels on désire transmettre ce fluide.

L'appareil dont on se sert pour obtenir de grandes quantités d'électricité se nomme *machine électrique,* et se compose d'une grande roue en verre qui en tournant frotte sur des coussins rembourrés de crin et de laine et recouverts d'une couche d'or mussif (sel d'étain).

L'électricité qui se développe alors est reçue par des *conducteurs* métalliques isolés du sol par des supports en verre (*corps isolant*). Si l'on veut transmettre ce fluide à une distance plus considérable, on met les conducteurs en *communication* avec l'extrémité d'un fil de métal, et la commotion qui se serait produite auprès de la machine aura lieu à l'autre extrémité de ce fil.

Ces simples données expliquent toute la théorie de la télégraphie électrique.

Les fils que l'on aperçoit le long de plusieurs chemins de fer sont des conducteurs qui sont isolés du sol, afin que l'électricité qu'ils doivent transmettre n'aille pas se perdre dans la terre.

Une de leurs extrémités est mise en communication avec une machine électrique, l'autre aboutit à un cadran, et quand l'appareil est mis en jeu, la dépêche vient s'inscrire sur celui-ci d'après le mode *alphabétique*.

La vitesse avec laquelle le fluide électrique est transmis par un fil conducteur tient véritablement du prodige. M. Wheatstone a calculé que cette vitesse était de 460,000 kilomètres (115,000 lieues à peu près) par seconde, sur un fil de laiton de deux millimètres de diamètre.

Cela seul donne une idée des immenses services que pourra rendre le télégraphe électrique.

Il a sans doute aussi, lui, ses inconvénients : lorsque l'atmosphère est chargée d'électricité naturelle, autrement dit dans les temps d'orage, son jeu peut être entravé ; différentes causes, comme la pluie, par exemple, peuvent diminuer la force du fluide transmis ; enfin, des malfaiteurs peuvent couper les fils. Mais le télégraphe électrique n'est encore qu'à l'état d'ébauche, et, d'après les progrès qu'il a faits, il est permis d'espérer que l'on débarrassera de la plupart de ses inconvénients, ce système admirable au moyen duquel des hommes placés aux deux pôles opposés du globe, pourront se communiquer leurs pensées aussi facilement, à peu près, que s'ils habitaient la même maison.

LA POSTE AUX LETTRES.

L'origine de la poste aux lettres remonte au treizième siècle.

Voici quels furent les premiers fondements de cette institution.

Dès cette époque, les étudiants des provinces étant fort nombreux à Paris, et les communications entre la capitale et les autres villes extrêmement rares, le gouvernement permit à l'Université d'avoir des messagers spéciaux, qui iraient dans les provinces porter les lettres des étudiants et en rapporter les réponses, ainsi que l'argent et les paquets dont on voudrait les charger.

Ce service continua pendant quelques années. Mais, comme il arrivait très-fréquemment que les messagers ne pouvaient pas partir à cause des troubles qui alors agitaient le royaume, et que les écoliers, pressés par le besoin, se voyaient dans l'obligation d'avoir recours à des bourgeois afin d'en obtenir un peu d'argent, ceux-ci, tirant parti de la circonstance, demandèrent et obtinrent le titre de *grands messagers de l'Université*.

« On choisissait ces messagers, dit de la Mare dans son *Traité de la Police*, entre les notables bourgeois de Paris les plus solvables, afin qu'ils fussent plus en état d'assister les écoliers ; l'Université les a quelquefois appelés dans ses assemblées ; ils assistent aux processions du recteur et ont une confrérie aux Mathurins dès 1478. Le nombre en est fixe ; il ne doit y en avoir qu'un pour chaque diocèse, tant au dedans qu'au dehors du royaume d'où il y a des étudiants; ils sont compris dans le rôle des privilégiés que l'Université fournit à la Cour des Aides; mais ils ne peuvent entreprendre de voyages que pour le service des maîtres et écoliers du diocèse dont ils sont messagers. Les autres, appelés *petits messagers* ou *messagers ordinaires*, ont été chargés de faire les voyages de Paris dans les provinces et des provinces à Paris ; on les trouve souvent nommés, dans les registres des nations, *nuntii volantes*, pour marquer la diligence qu'ils devaient faire. Leurs fonctions eurent pour premier objet le service des maîtres et des écoliers ; mais elles s'étendirent dans la suite, sans opposition, à porter également les lettres missives des particuliers, et tout ce dont on voulait les charger, comme hardes, or, argent, pierreries, sacs de procès, informations, enquêtes. »

Ces charges de messagers étant devenues fort lucratives, beaucoup de gens en créèrent à leur profit et de leur propre autorité. Il en résulta que les bénéfices des messagers en titre diminuèrent considérablement. Sur les plaintes de ceux-ci, l'Université prescrivit aux étudiants de n'employer que des messagers reconnus par elle, mais aussi elle décida que les places de messagers, qui jusqu'alors s'étaient données gratuitement, seraient conférées à l'avenir moyennant rétribution.

Pendant que les choses se passaient ainsi pour l'Université, le gouvernement éprouvait de nombreux ennuis par le fait des messagers non reconnus, et qui, chargés très-souvent du transport des procédures, s'en acquittaient, soit avec lenteur, soit avec infidélité ; ce qui retardait ou entravait la marche des procès.

Afin d'y obvier, on résolut l'institution de *messagers royaux*.

L'édit rendu à ce sujet, au mois de novembre 1576, porte :

Que les messagers payeront une certaine somme qui devra être affectée au service de l'artillerie ;

Qu'ils prêteront serment ;

Qu'ils auront un registre « sur lequel les greffiers écriront et signeront de leurs mains les actes de la délivrance qu'ils auront faite des sacs auxdits messagers pour y avoir recours quand besoin sera, et sur les étiquettes des sacs chacun des greffiers mettra les noms et surnoms des parties dénommées auxdits procès....... leur défendant (aux messagers) d'ouvrir ni souffrir ouvrir les sacs, sous peine de privation de leur état et de punition corporelle ; »

Que les messagers pourront se charger des lettres, marchandises, or ou argent des particuliers ;

Qu'ils auront deux sols tournois pour chaque lieue pour le port des greffes ;

« Que pour le port de chacune lettre missive, depuis la ville où sera établi le siége duquel il sera messager, jusques en la ville où sera le parlement et autres villes dudit parlement, et en rapporter la réponse : dix deniers tournois ; et pour un paquet de trois ou quatre missives, quinze deniers tournois ; et de paquets de missives ou autres plus gros, pesant une once, vingt deniers tournois, et à pareille raison de ceux qui pèseront plus d'une once. »

Des rivalités de toutes sortes s'élevèrent entre les messagers de l'Université, les messagers royaux et les messagers particuliers; et dans les interminables discussions qui s'ensuivirent, les torts furent expiés tour à tour.

En 1597, un nommé Étienne Soulas, valet de la garde-robe du roi, ayant obtenu deux offices de messagers royaux pour le trajet de Paris à Rouen et de Rouen à Paris, le parlement de Normandie, qui avait ses messagers de l'Université, refusa de confirmer Soulas dans ses fonctions, et celui-ci fut obligé de se retirer.

Plus tard, tous les messagers furent obligés de se liguer contre les fermiers de coches, qui se permettaient de voiturer les lettres et paquets des particuliers.

Le fermier des coches de Paris à Rouen, poursuivi pour ce fait par les six messagers de Rouen, fut condamné par un jugement rendu au Châtelet, le 18 décembre 1599, « Défenses lui furent faites, et à tous autres, de continuer à l'avenir, au préjudice des six messagers de l'Université. » Un arrêt du parlement, du 22 mai 1601, confirma cette sentence.

Une autre discussion s'éleva quelque temps après, entre les messagers de Rouen, qui étaient des *petits messagers*, et un nommé Edouard Watel, grand messager juré de l'Université pour le diocèse et archevêché de Rouen. Watel prétendait, avec raison, qu'il avait au moins autant de droits que les petits messagers, à mettre devant sa porte une caisse pour recevoir les lettres, et qu'il lui était en outre loisible de faire le même service que les petits messagers.

Cette affaire, portée devant le parlement, se termina en

donnant à toutes les parties les mêmes droits sur la route de Paris à Rouen : ceci se passait en 1616.

Dix-huit ans après (en 1634), les messagers de l'Université se virent dans un bien plus grand péril. On créa des offices héréditaires d'intendants et contrôleurs généraux des messagers, voituriers et relais du royaume, et dans l'édit qui parut à cet égard, « on leur permit entre autres d'établir des commis dans tous les bureaux des villes, bourgs et autres lieux, pour tenir registre et contrôle des personnes, des paquets, marchandises, hardes, argent, procès, papiers et autres choses ; de supprimer tous les pourvus des offices, de rembourser ceux qui avaient finances aux coffres du roi, de déposséder les messagers ordinaires des universités et de réduire ceux de l'Université de Paris au nombre des grands messagers déterminés par la déclaration de Charles VIII, du mois de mars 1488. »

Les messagers de l'Université s'empressèrent de protester contre une mesure qui allait détruire leurs priviléges ; ils s'adressèrent au Grand-Conseil, et celui-ci n'enregistra l'édit que sous toutes réserves des droits acquis aux messagers de l'Université.

D'autres contestations s'élevèrent entre les messagers et les entrepreneurs de voitures publiques : chacun d'eux voulait transporter en même temps des personnes et des lettres.

Par un édit qui porte la date du 12 décembre 1640, l'Université obtint pour ses messagers la permission de transporter, avec leurs lettres et paquets, toutes les personnes qui se présenteraient.

Ceci ne faisait point l'affaire des voituriers; aussi, ne pouvant obtenir légalement la permission de se charger des lettres, ils eurent recours à un moyen dont la tradition ne s'est point perdue de nos jours pour l'exploitation de diverses charges ou fonds de commerce. « Les maîtres des courriers (voituriers), dit de la Mare, supportant ce partage avec peine, firent tous leurs efforts pour réunir en leurs personnes la totalité de l'exercice ; c'est pourquoi la plupart d'entre eux achetèrent sous le nom de leurs commis, même de leurs domestiques, des offices de messagers royaux; ils firent aussi entrer dans les messageries de l'Université des gens qui leur étaient affidés; par là ils se mettaient en état de faire porter toutes les lettres par leurs courriers, et de sous-fermer séparément les autres fonctions de messagers : c'est ainsi que Rollin-Burin, maître des courriers des généralités de Rouen, Caen, Alençon, se rendit maître de l'une des six messageries de la nation de Normandie, de Paris à Rouen, avec retour sous le nom de Pierre Bully; il se trouva même par la suite fermier des six messageries de Paris à Rouen, qui appartenaient à cette nation. »

En 1643, l'État offrit à l'Université de lui acheter ses charges de messagers moyennant une somme de quarante mille livres, plus un revenu équivalent à celui qu'elle recevait de ses fermiers.

L'Université n'ayant pas accepté cette proposition, on fit ce que l'on put pour diminuer ses bénéfices, et entre autres choses, toutes dans ce but, on eut l'idée d'instituer des *bureaux de poste* sur toutes les routes de traverse.

De là un nouveau procès, dans lequel l'Université eut encore l'avantage.

Enfin, après un grand nombre d'autres querelles de cette sorte, le roi s'étant réservé le port des lettres et paquets, les messageries de l'Université furent affermées par l'État et placées sous la direction d'un *fermier des postes*, ayant l'entière disposition des lettres et paquets du public.

Un nouvel édit fut promulgué pour défendre à tout voiturier de porter des lettres ; en voici la teneur :

«....Pour empêcher l'abus du port des lettres par toutes sortes de voitures, ordonne : que les arrêts et règlements faits entre les maîtres des courriers et les messagers, cochers, voituriers, coquetiers, poulaillers, beurriers et autres, seront exécutés selon leur forme et teneur; et, en conséquence, Sa Majesté fait défense à tous messagers d'avoir aucun bureau ni aucune boîte dans les villes et lieux de leur route et passage, pour y recevoir les lettres et paquets, mais seulement dans les villes et lieux de leur établissement, ni d'apporter les lettres et dépêches des autres messagers des autres villes, lesquels seront obligés de faire leur voyage, à peine contre chacun des contrevenants de quinze cents livres d'amende, confiscation des chevaux et équipages, et de tous dépens, dommages et intérêts. Fait aussi Sa Majesté défense à tous maîtres des coches, voituriers, poulaillers, beurriers et coquetiers, de tenir pareillement aucuns bureaux dans les lieux de leur passage ni de poser de boîtes dans les places publiques, et lieux où ils logeront, pour y recevoir des lettres, et les faire porter directement ou indirectement sur lesdites peines.

» Enjoint Sa Majesté aux commissaires départis dans les généralités, et autres juges et officiers des lieux, et commissaires au Châtelet de Paris, de tenir la main à l'exécution du présent arrêt, qui sera exécuté, nonobstant oppositions et autres empêchements quelconques, dont, si aucunes interviennent, Sa Majesté s'en réserve la connaissance en sondit conseil, et icelle interdit à toutes les autres cours et juges.

» Et sera le présent arrêt publié et affiché partout où besoin sera, à ce qu'aucun n'en prétende cause d'ignorance. »

Un point fort intéressant de l'histoire des messagers de l'Université, c'est que ce fut à leur institution que l'on dut la gratuité de l'instruction dans les colléges.

Dès l'origine des messagers, le produit des ports de lettres et des paquets servait à payer les professeurs, et quand les messageries de l'Université passèrent dans le domaine royal, cette mesure fut étendue et régularisée, ainsi qu'on le voit, par ce passage des *lettres patentes*, portant bail des messageries universitaires au profit de l'État, le 14 avril 1719.

«....Notre très-chère et très-aimée fille aînée, l'Université de notre bonne ville de Paris, nous ayant fait remontrer que depuis son établissement, elle a eu le droit d'établir des messageries dans toutes les provinces de notre royaume avec retour desdites provinces à Paris.....

et nous ayant très-humblement supplié qu'il nous plût de fixer à la somme de cent cinquante mille livres le prix desdites messageries, si mieux nous n'aimions leur permettre de les affermer séparément, à la charge par elle de faire faire gratuitement l'instruction de la jeunesse dans tous les colléges de plein exercice de notredite fille aînée.....

» Ordonnons que le bail des messagers appartenant à notre fille aînée, l'Université de Paris, sera toujours compris ou censé compris dans le bail général des postes et messageries de notre royaume.....

» Que le prix du bail desdites messageries de ladite Université demeure fixé, pour toujours, au vingt-huitième effectif du prix dudit bail général desdites postes et messageries royales....

» Et ordonnons qu'à commencer du premier avril de la présente année, l'instruction de la jeunesse sera faite gratuitement dans les colléges de plein exercice de notredite fille aînée ladite Université, sans que, sous quelque prétexte que ce soit, les régents desdits colléges puissent exiger aucuns honoraires de leurs écoliers. »

Il y avait à Paris en 1760, indépendamment de l'hôtel général des postes, qui était situé rue de la Plâtrière, trente-sept petites boîtes placées dans différents quartiers de la ville.

Les levées des petites boîtes se faisaient trois fois par jour : à huit heures du matin, à midi et à sept heures du soir; celles de la grande boîte se faisaient à dix heures du matin, à deux heures de l'après-midi et à neuf heures du soir.

Depuis cette époque, le service de la poste aux lettres n'a cessé de gagner sous tous les rapports; son personnel s'est considérablement accru, et ses opérations s'exécutent avec une admirable régularité.

FIN DES MOYENS DE COMMUNICATION.

COUP D'ŒIL ARCHÉOLOGIQUE

SUR LES

CHATEAUX ANCIENS ET MODERNES.

„Dans ce lieu se trouvait par hasard la racine
„d'une feuille d'acanthe.

AVANT-PROPOS.

Division de l'Archéologie. — Architecture. — Son origine. — Ses progrès depuis les temps les plus reculés. — Principaux monuments anciens. — De l'architecture grecque. — Sa division en trois *ordres*. — Ordre *dorique*, ordre *ionique*, ordre *corinthien*. — Des genres *toscan* et *composite*. — Principaux monuments construits à Rome depuis Auguste. — De l'architecture dans les Gaules.

Les châteaux, ainsi que les autres monuments érigés sur le sol, ont une existence dont il est extrêmement curieux d'étudier les différentes phases.

Légitimes sujets d'admiration ou de curiosité dans leur premier âge, ils embellissent les lieux qui les possèdent, sont témoins, grâce à leur longévité, d'une foule d'épisodes qui ont souvent entre eux les plus frappantes dissemblances, et montrent, pendant une longue suite de générations, ce qu'étaient les arts et les mœurs à l'époque où ils furent édifiés.

Mais le temps, ce dissolvant inexorable, finit par rendre sensibles les brèches qu'il a commencées dès la naissance du colosse; le ciment se pulvérise et se laisse emporter par le vent, les pierres se disjoignent, les restaurations se succèdent, le monument s'amoindrit, puis enfin il n'en reste plus qu'un vieux pan de muraille, qui devient néanmoins pour les savants et les penseurs un sujet d'admiration ou de curiosité, comme l'était à son berceau la construction dont il a fait partie.

Rien n'est plus susceptible, en effet, de porter à la méditation que ces vieilles ruines, que l'on ne peut remuer sans en faire jaillir des milliers de fantômes!

Rien n'est plus respectable que ces humbles vestiges d'époques souvent grandioses et toujours mémorables.

Rien n'est plus instructif que ces monuments délabrés dont chaque brique évoque un lustre, chaque pierre un siècle, chaque fenêtre une épopée, et qui cependant, hélas! ne sont qu'une page, peut-être moins, dans l'éternité!

Quel immense sujet de dissertation!

Dans le cadre étroit que nous nous sommes tracé, nous ne pouvons donner qu'un bien faible aperçu de cette science attrayante que l'on nomme *archéologie*; toutefois, nous tâcherons que les notions succinctes dans lesquelles nous allons entrer, fassent au moins reconnaître l'âge et le style des monuments que la nécessité ou le caprice ont fait élever sur notre sol.

Je ne parlerai spécialement que de l'archéologie militaire; mais comme les caractères de ces trois parties d'un même tout sont parfois identiques ou tellement rapprochés, qu'il serait beaucoup plus long de les séparer que les réunir, il se trouvera dans les pages qui vont suivre, et surtout à propos de la description des ornements, plusieurs indications applicables aux trois espèces d'archéologie. En d'autres termes, je traiterai la partie architectonique de tous les genres d'archéologie, et n'insisterai sur la partie historique que pour les châteaux, qui constituent seuls l'*archéologie militaire*.

La base de la science des monuments est la manière dont ces monuments sont construits, autrement dit, leur architecture.

L'origine de l'architecture se perd dans la nuit des temps.

« Elle est née avec l'homme, dit M. de Lamennais, car l'homme eut toujours besoin d'abri contre l'inclémence de l'air et les attaques des animaux durant son sommeil ; et lorsque cet abri nécessaire ne se présentait pas de soi-même, il fallait que l'homme se le créât. Dans les flancs de la montagne, il se creusa des grottes. Avec des pierres ou de l'argile, il imita ces grottes dans la plaine ; il les imita près des forêts avec des branches d'arbre, des écorces, du gazon, du feuillage, et l'art de bâtir fut ainsi le premier art pratique. »

Tel fut sans doute l'origine de l'architecture, et le premier qui construisit avec un peu de terre et de bois la première cabane, dut être considéré comme un Michel-Ange.

Mais pour voir le bois et la pierre se superposer avec une certaine symétrie, il faut arriver à cette fameuse tour de Babel, que les Juifs tentèrent d'élever cent cinquante ans environ après le déluge.

Viennent ensuite : le temple de Jérusalem, les palais

de Babylone, les monuments de Palmyre, les murailles de Ninive et le temple de Baal.

Ces monuments gigantesques constituent évidemment le premier âge de l'architecture; néanmoins, cet art ne s'est élevé à la hauteur d'une science que chez les Grecs, qui, profitant, avec le génie qui leur était propre, des travaux de leurs devanciers, ont tracé des règles et inventé des formes qui, selon les caprices de la mode, ont été copiées, embellies, et parfois dénaturées par leurs successeurs.

L'histoire de l'ancienne architecture grecque, qui comprend une période de sept siècles, depuis Rhœcus de Samos, 700 ans avant Jésus-Christ, jusqu'à l'ère chrétienne, peut se diviser en trois périodes.

La première, qui s'étend jusqu'à Périclès, offre surtout de remarquable les temples d'Éphèse et de Delphes, bâtis, le premier, par Ctésiphon, et le second par Agamèdes.

La seconde, qui va de Périclès à Alexandre, fournit, entre autres merveilles de l'art, le temple de Minerve ou *Parthénon*, construit par Ictinus et Callicrates.

Dans la troisième, ou époque *alexandrine*, qui s'arrête à Auguste, on ne trouve aucun monument digne de remarque, comparativement surtout à ceux que nous venons de citer.

Il y avait dans l'architecture grecque trois ordres principaux : l'*ordre dorique*, l'*ordre ionique* et l'*ordre corinthien*.

On appelle *ordre* en architecture un assemblage de COLONNES et d'ENTABLEMENTS.

Chez les Grecs, la COLONNE était composée d'une *base*, d'un *fût* et d'un *chapiteau;* les Romains y ont ajouté un *piédestal*.

La *base* d'une colonne est la partie qui supporte le *fût;* on y distingue une *plinthe* et des *moulures*. La *plinthe*, qui repose sur le sol ou sur le piédestal, est plate et carrée ; les *moulures*, qui sont situées au-dessus de la plinthe, sont des espèces d'anneaux que l'on nomme *tores* lorsqu'ils sont gros, et *astragales* quand ils sont petits. On appelle *trochiles* ou *scoties* les espaces creux qui existent entre les tores.

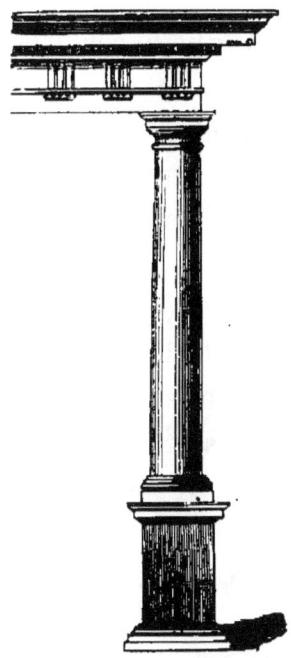

Ordre dorique.

Le *fût* d'une colonne est la partie qui existe entre la base et le chapiteau. Selon qu'il est façonné, la colonne est dite lisse, ovale, cannelée, feuillée, etc.

Le *chapiteau* est la partie qui couronne le fût.

On appelle ENTABLEMENT la partie de l'ordre qui repose sur les colonnes.

L'ENTABLEMENT se compose : 1° de l'*architrave*, qui représente une poutre et repose immédiatement sur les chapiteaux des colonnes. Quand il est formé de plusieurs pièces, chacune d'elles se nomme *claveau;*

2° De la *frise*, qui est l'espace compris entre l'architrave et la corniche ;

3° De la *corniche*, qui occupe le sommet de l'entablement.

Le PIÉDESTAL, ajouté par les Romains, est destiné à supporter la colonne.

On y remarque : 1° le *socle*, ou partie inférieure ;

2° Le *dé*, qui repose sur le socle ;

3° La *cymaise*, qui est au piédestal ce que la corniche est à l'entablement.

Connaissant les parties qui les composent, il sera facile de saisir les caractères qui distinguent les trois ordres.

Dans l'ordre DORIQUE, la base de la colonne et son chapiteau sont sans ornements, et la frise est garnie d'espèces de saillies que l'on nomme *triglyphes*.

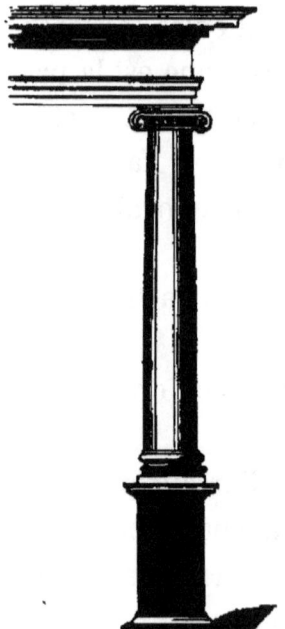

Ordre ionique.

Dans l'ordre IONIQUE le chapiteau est orné de *volutes*, sorte d'enroulement en spirale qui sort de dessous une pièce plate qui repose sur le chapiteau, et que l'on appelle *tailloir*. Dans cet ordre, la corniche est ornée de denticules.

Dans l'ordre CORINTHIEN, le chapiteau présente deux rangs de feuilles et huit volutes qui supportent le *tailloir*.

On attribue l'invention de l'ordre DORIQUE à un prince d'Achaïe nommé Dorus, qui fit ériger, d'après cet ordre, un temple à Junon dans la ville d'Argos.

L'ordre IONIQUE a été créé par les Ioniens, qui voulurent ainsi rivaliser avec les Doriens.

Enfin voici, selon Vitruve, comment l'ordre CORINTHIEN aurait été découvert :

« Une jeune fille de Corinthe, dit-il, étant morte au moment où elle allait se marier, sa nourrice recueillit dans une corbeille plusieurs petits objets auxquels elle avait été attachée pendant sa vie. Pour les mettre à l'abri des rigueurs du temps et les conserver, cette femme couvrit la corbeille d'une tuile et la posa ainsi sur le tombeau. Dans ce lieu se trouvait par hasard la racine d'une plante d'acanthe; au printemps elle poussa des feuilles et des tiges qui entourèrent la corbeille. La rencontre des coins de la tuile força leurs extrémités à se recourber, ce qui forma le commencement des *volutes*. Le sculpteur Callimaque, que les Athéniens appelèrent Catatechnos, à cause de ses talents et de l'adresse avec laquelle il taillait le marbre, passant près de ce tombeau, vit le panier et remarqua la manière gracieuse avec laquelle ses feuilles naissantes le couronnaient. Cette forme nouvelle lui plut; il l'imita dans les colonnes qu'il fit par la suite à Corinthe, et il établit d'après ce modèle les proportions et les règles de l'ordre *corinthien*. »

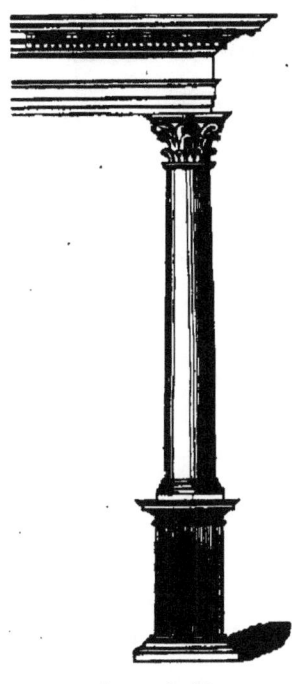

Ordre corinthien.

Sous Tarquin l'Ancien, deux autres ORDRES d'architecture vinrent se joindre aux trois précédents.

L'un, appelé genre TOSCAN ou *étrusque*, parce que ce

sont les Toscans qui l'apportèrent à Rome, ressemble beaucoup à l'ordre *dorique*, mais il est plus simple encore. On y remarque seulement quelques moulures.

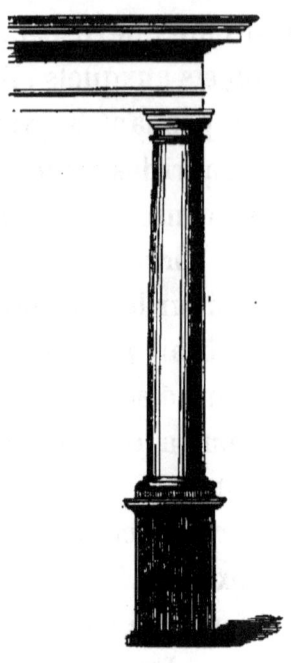

Ordre toscan.

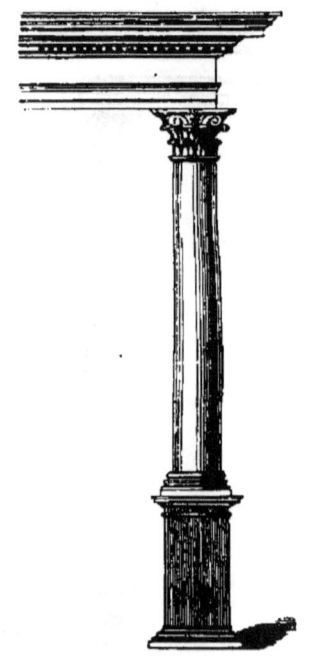

Ordre composite.

L'autre, nommé COMPOSITE, participe de l'*ionique* et du *corinthien*. Ainsi, son chapiteau est orné des deux rangs de feuilles du premier et des volutes du second.

L'ordre *composite* se retrouve dans plusieurs des édifices qui furent construits après la période *alexandrine*; mais l'on rencontre moins souvent l'ordre *toscan*, dont la simplicité ne pouvait convenir à ces fastueux Romains, qu'un luxe effréné conduisait à la décadence.

Les principaux monuments qui s'élevèrent à dater d'Auguste sont:

Le *Panthéon*, bâti par Agrippa, gendre de cet empereur.

La *Maison dorée*, construite sous Néron par Sévère et Celer.

La *Colonne Trajane*, élevée par Apollodore, sous le règne et en l'honneur de Trajan.

L'*Arc* de Septime Sévère.

Les *Thermes*, sous Dioclétien.

Enfin les constructions de Palmyre et de Balbeck, érigées sous l'empereur Aurélien.

A cette époque, l'architecture se trouve en pleine décadence. La translation de l'empire romain à Constantinople, et la dévastation de l'Italie par les Visigoths, jetèrent sur les arts un linceul sous lequel ils parurent s'endormir d'un profond sommeil.

Mais, intimement liée à l'existence de l'homme et aux phases de la société, l'architecture dut bientôt renaître de ses ruines.

Plusieurs familles italiennes étant venues s'établir dans la Gaule, furent suivies d'une foule d'artistes qui, reprenant courage en touchant un nouveau sol, le couvrirent de nombreux édifices.

Ces édifices étaient presque tous consacrés au culte religieux. Et cela se conçoit : le premier travail des artistes devait être un hommage de reconnaissance à ce Dieu qui les avait guidés vers une nouvelle terre promise. D'un autre côté, la société gauloise, qui commençait à se reformer, avait besoin de temples pour asseoir cette base éternelle de toute société : la religion.

A la vérité, ces monuments primitifs recevaient à la

fois plusieurs destinations. Généralement connus sous le nom de *basiliques*, on s'y occupait de droit et de politique. Mais à mesure que la société s'organisa, à mesure surtout que le christianisme l'emportait sur l'idolâtrie, les *basiliques* furent définitivement transformées en *églises*.

Les mêmes causes produisant des effets analogues, le sol fut bientôt couvert de monuments consacrés uniquement au culte du vrai Dieu.

Alors furent construites :

L'église de Clermont, par Constantin ; celle de Tours, par saint Martin ; celle de Saint-Gervais, à Rouen ; une église à Tours, par Perpétuus, évêque de cette ville, etc.

L'impulsion était donnée, et l'*architecture religieuse* ne fit que s'accroître. Mais laissons là cette architecture, et arrivons à l'*architecture militaire*, dont nous devons spécialement nous occuper ici.

Son origine fut la nécessité.

Ne trouvant plus rien à dévaster en Italie, les Barbares vinrent au cinquième siècle (en 407) faire une seconde invasion dans la Gaule. La première avait eu lieu en 395, par Alaric, roi des Visigoths.

Cette seconde invasion ayant été peu après suivie d'une troisième (en 412), la Gaule se trouva jonchée de ruines, son territoire fut morcelé, les populations séparées les unes des autres ; et les fragments épars de cette société si profondément atteinte, conçurent l'idée de se renfermer dans des forteresses, afin de pouvoir au moins défendre leur existence, s'ils n'avaient pu conserver leur sol..

C'est alors que parurent les premiers jets de l'*architecture militaire,* que nous allons rapidement esquisser, en la divisant en autant d'époques archéologiques qu'il y a eu de variations dans le style.

PREMIÈRE ÉPOQUE.

DU CINQUIÈME SIÈCLE AU DIXIÈME.

STYLE ROMAN PRIMITIF.

CHATEAUX D'EU ET DE BONNEVAL.

Ainsi que la première partie de son nom l'indique, le style *roman primitif*, que l'on appelait autefois *lombard, saxon, normand*, etc., présente tous les caractères de l'architecture romaine.

Il est aisé de reconnaître et d'étudier ce style dans les premières églises du moyen âge, parce qu'on faisait réellement de l'art en construisant ces monuments religieux.

Mais comme les châteaux de cette époque n'avaient d'autre but que celui de soutenir des siéges, et qu'on les bâtissait à la hâte, en ayant plutôt en vue la solidité que l'élégance, le berceau de l'*architecture militaire* est bien plutôt caractérisé par son ensemble que par ses détails.

Or, cet ensemble consistait dans de vastes enceintes fortifiées que l'on plaçait sur les points les plus culminants. Des précipices en défendaient l'approche, et des galeries voûtées ou des chemins pratiqués dans l'épaisseur des murs, mettaient les combattants à couvert.

Cette première période dura peu, car Charlemagne ayant rétabli la paix dans le royaume, on n'eut plus à redouter les exactions des Vandales, et l'on se mit à réparer ou à rebâtir les édifices religieux endommagés ou détruits.

Mais, hélas! cette sécurité fut plus courte encore.

De nouveaux Barbares, les Normands, dont les ravages désolèrent si longtemps la France, firent tout à coup invasion dans les Gaules, et force fut de construire ces superbes forteresses dont l'établissement commence l'une des plus intéressantes époques de notre histoire.

Néanmoins, quelques châteaux dont la construction était un peu moins simple furent bâtis du neuvième au dixième siècle.

La forme générale ne différait pas beaucoup de celle que nous venons de décrire ; mais comme les seigneurs, à l'exemple du monarque [1], commençaient à résider dans des châteaux, on rendit ces habitations un peu plus confortables.

Parmi les châteaux de cette époque, nous citerons l'ancien château d'Eu et le château de Bonneval.

---

[1] Louis le Débonnaire, après avoir reçu de son père le gouvernement de l'Aquitaine, décida qu'il passerait ses hivers dans quatre habitations différentes, de telle façon qu'au bout de trois années écoulées, il choisirait successivement pour séjourner durant l'hiver de la quatrième l'une de ces quatre habitations, savoir : Douai en Anjou, Chasseneuil, Audrac et Ebreuil. (*Vie de Louis le Débonnaire par l'Astronome*, traduction de M. Guizot.)

CHATEAU D'EU.

Il y a longtemps qu'il n'existe plus de traces notables de l'ancien château d'Eu; mais son histoire n'en est pas moins intéressante à connaître.

Construit vers le milieu du neuvième siècle, il eut pour premier possesseur le fils de Rollon, Guillaume Longue-Épée, qui le légua lui-même à son fils Richard

Sans-Peur, qui le laissa encore à l'un de ses enfants, Guillaume, premier comte d'Eu.

Jusqu'au quinzième siècle, le château resta debout et appartint successivement à des comtes d'Eu. Mais en 1475, Louis XI, ayant reçu de Jean de Bourgogne, le faux avis que le comte d'Eu voulait livrer Eu et son château à Édouard IV, roi d'Angleterre, ordonna sur-le-champ l'incendie du manoir, ce qui fut exécuté le 14 juillet.

Un siècle se passa sans que le château fût relevé de ses ruines.

Celui qui le fit reconstruire fut Henri II, duc de Guise, dit le Balafré, lequel, ayant épousé Catherine de Clèves, comtesse d'Eu, hérita de la terre de ce nom.

L'érection du nouveau château fut commencée dans les premières années du seizième siècle; mais Henri II ayant eu subitement la tragique fin que l'on connaît, les constructions restèrent inachevées.

Plusieurs personnages célèbres ou tout au moins historiques, ont habité ou possédé le nouveau château d'Eu.

Ce fut d'abord Catherine de Clèves, qui y mourut exilée, le 30 avril 1631.

Puis, Henri de Lorraine, qui y passa neuf jours, après avoir recouvré la liberté qui lui avait été prise, à la suite de sa tentative insensée sur le trône de Naples.

Henri de Lorraine donna le château à son frère le duc de Joyeuse, qui le transmit à son fils le prince de Joinville, lequel fut obligé de le vendre en 1660 à *Mademoiselle* (Anne-Marie-Louise d'Orléans, duchesse de Montpensier).

Des mains de *Mademoiselle* le château d'Eu passa dans les mains du duc du Maine, puis dans celles de ses fils le prince de Dombes et le comte d'Eu, qui y furent exilés après la découverte du complot de Cellamare.

Enfin, le duc de Penthièvre, qui en a été le dernier acquéreur, le céda à madame la duchesse d'Orléans.

CHATEAU DE BONNEVAL.

Le château de Bonneval, qui a résisté aux rigueurs du temps et à la destruction de l'homme, est situé dans le département de la Haute-Vienne.

Il fut bâti vers la fin du dixième siècle, et faisait partie jadis des quatre grandes châtellenies du Limousin.

Les autres étaient la terre de Pompadour, celle de Ventadour et celle de Châteauneuf.

Nobles et grands fiefs, que le peuple, avec cet esprit naïf qui caractérise la nation française, avait réunis dans ce dicton : *Pompadour pompe, Ventadour vente, Bonneval triomphe, Châteauneuf ne les passe pas d'un œuf.*

Érigé sur d'immenses terrasses, qui furent construites par l'épouse d'Emeric de Bonneval, Sibylle de Comborne, petite-fille d'Archambault de Comborne, vicomte de Limoges, le château de Bonneval est constamment resté dans la famille qui porte ce nom.

Il fut habité en 1480 par Marguerite de Foix, épouse d'Antoine de Bonneval et mère de Gaston de Foix et de Gabriel de Bonneval, baron de Coarasse, qui trouva la mort sous les murs de Pavie.

Ce château vit naître un peu plus tard : Anne de Bonneval, grand'mère de l'infortuné maréchal de Biron; Marie de Bonneval, aïeule de l'auteur de *Télémaque*, et le comte Claude-Alexis de Bonneval, qui combattit longtemps les Égyptiens sous le prince Eugène, et devint ensuite leur pacha.

DEUXIÈME ÉPOQUE.

DU DIXIÈME SIÈCLE AU DOUZIÈME.

STYLE ROMAN SECONDAIRE.

CHATEAU DE LOCHES.

A l'exemple de beaucoup d'écrivains, nous ferons coïncider cette deuxième époque archéologique avec le commencement du *système féodal*.

Si nous faisions de l'histoire proprement dite, nous pousserions nos recherches beaucoup plus loin, et peut-être alors devrions-nous rattacher à la première race l'origine de la féodalité.

Sous cette race, en effet, les seigneurs avaient déjà rendu leurs bénéfices irrévocables et héréditaires dans leurs familles; l'autorité s'était établie par la possession du sol; et quand Charles-Martel institua, sous le nom de *fiefs*, de nouveaux bénéfices héréditaires, à charge de la part des bénéficiaires, qui furent nommés *vassaux*, de suivre le prince à la guerre et de lui rendre hommage, il avait, ce nous semble, bel et bien constitué la féodalité.

Les écrivains, d'ailleurs, sont loin d'être d'accord sur l'origine de ce système.

Les uns le placent avant la bataille, les autres après des conquêtes suivies de répartitions du sol.

Les uns y voient des empiétements des seigneurs, d'autres une espèce de contrat d'assurance contre les ennemis du dehors et du dedans.

Aucune de ces opinions n'est absolue, mais toutes peuvent être vraies.

Ainsi, les seigneurs, qui étaient les chefs naturels de leurs contrées, ont bien pu s'attacher des soldats en leur abandonnant un petit coin de terre, soit avant, soit après le combat [1].

---

[1] « Quelle que soit la manière dont on envisage le régime féodal et ses effets, il est constant que ce régime parut si avantageux au dixième et au onzième siècle, que la plupart des possesseurs de terres libres et indépendantes, offraient ces terres aux seigneurs du voisinage, pour les recevoir ensuite d'eux, afin d'obtenir, par cette inféodation fictive, la protection de ceux dont ils se constituaient ainsi bénévolement les vassaux.

» D'un autre côté, des hommes puissants ne faisaient nulle difficulté de recevoir des fiefs de simples gentilshommes et de leur prêter foi et hommage pour ces fiefs. On voyait des chevaliers barons, vassaux des comtes, pour leur principale seigneurie, être à leur tour seigneurs des comtes, pour d'autres terres dépendantes de leurs domaines ; de sorte que les mêmes personnes pouvaient se trouver en même temps seigneurs et vassaux les uns des autres.

» Ces rapports nouveaux et multipliés établirent entre les possesseurs des terres des devoirs réciproques, dont le principal était le service militaire : le vassal s'engageait à prêter à son suzerain le secours de son bras lorsqu'il en était requis, et à conduire avec lui un certain nombre de guerriers. » (De Caumont, *Histoire sommaire de l'architecture.*)

Il n'est pas non plus hors de probabilité, que des seigneurs possédant déjà de nombreux priviléges aient eu le désir de les accroître au détriment d'une classe moins bien partagée [1].

Enfin, il est certain que le contrat féodal fut, ainsi que les événements l'ont prouvé, un système offensif et dé-

---

[1] « Sous la première race, les seigneurs avaient rarement fortifié leurs châteaux ou demandé la permission de le faire, parce que les peuplades germaniques conservaient encore leur haine pour les enceintes de murailles et leur mépris pour ceux qui faisaient usage de quelque avantage dans le combat. Ces permissions avaient rarement été accordées sous la seconde race, aussi longtemps que les empereurs possédèrent assez d'autorité pour les refuser à la noblesse dont ils se défiaient. Lorsque Louis le Bègue, aussi faible d'esprit et de santé que dénué de crédit, ne put plus résister aux usurpations des grands, des mains desquels il reçut comme par grâce la couronne de son père, tout fut changé dans les mœurs, les opinions, le système militaire de l'État; les riches propriétaires, en se fortifiant chez eux, songèrent d'abord à la sécurité, bientôt à leur force; l'ambition prit dans leur cœur la place de la cupidité; la possession de vastes campagnes, que jusqu'alors ils avaient considérées sous le seul rapport de leurs revenus, devint un moyen d'augmenter infiniment leur puissance; ils commencèrent à distribuer leurs terres en lots nombreux, sous la condition du service militaire. La permission de se fortifier, qu'ils avaient tout récemment arrachée au monarque, ils l'accordèrent à leur tour à leurs vassaux, et les châteaux s'élevèrent par milliers autour de la forteresse du comte ou du chef d'une province. Les familles de l'ordre équestre se multiplièrent avec une rapidité qui tient presque du prodige; la noblesse naquit en quelque sorte tout à la fois, du milieu du neuvième au milieu du dixième siècle, et la fable de Deucalion et Pyrrha sembla pour la seconde fois recevoir une explication allégorique; la France, en autorisant l'édification des forteresses, sema des pierres sur ses jachères, et il en sortit des hommes armés.» (Sismondi, *Histoire des Français*.)

fensif, et c'est là ce qu'il nous importait de rappeler, afin de faire pressentir les formes qui furent données aux châteaux de cette époque.

Ceux de ces châteaux qui étaient uniquement destinés à renfermer des combattants, offraient un aspect très-simple, et même on pourrait dire grossier.

Ils se composaient d'une tour arrondie ou carrée servant de logement au commandant de la place, et entourée de remparts en terre ou de palissades en bois.

De ce que la tour reposait ordinairement sur une éminence, on appelait ces forteresses *châteaux à motte*.

Dans l'enceinte des retranchements, il existait des constructions pour les gens et les chevaux du commandant de la place.

Ces châteaux, comme on le voit, n'étaient que de véritables campements, et l'ornementation n'y aurait eu que faire.

Mais lorsque les châteaux devaient principalement servir de résidences seigneuriales, on y déployait un certain luxe.

Les PORTES, construites à *plein cintre*, avaient une archivolte construite avec des pierres unies s'emboîtant les unes dans les autres, ou garnies d'ornements et de moulures dont le nombre et la grâce allèrent toujours en augmentant.

A cette époque, les ornements architectoniques, dont nous allons donner la nomenclature d'après M. de Caumont, étaient :

Les *étoiles* (1). Elles étaient à quatre branches et disposées tantôt sur un rang, tantôt sur plusieurs ;

Le *zigzag* ou *bâton rompu*, espèce de moulures brisées ;

Le *zigzag contre-zigzagué* (2), dans lequel les angles des moulures sont opposés ;

La *frête crénelée rectangulaire* (3), sorte de cordon formant des rectangles ;

La *frête crénelée diminuée* ou *trapézoïde*, dans laquelle le cordon forme des carrés imparfaits ;

La *frête crénelée triangulaire* (4), dans laquelle le cordon forme des triangles ;

La *chaîne en losange* (5), moulure imitant une chaîne à anneaux losangés ;

Le *labyrinthe* (6), espèce de frête crénelée, dans laquelle les créneaux sont remplis par le cordon, qui revient sur lui-même avant d'aller former un autre créneau ;

Les *billettes* (7), qui consistent en petits bâtons carrés ou

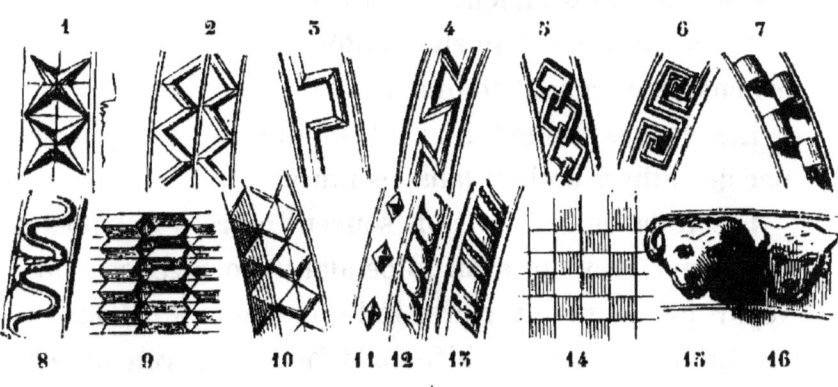

cylindriques, disposés entre eux comme les cases d'un damier ;

Les *nébules* (8), cordon imitant les ondulations d'un serpent ;

Les *moulures prismatiques* (9), assemblage de prismes formant des faisceaux ;

Les *hachures losangées* (10), ou moulures en losanges;

Les *têtes de clou* (11) et les *câbles* (12), que leurs noms indiquent suffisamment ;

Les *torsades* (13), gros câbles ornés ou non de bandelettes en spirales sur lesquelles étaient sculptées des perles ;

Le *damier* (14), qui ressemblait exactement à la planche du jeu qui porte ce nom ;

Les *têtes saillantes* (15) étaient des têtes d'hommes et d'animaux, vrais ou fabuleux, sculptées fortement en relief ;

Les *têtes plates* (16) étaient les mêmes, sculptées moins profondément.

Les FENÊTRES offraient à peu près le même style que les portes. Elles étaient tantôt à ouverture libre, tantôt divisées par une colonnette, tantôt enfin géminées. Leurs ornements variaient comme ceux des portes.

Les VOUTES étaient à arcades croisées et supportées par des piliers scellés dans les murs.

Les TOURS étaient le plus souvent carrées et bâties en moellons; il y en avait cependant d'octogones. On y voyait plusieurs ouvertures indiquant autant d'étages.

Afin de donner une idée de la forme générale des châteaux dans les dixième et onzième siècles, nous allons décrire celui de Loches, qui mérite à plus d'un titre une place dans nos souvenirs.

CHATEAU DE LOCHES.

Bâti, vers le milieu du onzième siècle, par Foulques Nerra, comte d'Anjou, sur les ruines d'une forteresse du sixième siècle, le château de Loches était garni d'une enceinte de murs fort épais entourés de fossés profonds.

Le donjon, partie principale de cet édifice, avait environ cinquante ou soixante mètres de hauteur, et était

composé de deux tours carrées dont on aperçoit encore aujourd'hui les vestiges.

Une seule porte existait à ce donjon, qui était divisé en trois étages, et dont les fenêtres étaient petites, irrégulières et sans aucun ornement.

Le château de Loches était autrefois une résidence royale et fut longtemps habité par Louis XI, ce monarque qui gâta par ses crimes l'éclat qu'auraient jeté sur son règne les nombreuses institutions dont il dota la France[1].

Aujourd'hui le château de Loches est une prison.

Toute radicale qu'elle paraisse, cette transformation n'aura pas dû beaucoup étonner les murailles de ce vieux donjon féodal, car il y avait longtemps qu'on leur en avait donné l'avant-goût.

« Aujourd'hui, dit M. Blancheton, Loches n'offre plus que des ruines, et sous ses voûtes délabrées on croit entendre encore les cris de ses victimes. On cherche les traces de cette cage où Ludovic Sforce expia si cruellement le meurtre de son frère, et cette autre où l'infâme La Balue subit pendant dix années le supplice que lui-même avait osé concevoir.

» En 1718, on voyait encore dans l'une des salles du donjon deux cages suspendues à la voûte ; l'une d'elles avait deux mètres soixante centimètres de long sur deux mètres de large. On assure que celle dont La Balue avait été l'inventeur, et dans laquelle Louis XI le tint renfermé, était construite en fer et disposée de telle sorte qu'il ne pouvait y être ni couché ni debout.

» Quant au supplice de Sforce, la tradition n'est pas tout à fait conforme à l'histoire : il est bien constant qu'assiégé dans Novarre, abandonné par les Suisses, qui se rendirent à La Trémouille, Ludovic et les siens cher-

---

[1] On doit à Louis XI la création des postes, ainsi que nous l'avons vu plus haut ; l'inamovibilité de la magistrature ; une haute protection accordée au commerce, que les nobles purent alors embrasser sans déroger ; la fondation de quelques écoles et de plusieurs manufactures ; enfin l'imprimerie ayant été découverte, il s'empressa d'en faire établir une dans les bâtiments de la Sorbonne.

chèrent à s'échapper, à l'aide de déguisements, en se mêlant à la garnison, et que, découvert par les Français sous un habit de moine dont il s'était revêtu, il fut conduit en France, où il termina ses jours en prison. Quelques-uns ont pensé que ce fut à Château-Chinon; mais la tradition désigne Loches.

» Dans la partie de Loches qui fut bâtie par les ordres de Louis XI, un capitaine de ce château, nommé Pont-Briant, y découvrit des voûtes souterraines fermées avec une porte de fer, au bout desquelles était une chambre carrée où il trouva un géant assis sur une pierre, ayant sa tête appuyée sur ses deux mains comme s'il eût dormi; mais aussitôt qu'il fut exposé à l'air, il s'en alla en poussière, excepté la tête et quelques ossements que l'on a conservés longtemps dans l'église de Loches. Auprès de ce géant était un petit coffre dans lequel il y avait quantité de beau linge, qui fut aussi réduit en poussière dès qu'on y toucha. »

Il existait avant la première révolution, dans l'enceinte du château de Loches, une petite église qui, de même que tant d'autres monuments religieux, fut détruite par le débordement populaire.

Croyons que ceux qui se livrèrent à de tels excès au château de Loches, ne savaient pas lire ou n'en eurent pas le temps, car, différemment, ils eussent été sans doute arrêtés dans leur profanation, par ce petit monument sur lequel était gravée cette simple et touchante épitaphe »

Ci-gist noble damoiselle SEURELLE [1]*, en son vivant dame*

---

[1] Agnès Sorel.

de *Beauté*, Rochesserie, d'Yssoudun, de Vernon-sur-Seine, *pitieuse envers toutes gens, et qui largement donnait de son bien aux églises et aux pauvres, laquelle trépassa le neuvième jour de février 1449. Priez Dieu pour l'âme d'elle. Amen.*

TROISIÈME ÉPOQUE.

DOUZIÈME SIÈCLE.

STYLE ROMAN TERTIAIRE.

Également nommé *style de transition*, le *roman tertiaire* offre un luxe d'ornements et une hardiesse, que pouvaient faire présager d'ailleurs les constructions de la fin du onzième siècle.

Bien des circonstances ont influé sur l'impulsion qui fut alors donnée à l'architecture.

Le besoin qu'eurent les seigneurs de se fortifier dans leurs châteaux pour imposer à la multitude [1]; les rela-

---

[1] Après la conquête d'Angleterre, dit M. de Caumont (*ouv. cit.*), révolution qui rendit les Normands maîtres d'un important royaume, le duc Guillaume partagea entre ses compagnons d'armes une prodigieuse quantité de terres et de seigneuries. Or, pour se faire obéir de leurs vassaux, en même temps que pour se mettre en sûreté en pays ennemi, il fallut à ces nouveaux propriétaires des demeures fortifiées capables d'imposer à la population au milieu de laquelle ils allaient vivre en maîtres. Le premier soin de quiconque recevait de la couronne une concession de biens, fut d'y construire un château pour s'y défendre et y résider.

tions commerciales, devenues plus fréquentes entre l'Orient et l'Occident; les pèlerinages à Jérusalem, la chevalerie, les croisades, etc.; tout concourut à faire de l'architecture ce qu'elle fut à cette brillante époque, où le monde archéologique marchait rapidement à l'une des plus grandes révolutions qui aient signalé son histoire.

Les PORTES et les *fenêtres* furent décorées de *bas-reliefs* représentant des sujets historiques ou allégoriques.

Les VOUTES devinrent plus audacieuses.

Les TOURS ou DONJONS étaient carrés ou octogones et flanqués de petites tourelles où l'on plaçait des hommes en vigie.

De tous les châteaux de cette époque, l'un des plus remarquables est le château Gaillard, qui fut construit aux Andelys, dans le département de l'Eure, par Richard Cœur-de-lion.

Voici la description qu'en donne E. Deville:

« Une première fortification, de forme triangulaire, formant une enceinte de 46 mètres sur 33 mètres à la base du triangle, servait d'avant-cour à la place. La pointe de l'angle faisant face à la langue de terre dont il vient d'être question fut garnie d'une forte tour. Cette tour formait la tête de la forteresse. Aussi avait-elle été construite avec un soin particulier. Deux autres tours à peu près de la même force furent placées aux angles de la base inférieure de l'enceinte. Les murs de courtine avaient 2 mètres 66 centimètres à 3 mètres 33 centimètres d'épaisseur, comme ceux des tours, et dans quelques parties jusqu'à 4 mètres 66 centimètres. Le fossé qui entoure les murs est taillé dans le roc vif ; il a 10 mètres de large vers le fond.

» En arrière de cette première fortification, Richard fit tracer une deuxième enceinte ; un rempart, long de 30 mètres et flanqué de deux tours, fut établi pour en protéger le front. Ses flancs, déjà défendus par l'escarpement du terrain, reçurent de bonnes murailles. L'une, celle qui regarde la Seine au sud-ouest, s'appuyant à une tour de forme octogone à l'intérieur, et se prolongeant ensuite sous forme de simple parapet ; l'autre, vers le nord-est, s'étendant en forme d'ellipse autour de la troisième enceinte ou citadelle. Mais ces parties ont beaucoup souffert par les diverses démolitions qu'elles ont éprouvées ; il est presque impossible aujourd'hui de suivre la trace de la maçonnerie. Cette deuxième enceinte se termine en un vaste demi-cercle, tracé par le fossé qui sépare la citadelle.

» A l'angle du sud-ouest de l'enceinte, il existait un bâtiment ayant 28 mètres 33 centimètres de long sur 8 mètres 33 centimètres de large ; l'étage supérieur servait de chapelle, le rez-de-chaussée de magasins. Ce bâtiment avait été construit par Jean Sans-terre.

» La troisième enceinte ou citadelle, à l'extrémité du cap sur lequel était la place, se composait d'une fortification de forme elliptique, mais d'une construction toute particulière et bien remarquable ; elle offre dans les trois quarts de son développement des segments de tours au nombre de dix-sept, qui ne sont séparés entre eux que par 66 centimètres environ de courtine. Cette muraille bosselée devait avoir 10 mètres de hauteur.

» Dans la partie qui regarde la Seine, au couchant, le rempart suit une ligne brisée irrégulière, comme les rochers sur lesquels il est assis; il est défendu par la tour, par les bastions, et, mieux encore, par l'escarpement du rocher. Richard ne craignit pas d'y pratiquer des ouvertures destinées à éclairer une maison d'habitation. De cette maison on communiquait à un escalier creusé dans la roche, et qui conduisait à un passage secret ou espèce de poterne dont on aperçoit encore quelques traces au milieu des rochers.

» Le donjon se compose d'une tour engagée dans le mur occidental de cette enceinte, et qui, bien que de forme circulaire dans les trois quarts de son développement, se termine en angle vers le levant, à sa partie extérieure. Le mur de la tour, à partir de cet angle, n'a pas moins de 6 mètres 66 centimètres d'épaisseur; il en a 4 dans les autres parties, non compris les contre-forts. Ceux-ci ressemblent assez à de vastes coins en pierre appliqués contre la muraille, car ils deviennent de plus en plus minces vers la base de la tour, disposition fort singulière et que l'on ne voit point ailleurs. Ce donjon avait deux étages prenant le jour par deux vastes fenêtres de forme ogive, d'où l'œil plonge au loin sur la Seine. »

On conçoit que des châteaux ainsi construits eussent été imprenables, avant l'invention de la poudre, si des moyens mécaniques n'étaient venus centupler les forces de l'homme.

Or, comme le génie de destruction doit, à ce qu'il paraîtrait, se trouver toujours en rapport avec celui de la conservation, jusqu'au jour sans doute où la force matérielle aura moins d'influence sur la destinée des peuples, ceux du temps dont nous parlons se servaient dans leurs combats, de machines susceptibles de détruire de fond en comble les forteresses les mieux consolidées.

De ces machines, presque toutes empruntées aux Romains, les principales étaient :

Les *tours mobiles*, les *chats*, les *béliers*, les *catapultes*, les *balistes*, les *trébuchets*, les *espingards* et les *mangonneaux*.

Tour mobile.

Les *tours mobiles*, ainsi que le nom l'indique, étaient des forteresses mobiles que l'on roulait auprès des remparts que l'on voulait assiéger.

Les *chats* avaient à peu près le même usage : c'étaient de petites maisonnettes sous lesquelles un certain nombre de combattants se tenaient à couvert.

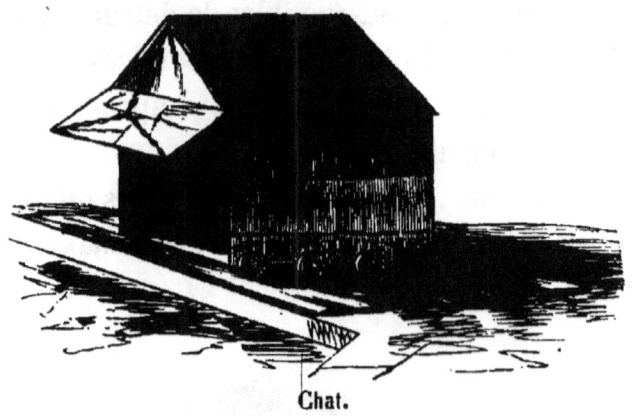

Chat.

Les *béliers,* que certains auteurs prétendent avoir été mis en usage pour le siége de Troie, étaient de grosses

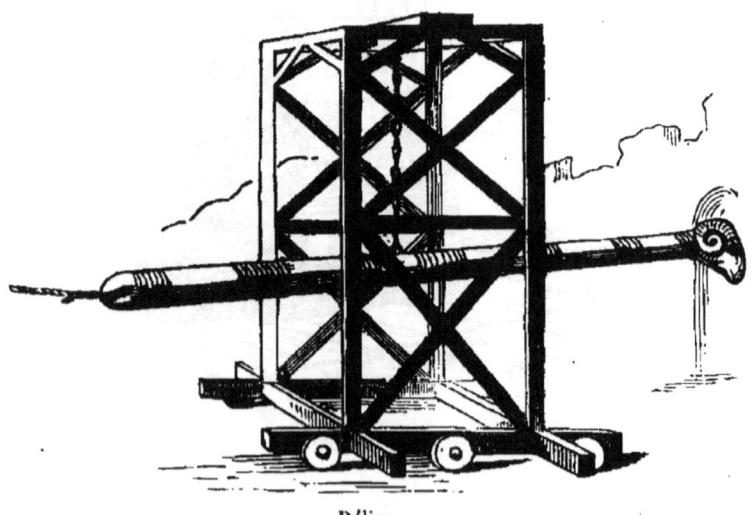

Bélier.

poutres à l'une des extrémités desquelles se trouvait une masse de fer ayant la forme d'une tête de bélier.

— 281 —

Il y en avait de trois sortes : les uns, que l'on manœuvrait à bras contre les murailles que l'on voulait renverser; d'autres, que l'on faisait glisser sur des rouleaux; d'autres, enfin, qui étaient suspendus à une grosse corde.

Les *catapultes* consistaient en de grosses machines, au

Catapulte.

moyen desquelles on lançait des javelots de quatre à cinq mètres de longueur.

Les *balistes* différaient des catapultes en ce qu'elles

Baliste.

servaient seulement à lancer des pierres, et des feux d'artifice après l'invention de la poudre.

Les *trébuchets* étaient employés aux mêmes usages que les balistes.

Les *mangonneaux* ou *manganelles* avaient également pour objet de lancer des projectiles dans la place assiégée ; mais les auteurs varient sur la machine à laquelle cette dénomination était applicable.

Les uns font *mangonneau* synonyme de *baliste*; d'autres appliquent ce mot aussi bien au projectile qu'à la machine.

Bochart, qui attribue aux Phéniciens l'invention des mangonneaux, dit que c'étaient des espèces de frondes.

« De leur côté, dit M. de Caumont, les assiégés faisaient tous leurs efforts pour tenir l'ennemi à distance, en lui lançant des flèches et des pierres, et, à défaut d'autres projectiles, les poutres et les bois de charpente des maisons ; ils cherchaient à mettre le feu aux fascines jetées dans le fossé, ainsi qu'aux machines ; à couper les échelles, et à neutraliser les forces du bélier en le saisissant avec des cordes jetées du haut du rempart, puis tirées avec force [1].

» Ils faisaient aussi des contre-mines qui entraînaient l'affaissement du sol, et par suite la chute des tours en bois élevées par les assiégeants.

» Pour tromper ces derniers, certains châteaux étaient construits de manière à attirer leurs attaques sur des points en apparence plus faibles que les autres, mais qui étaient à l'intérieur renforcés d'un double mur et presque indestructibles. C'est ainsi que souvent les portes bou-

---

[1] On jetait aussi une foule de projectiles par des ouvertures nommées *mâchicoulis*, qui régnaient au sommet des tours et des remparts.

chées, simulées dans les murs, offraient cette disposition et montraient la ruse des anciens constructeurs. Ces diverses tromperies, qui se trouvaient combinées différemment suivant les lieux, faisaient qu'on se gardait bien de laisser pénétrer les étrangers à l'intérieur des châteaux. »

En ne les envisageant que sous le point de vue des batailles sanglantes qui se livraient au pied de leurs remparts, les châteaux de cette époque paraîtraient n'avoir été que des forteresses à l'aspect lugubre, et ne renfermant que des hommes indifférents aux charmes paisibles et délicats de l'existence. Les lignes suivantes, extraites du discours dont M. Delaborde a fait précéder son ouvrage sur les jardins et les châteaux, montreront sous une tout autre face ces hommes qui, s'ils composaient une société dans l'enfance, ont su bâtir avec leurs joujoux des monuments dont l'éclat a rejailli sur tous les siècles suivants :

« Du sein de ces mêmes forêts s'élevèrent des donjons d'un aspect imposant.... Au lieu des cérémonies cruelles des druides, ces beaux arbres ne virent plus sous leur voûte que des chevaliers couverts d'armures brillantes, d'écharpes brodées; que des dames assises sur des palefrois; des varlets conduisant en main des destriers couverts de riches armoiries; des troubadours chantant des sirventes. Au sortir des bois, on arrivait sur les bords de la Loire, du Cher, de l'Oise, pays classiques des temps chevaleresques. Là, toutes les collines étaient ornées de châteaux dont les créneaux et les tours marquaient la noblesse et les hauts faits de leurs seigneurs. A la bannière qui flottait au-dessus du donjon, on distin-

guait quel était le rang du chevalier qui l'habitait. Un heaume paraissait au-dessus de la porte en signe d'hospitalité, *afin que tous gentils hommes et gentilles femmes trespassant les chemins, entrassent hardiment en leur hostel comme en leur propre, car leurs biens étaient davantage à tous nobles hommes et femmes tres passant le royaume.* . . . .
. . . .
La vie que l'on menait dans ces châteaux était à la fois militaire, religieuse et oisive. De grand matin, le chevalier sortait à cheval, suivi de ses écuyers, pour s'exercer à la course et à manier la lance ; il visitait ses domaines ; plus souvent encore il chassait à l'oiseau, amusement favori de ce temps. A son retour, il entendait la messe, dînait avec les dames, et était servi par son connétable et d'autres gens qui portaient les mêmes titres que dans les cours des souverains. Après le repas, il descendait au verger, jouait aux échecs ou visitait les gentilshommes des environs. »

QUATRIÈME ÉPOQUE.

TREIZIÈME SIÈCLE.

STYLE OGIVAL PRIMITIF OU A LANCETTE.

CHATEAUX DE CASTELS ET DE COUCY.

Quel est l'âge et quel fut le berceau du style ogival, improprement nommé style gothique?

Cette question a fort longtemps occupé et occupe même encore bon nombre d'archéologues.

Les uns affirment que ce genre d'architecture était connu en France dès le onzième siècle, et ils citent comme preuve la cathédrale de Coutances, dont ils font remonter l'achèvement à l'année 1050.

D'autres vont plus loin encore. Selon ceux-ci, le *style ogival* aurait été connu dès Charlemagne, à qui ils attribuent l'érection de la crypte de Saint-Denis.

D'autres, et ce sont ceux dont l'opinion est le plus généralement adoptée, rapportent aux croisés l'introduction de l'*ogive* en Europe.

Quant à la contrée du globe chez laquelle le *style ogival* prit naissance, les historiens ne sont pas plus d'accord.

Les uns prétendent que c'est l'Orient, d'autres soutiennent que c'est l'Occident, et chacun cite à l'appui de ses assertions des raisonnements ou des faits qui semblent ne pas permettre la contradiction.

N'étant pas obligés, Dieu merci, de nous immiscer dans une semblable polémique, nous admettrons avec beaucoup d'archéologues recommandables, que l'Orient est le véritable berceau du *style ogival*, et que depuis les premières croisades, ce style nous fut insensiblement transmis, par une foule de voies différentes, jusqu'au treizième siècle, époque à laquelle il fit explosion de tous les côtés.

Maintenant, quel est le principal élément de ce style, qui causa dans l'architecture une révolution si complète? — Presque rien, du moins aux yeux de bien des gens : la substitution de l'arc *en ogive* à l'arc en *plein cintre* des Romains.

Et que fallait-il pour le découvrir? — Beaucoup moins encore : il suffisait d'observer que l'intersection des arcs en *plein cintre* produisait des arcs en *ogive*, ou, comme on dit également, en *tiers point*.

On voit que ce n'était pas plus difficile que de faire tenir un œuf sur une surface plane ou de découvrir l'Amérique, et que rien n'est plus aisé que de changer la face du monde.

Voilà cependant ce qu'a fait cette innovation, du moins au point de vue architectonique.

La grâce de l'*arc ogival* a suggéré l'idée de nombreux ornements destinés à l'embellir encore. Sa forme a mis sur la voie de ces flèches délicates qui, succédant aux tours massives des siècles précédents, firent des monuments que l'on construisit alors, autant de traits d'union entre le sol et les nuages.

Les contre-forts, les voûtes, les entablements, les morillons, les colonnes, etc., reçurent des formes nouvelles; enfin, vers le milieu du treizième siècle, époque où le *style ogival* avait atteint son apogée, les châteaux offraient dans leurs détails les caractères que nous allons énumérer.

Les PORTES furent cintrées en *tiers point*, flanquées de colonnes et garnies de moulures.

Les FENÊTRES, qui affectèrent également la forme ogivale, reçurent à peu près la même décoration.

Les principaux ornements de cette époque furent :

Les *trèfles* (1), qui rappellent la forme de la plante qui porte ce nom ;

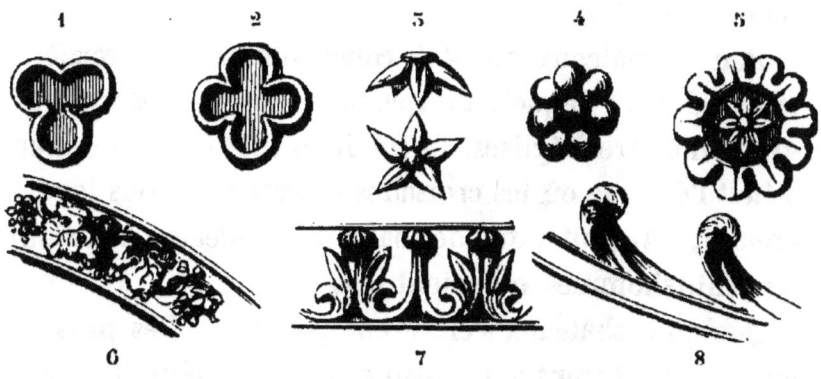

Les *quatre feuilles* (2), qui ne diffèrent des précédents que par un lobe de plus ;

Les *violettes* (3), espèce de petits fleurons à quatre ou cinq pétales ;

Les *fleurons* (4), qui imitaient assez bien les fleurs *ra-*

diées, comme la marguerite des champs, le séneçon, le tussilage, le mille-feuille, etc. ;

Les *rosaces* (5), qui ressemblaient également à des fleurs *radiées*, mais d'une plus grande dimension, telles que le souci, le chrysanthème des Indes ;

Les *feuilles entablées* (6), ainsi nommées, parce qu'elles étaient sculptées sur l'entablement ;

Les *guirlandes de feuillage* (7), qui le plus souvent imitaient la vigne ;

Les *crochets* (8), sortes de feuilles recourbées en volute et le plus ordinairement placées dans les angles saillants.

Les VOUTES, construites en ogive, étaient supportées par des arceaux qui venaient se réunir à un fleuron ou à un écusson. Leur solidité égalait leur hardiesse.

Les TOURS devinrent cylindriques et beaucoup plus élancées ; les principales étaient souvent environnées de petites tourelles.

Peu de châteaux ont été construits dans le treizième siècle, durant lequel, en revanche, on *édifiait* un très-grand nombre d'églises. Le motif en est facile à donner : c'était l'époque où les croisades entraînaient tous les seigneurs, et, plutôt que de bâtir des châteaux, beaucoup de gentilshommes vendaient les leurs.

Quelques châteaux s'élevèrent pourtant. Les plus remarquables furent le château d'Angers, celui de Castels et celui de Coucy.

C'est ce dernier que nous choisirons pour montrer le type des châteaux de cette époque ; mais nous dirons d'abord un mot du château de Castels.

NOUVEAU CHATEAU DE CASTELS.

Au dire des chroniqueurs, le château de Castels tire son nom d'une forteresse qui existait autrefois sur l'emplacement où le nouveau château a été bâti, et qui fut détruite lors des premières invasions des Barbares.

Le nom de cette forteresse n'était pas, d'ailleurs, un nom propre, mais bien une dénomination commune à certaines fortifications des Romains, qui nommaient *castrum* un grand fort entouré de murailles; *castellum*, une

place moins considérable, et *burgum*, un simple retranchement.

Cette explication fait donc remonter l'origine du premier château de Castels aux temps où la Gaule était encore une province romaine, et l'AQUITAINE une des trois provinces de la Gaule [1], c'est-à-dire cinquante ans avant Jésus-Christ, époque à laquelle César pénétra dans les Gaules.

Le château qui remplaça celui-ci, fut construit, dans les premières années du quatorzième siècle, par un nommé Raymond Guillème de Got, frère de Bertrand de Got, qui depuis fut pape sous le nom de Clément V; lequel Raymond de Got obtint d'Édouard II, roi d'Angleterre, et alors suzerain de la Guyenne, la permission d'ériger un château dans ce fief.

Ce nouveau château de Castels joua un très-grand rôle dans les guerres du seizième siècle; mais il paya cher les honneurs qui lui en revinrent : ses tours furent peu à peu démantelées, ses murailles détruites, et de sombres ruines, que la nature s'efforce de cacher avec quelques fleurs, sont tout ce qui reste de l'orgueilleux manoir.

Le château de Castels qui existe aujourd'hui appartient

---

[1] Les deux autres étaient la BELGIQUE et la CELTIQUE.

L'AQUITAINE, qui occupait le sud de la Gaule, se trouvait comprise entre les *Pyrénées*, la *Garonne* et l'*océan Aquitanique*. Les principaux peuples de l'Aquitaine étaient les *Éluvates*, les *Sotiates* et les *Élusates*.

La BELGIQUE, située au nord, s'étendait des rivières de Seine et de Marne à la chaîne des Alpes qui sépare la Saône de la Moselle, et était habitée par les *Lingons*, les *Suessions*, les *Rèmes*, etc.

La CELTIQUE, située au centre, était bornée au nord par l'océan Atlantique; au sud par la Province romaine proprement dite, dont les villes principales étaient *Massilie* (Marseille), *Tolosa* (Toulouse), et *Geneva* (Genève); à l'est par les Alpes et le Rhin; à l'ouest par la Garonne. Les principaux peuples de la province CELTIQUE étaient les *Helvétiens*, les *Arvernes*, les *Séquanais*, les *Æduens*, les *Bituriges* et les *Parisiens*.

au seizième siècle, époque à laquelle il fut occupé par Jean Favas, capitaine des gardes de Henri IV.

CHATEAU DE COUCY.

Élevé sur la crête d'une roche qui domine les riantes vallées du département de l'Aisne, ce château magnifique porte le cachet de fierté des hauts barons qui le construisirent, et dont la devise était :

> *Roi ne suis,*
> *Prince ni comte aussi ;*
> *Je suis le sire de Coucy* [1].

Le donjon de ce château était situé entre deux enceintes, dont l'une, très-vaste, regardant le sud, était flanquée de dix tours, et l'autre, au nord-ouest, de quatre. Deux autres tours demi-sphériques défendaient l'entrée qui se trouvait du côté de l'est dans la grande enceinte, ce qui porte à seize le nombre des tours de ce formidable château.

La hauteur du donjon était d'environ soixante-dix mè-

---

[1] Cette devise a eu deux variantes.

Voici l'une :

> *Je ne suis roy, ne duc, prince, ne comte aussy ;*
> *Je suis le sire de Coucy.*

Voici l'autre :

> *Roi ne puis être,*
> *Duc ne veux être,*
> *Ne comte aussi ;*
> *Je suis le sire de Coucy.*

tres, sa circonférence de cent; une magnifique porte ornée de colonnettes, et surmontée d'un bas-relief représentant un chevalier luttant contre un lion, donnait accès dans l'intérieur.

De vastes appartements étaient situés tout autour de la petite enceinte. La plupart sont maintenant détruits; mais dans ce qui reste, on distinguait encore, il y a quelques années, la salle des Chevaliers et la salle des Gardes.

Les familles de Coucy tiennent une grande place dans l'histoire du moyen âge.

Elles étaient deux : la première, qui remontait à 965, et dont le chef était un comte de Chartres, s'est, en 1213, divisée en deux branches, faute de descendants directs. L'une de ces branches hérita des titres et seigneuries de Coucy; l'autre s'appela de Coucy-Vervins, du nom d'un de ses domaines.

La seconde famille, qui date de l'époque où la première s'est éteinte, avait pour chef Enguerrand de Guines, neveu d'Enguerrand VI, dernier seigneur de Coucy. Elle s'est perpétuée jusqu'au quinzième siècle, et s'est éteinte par la mort et dans la personne de Marie de Coucy, femme du comte de Bar.

Les plus célèbres parmi les sires de Coucy furent:

Thomas dit de Marle (1re famille), qui assista à la première croisade de 1096;

Enguerrand III (2e famille), qui se distingua par sa noble et généreuse conduite à l'époque de la ligue contre Louis IX [1];

---

[1] Les seigneurs révoltés qui l'avaient choisi pour chef, proposèrent à Enguerrand de le nommer roi de France; mais celui-ci, justement

Enguerrand VI, père de Marie de Coucy, comtesse de Bar, lequel périt en 1393 à la fatale bataille de Nicopolis, livrée contre Bajazet, sultan des Turcs, par Sigismond, roi de Hongrie, aidé d'une foule de seigneurs français, dont la plupart périrent dans cette affaire avec les soldats qu'ils avaient amenés;

Enfin, un Raoul de Coucy, qui a laissé vingt-quatre chansons pleines de verve et de sentiment.

Vendu par la comtesse de Bar, en 1400, à Louis de France, duc d'Orléans, neveu de Charles VI, le château de Coucy a été compris dans l'apanage de *Monsieur*, frère de Louis XIV; il est devenu domaine national en 1793, et, cédé alors à l'hospice de la petite ville de Coucy, il a depuis été acheté par Louis-Philippe, alors duc d'Orléans, le 26 octobre 1829.

indigné du rapt qu'on voulait faire au jeune roi, se sépara sur-le-champ de la ligue; et, s'unissant à la reine Blanche, mère de Louis IX, et alors régente, il contribua puissamment, au contraire, à soutenir le trône chancelant de l'enfant son souverain.

CINQUIÈME ÉPOQUE.

DU QUATORZIÈME SIÈCLE A LA PREMIÈRE MOITIÉ DU QUINZIÈME.

STYLE OGIVAL SECONDAIRE OU RAYONNANT.

CHATEAUX DE PIERREFONT ET DE MURET.

Les châteaux de cette époque sont ainsi caractérisés :

Les PORTES extérieures, qui sont ordinairement au nombre de deux ayant chacune un pont-levis, sont surmontées de deux tours.

Celles de l'intérieur sont garnies de moulures représentant des animaux naturels ou fabuleux, des écussons, des guirlandes, etc.

Les FENÊTRES ont plusieurs formes.

Celles des murs d'enceinte, qui sont plutôt de simples ouvertures que de véritables fenêtres, sont évasées à l'intérieur et très-étroites en dehors ; on les nomme *arbalétrières* ou *meurtrières*. C'est par là qu'on lançait des flèches sur les assaillants.

Les fenêtres de l'intérieur sont ou carrées ou ogivales. Dans le premier cas, elles sont divisées en quatre parties par des traverses de pierre; dans le second, elles sont séparées en deux par une colonnette.

Les ORNEMENTS sont à peu près les mêmes que ceux de l'époque précédente.

Les VOUTES ne diffèrent pas non plus sensiblement de celles du treizième siècle.

Les TOURS sont également bâties à peu près sur le même modèle; seulement la galerie des mâchicoulis, au lieu d'être immédiatement recouverte par la toiture, en est séparée par un corps de logis.

Enfin, quant à la FORME GÉNÉRALE des châteaux de ce temps, le château de Pierrefont va nous en donner une idée.

CHATEAU DE PIERREFONT.

Le château de Pierrefont est cité par tous les archéologues comme une des merveilles de l'époque où il fut construit, ce qu'il est aisé de croire à la seule inspection de ses ruines.

Ces superbes vestiges offrent à l'œil du passant, étonné de tant de grandeur et de tant de solidité : de hautes tours dont le sommet était autrefois distant du sol d'environ quarante mètres ; d'épaisses murailles couronnées de fragments de mâchicoulis, des restes d'appartements dont les modillons et les corniches attestent un travail du goût le plus parfait ; enfin, des fragments de bas-reliefs et de sculptures, dont la grâce et l'élégance montrent que les seigneurs de Pierrefont joignaient à leur esprit belliqueux des sentiments beaucoup plus délicats.

Ce superbe manoir fut bâti par Louis, duc d'Orléans et de Valentinois, vers l'an 1390.

Mais avant cette époque il avait existé un autre château de Pierrefont, construit avant le dixième siècle, lequel château fut longtemps possédé par la dynastie des Nivelons, seigneurs de Pierrefont, puis par le comte de Flandre, Philippe, qui en fit hommage à l'un des descendants de la dynastie Nivelone, alors évêque de Soissons ; puis enfin par Philippe-Auguste, qui le donna presque en entier aux religieux qui desservaient l'église du lieu.

Selon la tradition, un fait très-remarquable aurait eu lieu dans cette église l'an 1221. « Dans le château appelé Pierrefont, dit Guillaume Lebreton, pendant que le prêtre célébrait l'office divin, un orage violent éclata ; le tonnerre tomba sur l'église, y tua cinq hommes, en blessa vingt-quatre autres, du nombre desquels était le prêtre célébrant. Ils ne purent guérir de leurs blessures que longtemps après. Le calice de l'autel fut frappé et mis en pièces ; l'eucharistie resta entièrement intacte »

Les événements les plus intéressants qui se soient accomplis dans le nouveau château de Pierrefont, sont les siéges qu'il soutint.

Les principaux eurent lieu pendant la guerre des Armagnacs et des Bourguignons, de 1410 à 1412, époque à laquelle ces ennemis acharnés furent réunis par le traité de Bourges.

Mais le plus curieux, tant par ses phases que par quelques-uns des personnages qui y figurèrent, fut celui commandé par Henri IV.

Voici comment M. Dulaure le rapporte, dans sa savante *Histoire physique et morale des environs de Paris*.

« Henri IV parvenu au trône entreprit, en 1592, de réduire les deux forteresses de la Ferté-Milon et de Pierrefont.

» Le duc d'Épernon parut devant cette dernière. Pierrefont était alors commandé par un nommé Rieux, fils d'un maréchal ferrant du lieu ; sans foi, sans loi, sans humanité, cet homme réunissait toutes les qualités guerrières qui font un grand capitaine. Il avait acquis l'expérience des armes au milieu des dangers. Après avoir passé les premières années de sa vie dans l'obscurité, il avait trouvé moyen d'obtenir un emploi dans les vivres ; il y ramassa quelques sommes, et comme il avait une inclination décidée pour la guerre, il se fit partisan. Il offrit à la Ligue ses services, qui furent acceptés d'autant plus volontiers, que Rieux ne demandait ni argent ni soldats, mais seulement la permission d'exercer son talent sur les terres et sur les personnes des royalistes, avec telles troupes qu'il lui plairait de choisir. Bientôt il rassembla sous ses drapeaux tout ce qui se trouvait de bandits et de scélérats échappés au supplice dans tout le canton ; cette troupe se recruta en peu de temps et forma une petite armée.

» Rieux était parmi les ligueurs un chef assez important pour figurer dans la *Satyre Menippée*, où il est qualifié de sieur de Rieux, seigneur de Pierrefont ; on lui fait même prononcer une harangue : « Monsieur de *Rieux le jeune* (c'est-à-dire non noble), comte et gardien de Pierrefont, député pour la noblesse de France, habillé d'un petit capot à l'Espagnole et d'une haute fraise, se leva pour parler, et ayant mis deux ou trois fois la main à la gorge qui lui *démangeoit* (il fut pendu par la suite), il commença ainsi :

« *Messieurs, je ne sais pourquoi on m'a député pour porter la parole en si bonne compagnie, pour toute la noblesse de notre parti. Il faut bien dire qu'il y a quelque chose de divin dans la sainte Union, puisque, par son moyen, de commissaire d'artillerie assez malotru, je suis devenu gentilhomme et gouverneur d'une belle forteresse ; voire que je me puis égaler aux plus grands, et suis un jour pour monter bien haut à reculons ou autrement, etc.* »

» Le duc d'Épernon poussait le siége du château avec beaucoup d'activité. Plusieurs batteries de pièces du plus gros calibre foudroyaient les remparts ; mais comme elles ne pouvaient tirer que de très-loin, Rieux laissa épuiser ses ennemis sans s'en inquiéter. Le duc d'Épernon, voyant que son artillerie portait à peine à la plate-forme du château, la fit approcher jusque dans le vallon qui sépare la hauteur de la plaine, et la fit jouer d'abord avec succès. Huit ou dix boulets parvinrent jusqu'aux tours et causèrent quelque dommage.

» Rieux se réveilla, démonta en un instant les batteries du duc, et l'obligea à regagner la plaine. Celui-ci ne se rebuta point : il revint plusieurs fois à la charge, mais sans succès ; honteux enfin de céder, il fit tous les préparatifs d'une dernière attaque, qui devait être des plus hardies ; mais il ne rapporta de cette dernière tentative qu'un coup de feu au menton qui le mit hors de combat ; il leva donc le siége. »

Le maréchal de Biron, envoyé par Henri IV pour remplacer d'Épernon, ne fut pas plus heureux que celui-ci. Ses boulets, ainsi que disent les mémoires du temps, ne faisaient que *blanchir les murailles*, et force fut au maréchal d'imiter son prédécesseur et de décamper au plus vite aussitôt que Rieux lui riposta.

Cet intrépide aventurier ayant été pris et pendu quelque temps après, la défense de Pierrefont fut confiée à un nommé Saint-Chamont.

Le nouveau chef était un très-chaud partisan de la Ligue ; mais, par bonheur pour Henri IV, son amour profond pour les Guises n'étouffait point la tendre affection qu'il portait à l'or monnayé ; ce qui fit que l'imprenable château de Pierrefont, que la poudre et la famine avaient inutilement assiégé, se rendit au Béarnais avec la meilleure grâce possible, quand on fit scintiller une somme considérable aux yeux de son indigne commandant.

A la suite du dernier siége que soutint le château de Pierrefont, Louis XIII ordonna la destruction de cette forteresse[1]. Mais les murs en étaient si solides que l'on dut se borner à démanteler les tours et à crever les toitures, afin que les eaux de pluie pussent tout à leur aise ruiner l'édifice.

CHATEAU DE MURET.

Le château de Muret a été bâti sur l'emplacement d'un autre château qui avait une date fort ancienne.

En examinant avec soin toutes les parties qui le composent, on s'aperçoit aisément qu'il appartient à différentes époques archéologiques, ce qui provient de ce que, depuis sa réédification, il a subi des réparations nombreuses. Cependant, comme sa physionomie n'a point cessé pour cela d'être celle des châteaux bâtis d'après le style ogival secondaire, nous le comprenons dans la même époque que le château de Pierrefont.

Il est situé non loin de la route de Soissons, dans le département de l'Aisne, sur le versant d'une gracieuse colline. Sa forme est irrégulièrement quadrilatère. On y remarque trois tours principales et quelques autres constructions contiguës au bâtiment principal.

A l'exception de quelques boiseries anciennes, conservées avec soin par le nouveau propriétaire, tous les appartements sont décorés dans le style moderne.

Le château de Muret est fécond en souvenirs. Parmi

---

[1] Ce siège eut lieu à l'époque de la guerre des *mécontents*. Les assaillants avaient à leur tête Charles de Valois, comte d'Auvergne, cousin de Louis XIII. La place était défendue par un nommé Villeneuve, qui capitula.

...Ne craignez point, brave homme, il n'y a pas de mal Eh!.. il fallait bien qu'Arnoult daine....

eux on trouve l'anecdote suivante, rapportée dans l'Histoire de la maison de Condé :

« Henri II, père du grand Condé, voulant affermer la recette de ses terres à deux de ses vassaux qu'il protégeait, se rendit incognito à la Ferté-Milon pour en faire dresser l'acte par un notaire appelé Arnoult. Il était midi, le tabellion dînait, et sa femme, franche Picarde à l'humeur revêche, gardait sa porte pour éloigner les importuns. Le prince se présente, lui demandant à parler à M. Arnoult. — Il daine, repartit la femme en son patois ; asseyez-vous sur le banc : quand Arnoult daine, on ne lui parle point. — Henri insista. — La ménagère lui répondit, en se fâchant : — Il faut bien qu'Arnoult daine. — Le prince céda et attendit à la porte, assis sur le banc, que maître Arnoult eût dîné. — Le repas fini, on introduisit le prince dans l'étude du tabellion.

Arnoult, qui croyait parler à un intendant, dressa l'acte. Lorsqu'il fut question de mettre le bail au net, le notaire pria le prince de dire ses qualités. — Elles ne sont pas longues, répliqua ce seigneur : mettez Henri de Bourbon, prince de Condé, premier prince du sang, seigneur de Muret. Le garde-note fut saisi à ces mots ; il se jeta aux pieds du prince, et lui fit des excuses de la réception de sa femme et de la sienne. — Le prince le releva, et lui dit : — Ne craignez point, brave homme, il n'y a pas de mal. *Eh ! il fallait bien qu'Arnoult daine !* »

On met sur le compte de l'un des seigneurs de Muret une assez plaisante originalité. Ce seigneur, qui avait un goût passionné pour les chevaux, s'étant ruiné par des prodigalités de toutes sortes, et n'ayant plus le moindre cheval dans son écurie, imagina de se placer comme cocher, afin d'avoir au moins, pour se consoler de sa ruine, le plaisir d'être journellement en rapport avec les animaux qu'il chérissait tant.

Dans ce but, il changea de nom et alla s'offrir à un grand de l'époque, qui l'accepta.

Pendant quelques mois le seigneur de Muret put savourer tout à son aise les avantages de sa nouvelle profession; mais ayant été reconnu par un de ses amis, qui s'empressa d'avertir sa famille, il lui fallut, hélas! abandonner son siége et renoncer à la haute position qu'il s'était faite.

Dans les environs du château de Muret se trouve une vieille tour que rend célèbre un fait très-connu de notre histoire. Elle se nomme la Tour du Droisy, et domine la plaine où fut livrée la mémorable bataille que se livrèrent Frédégonde et Brunehaut.

Enfin, à quelque distance de là, on remarque une petite éminence qui porte le nom de *butte* de Thaut, et que l'on dit avoir servi longtemps à la célébration de cérémonies druidiques.

SIXIÈME ÉPOQUE.

DE LA FIN DU QUINZIÈME SIÈCLE A LA PREMIÈRE MOITIÉ DU SEIZIÈME.

STYLE OGIVAL TERTIAIRE OU FLAMBOYANT.

CHATEAUX DE CHENONCEAUX ET DE CHAMBORD.

Ce style est encore au nombre de ceux que l'on appelle de *transition*, ce qui signifie que les formes adoptées jusque-là tombent en décadence et font place à d'autres formes ou plus nouvelles ou plus anciennes, que l'on invente ou auxquelles on revient, quelquefois par nécessité, d'autres fois par caprice.

Ainsi, l'on s'explique très-bien que la poudre à canon, généralement en usage à l'époque où nous en sommes, devait occasionner toute une réforme dans les châteaux, dont les anciens moyens de défense eussent été dérisoires, en présence d'un agent offensif tel que la poudre ; mais on conçoit moins facilement la défaveur dans laquelle nous allons voir tomber le style ogival, le plus gracieux, le plus élégant et le plus beau, sans contredit, de tous les styles architectoniques.

D'ailleurs, ainsi que fait une lueur qui s'éteint, le *style ogival* acquit au moment de sa décadence un luxe d'ornements qui dépassa tout ce qu'on avait vu jusqu'alors. On couvrit le cadavre de fleurs et de colifichets.

Les **portes** et les **fenêtres** commencèrent à ne plus présenter la forme ogivale, qui fut remplacée, surtout au seizième siècle, par l'arc surbaissé [1]; mais on les couvrit d'une foule d'ornements dont les nouveaux étaient :

Les *arabesques* (1), fantaisies capricieuses où l'idéal se mêlait au naturel ;

Les *festons trilobés* (2), espèces de faisceaux de fleurs, fruits ou feuilles, ainsi nommés parce qu'ils représentaient trois faces ;

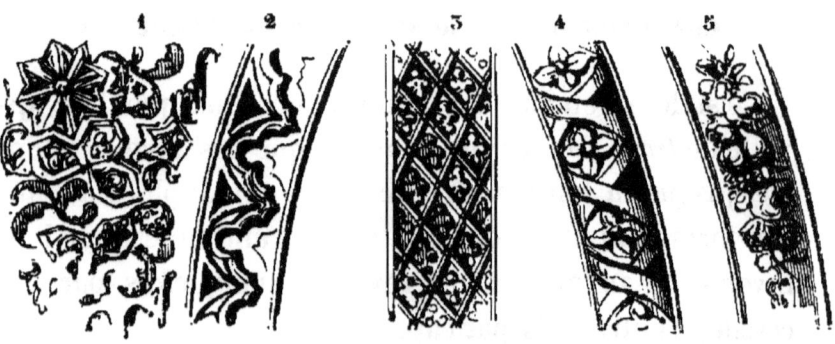

Les *broderies* (3), sortes de festons d'une délicatesse et d'une ténuité merveilleuses ;

Les *entrelacs* (4), assemblages de fleurons et de moulures liés ensemble ;

Les *rinceaux* (5), branches de feuilles et de fleurs, de fruits et de graines, naturels ou imaginaires, et pour les-

---

[1] On désigne cet arc sous le nom d'*arc Tudor*, parce qu'il parut en Angleterre sous le règne des Tudors.

quels on imitait surtout les végétaux à feuilles fendues, tels que l'acanthe, le persil, etc.

Ces deux derniers ornements ainsi que les arabesques, appartiennent principalement au commencement du seizième siècle.

Les TOURS des châteaux de cette époque sont ordinairement à pans coupés ; cependant quelques-unes sont carrées, d'autres cylindriques.

Quoique alors parfaitement inutiles, des mâchicoulis sont construits dans ces tours, ainsi que sur les murs d'enceinte.

Nous donnerons comme types des châteaux de la décadence du style ogival, les châteaux de Chenonceaux et de Chambord.

CHATEAU DE CHENONCEAUX.

Ce fut Thomas Bohier, chambellan sous Charles VIII, Louis XII et François Ier, qui commença l'érection de ce gracieux manoir.

Si ce Thomas Bohier, qui à cette époque était devenu intendant général des finances, entendait parfaitement la réception des deniers des contribuables, il paraîtrait qu'il ne connaissait pas moins bien la manière de dépenser ce que, par respect pour sa mémoire, nous appellerons les siens.

Les plans qu'il avait faits du château de Chenonceaux promettaient une petite merveille, et nul doute que si la mort ne fût venue l'interrompre, il n'eût réalisé tous ses plans.

Ce qu'il en exécuta est admirable de luxe et d'élégance ; rien dans toutes les constructions d'alors ne surpasse la délicatesse et le fini des ornements qui sont répandus à profusion de tous côtés, et l'on s'explique très-bien, en les voyant, cette devise que l'illustre intendant fit graver en plusieurs endroits : *S'il vient à point, il m'en severra (souviendra).*

Un doux et charmant souvenir se rattache à Chenonceaux : celui de Diane de Poitiers, qui le posséda depuis 1535 jusqu'en 1559. Elle l'avait reçu de Henri II, qui l'avait acheté du connétable de Montmorency, son premier possesseur après Thomas Bohier mort en 1524.

De nombreux embellissements avaient été faits par Henri II, en l'honneur de la belle Diane, au château de Chenonceaux. Mais après la mort de ce monarque, la pauvre Diane fut obligée de céder sa belle et noble résidence à Catherine de Médicis, qui lui proposa, comme propose un supérieur capricieux et tout-puissant, de le lui échanger contre son château de Chaumont-sur-Loire.

Catherine fit construire par l'architecte Ducerceau la grande galerie qui domine la rivière. Après sa mort, le château de Chenonceaux échut à Louise de Lorraine, épouse de Henri III. Puis il passa dans la maison de Vendôme; puis fut acquis par M. Dupin, et enfin passa des mains de celui-ci dans celles de madame de Villeneuve, fille de M. le comte de Guibert.

CHATEAU DE CHAMBORD.

Déjà debout au onzième siècle, où il était en la possession des comtes de Blois, le château de Chambord offre dans la disposition de quelques-unes de ses parties trois des différents styles qui se sont succédé depuis lors. On y trouve du *roman*, de l'*ogival* et du *style renaissance*.

La description du château de Chambord a été tracée par plusieurs écrivains, et entre autres par MM. Merle et Périer dans une longue Notice dont nous extrayons le passage suivant :

« Le caractère du château de Chambord a quelque chose de particulier, qui s'éloigne autant des formes gothiques, que des proportions élégantes des édifices grecs et romains. On serait tenté de croire que le Primatice [1] a voulu laisser un monument singulier pour indiquer

---

[1] Célèbre architecte des quinzième et seizième siècles.

l'époque qui a séparé la barbarie [1] de la rénaissance des arts. Le donjon flanqué de ses quatre grosses tours rappelle les constructions uniformes des douzième et treizième siècles; mais les galeries qui en prolongent la façade lui donnent une élégance qui était inconnue jusqu'alors. Il y a dans l'ensemble de l'édifice un caractère de force, nous dirons même de lourdeur, qui ne manque cependant pas de noblesse et qui contraste merveilleusement avec la richesse et le fini des détails. Le corps de bâtiment, composé de trois ordres de pilastres, présente d'abord à l'œil une grande simplicité; mais au-dessus des terrasses qui couronnent le troisième étage, les ornements sont prodigués avec une telle confusion, les pilastres, les colonnes, les bas-reliefs, les frises y sont si richement sculptés, qu'on a peine à concevoir, après en avoir attentivement examiné le travail, admiré la délicatesse et la prodigieuse variété des formes, que douze ans aient pu suffire pour exécuter tant de chefs-d'œuvre de dessin et de sculpture. Nous ne craindrons pas de dire qu'une seule niche, une seule cheminée, un seul ornement de croisée, a dû coûter une année de soins au ciseau de l'artiste le plus exercé; et comment l'imaginer? Cependant, quand on réfléchit qu'il serait impossible d'évaluer le nombre de ces prodigieux ornements, on ne peut expliquer ce phénomène qu'en se rappelant la facilité d'exécution des Jean Goujon, des Germain Pilon, des Jean Cousin et des Pierre Bontens, à qui ces travaux

---

[1] A l'époque de la Renaissance on appela barbare tout ce qui datait du moyen âge.

furent confiés, et en supposant que ces habiles artistes avaient des procédés particuliers dont le secret n'est pas encore arrivé jusqu'à nous. »

Le plus ancien monarque dont le nom se rattache au château de Chambord est François I*er*, qui en recommença la construction sur des plans magnifiques. Dix-huit cents ouvriers y furent occupés pendant douze ans, ainsi que nous venons de le voir, et cependant cette magnifique résidence ne fut achevée que sous Louis XIV.

Destiné dès l'origine, sous les comtes de Blois, à des parties de chasse, le château de Chambord reprit sous François I*er* sa première destination. « Ce château [1], situé au milieu d'un parc de douze mille arpents, clos de murs, dont l'enceinte a près de huit lieues, réunit, par la variété des sites et les accidents du terrain, ce qui peut favoriser tous les genres de chasse. Des taillis immenses et des forêts spacieuses sont peuplés de cerfs, de biches, de chevreuils et de sangliers; des garennes, des terriers nombreux et de vastes prairies y attirent et fixent le gibier de toute espèce; la rivière du Cosson, qui traverse le parc et dont les rives touchent presque aux murs du château, offre tous les agréments de la pêche; ses bords, ombragés par des touffes de joncs et de roseaux, servent de retraite aux oiseaux aquatiques; le parc, coupé par de larges allées et des sentiers battus, favorise les chasses les plus nombreuses et les plus brillantes; les chevaux et les calèches peuvent la parcourir aisément dans tous les sens; tout y a été ménagé pour les plaisirs d'une habitation royale. »

[1] Ouv. cit.

Durant le séjour que François Ier fit à Chambord, il s'y passa de nombreux épisodes dont ce monarque fut le héros. Nous nous bornerons au suivant, qui montrera comment le roi chevalier se conduisait vis-à-vis de lâches ennemis.

Un certain comte Guillaume, de la maison de Saxe, et parent de Louise de Savoie, mère de François Ier, avait formé le projet d'assassiner le roi dans une partie de chasse, quoiqu'il en eût été comblé de trésors et de faveurs.

François Ier, l'ayant appris, n'en conçut aucun sentiment de colère; mais un jour que le plaisir de la chasse avait disséminé sa suite dans la forêt et qu'il se trouvait seul en face du comte Guillaume, il lui ordonna de mettre pied à terre, et descendant lui-même de cheval :

— Comte, lui dit-il, en tirant son épée du fourreau, je sais que, poussé par des gens aussi méchants que lâches, vous cherchez depuis quelque temps l'occasion de me tuer. Cette occasion, je vous l'offre; mais ce ne sera pas du moins sans que je me défende. Mettez-vous donc en garde. Si je vous tue, vous n'aurez que ce que vous méritez ; si le contraire arrive, vous aurez atteint votre but, avec cette différence, que vous l'aurez fait en gentilhomme.

Surpris de tant de bravoure et de tant de grandeur d'âme, le comte se jeta aux genoux de François Ier, le suppliant d'oublier son crime.

Le roi pardonna, et ayant fait signe au comte de se remettre en selle, tous deux regagnèrent la chasse, comme s'il ne fût rien arrivé d'extraordinaire.

Ici-bas tout n'est pas roses, même pour ceux qui semblent posséder les plus nombreux éléments de bonheur ; et les ennuis qui paraîtraient aux yeux de la foule devoir nous affecter le moins, sont ceux qui nous jettent parfois dans le découragement le plus profond.

C'est ce qu'éprouva le monarque qui jeta sur son siècle un si grand lustre. Après avoir supporté, presque sans se plaindre, la perte de la bataille de Pavie [1] et sa captivité en Espagne [2], François Ier se sentit au cœur, vers la fin de son existence, un profond chagrin dont le motif est indiqué par ces deux vers qu'il écrivit, avec un diamant, sur une vitre de croisée de l'un des appartements du château de Chambord :

> *Souvent femme varie :*
> *Mal habil qui s'y fie.*

Louis XIV a fait enlever cette vitre. L'histoire ne nous apprend pas et nous ne chercherons pas à savoir, si c'est après avoir reconnu que la devise n'était applicable qu'au seizième siècle.

Après la mort de François Ier [3], le château de Chambord resta dans l'isolement. Sa construction fut bien quelque temps continuée par Henri II ; mais ni François II, ni Charles IX, ni Henri III, ni Henri IV, qui suc-

---

[1] 25 février 1525.

[2] Fait prisonnier à la bataille de Pavie, François Ier fut enfermé dans la citadelle de Pizzighitone, puis transféré à Madrid, d'où il ne sortit que l'année suivante, par suite du traité qui porte le nom de cette ville.

[3] En 1547.

cédèrent au fils du *restaurateur des lettres* [1], ne s'occupèrent du château de Chambord

Louis XIII répara l'oubli de ses prédécesseurs. Ayant eu l'occasion de visiter ce château, sa magnificence lui plut, et il le choisit pour sa principale résidence.

Gaston de Foix, frère de ce monarque, habita longtemps le château de Chambord avec mademoiselle de Montpensier sa fille.

Plus tard il devint un des séjours favoris de Louis XIV, qui y fit de nombreux embellissements.

Louis XV l'habita à son tour, puis le donna à son beau-père Stanislas, roi de Pologne, des mains duquel il passa dans celles du maréchal de Saxe.

Enfin, Chambord appartient maintenant au duc de Bordeaux, qui en est devenu possesseur par suite d'une souscription nationale.

A tous les faits qui se sont accomplis au château de Chambord, nous joindrons le suivant, qui n'est pas le moins remarquable : ce fut dans cette superbe résidence que l'on représenta pour la première fois *le Bourgeois gentilhomme* [2].

---

[1] Nom donné à François 1ᵉʳ.

[2] Cette pièce fut très-froidement accueillie par Louis XIV à la première représentation, et il va sans dire que les courtisans imitèrent vis-à-vis de Molière et de sa troupe la conduite du roi. Mais à la seconde représentation, Louis XIV, qui reconnut les beautés de l'ouvrage, ayant *daigné* féliciter Molière, le peuple caméléon, comme dit La Fontaine, s'empressa de décerner à l'auteur du *Misanthrope* les éloges que méritait son nouvel œuvre.

RENAISSANCE.

SEIZIÈME SIÈCLE.

CHATEAUX D'ANCY-LE-FRANC, DE SERRANT, DE RUEL, DE LUDE ET DE VILLEBON.

On entend par *style renaissance* l'union du plein cintre des anciens avec les ornements du style ogival. On voit par là que l'origine de la *renaissance* peut aussi bien dater de la fin du quinzième siècle que du commencement du seizième, de Louis XII que de François Ier. Toutefois, c'est de ce dernier roi que l'on a continué de faire dater l'impulsion qui, lors de la décadence du moyen âge, fut donnée aux arts, aux sciences et aux lettres.

A ce que nous avons dit dans nos dernières pages relativement aux détails architectoniques, il nous suffira d'ajouter que dans les châteaux de la renaissance, on ne retrouve plus aux fenêtres ces croix de pierre qui les divisaient jadis en quatre parties; que ces fenêtres, ainsi que les portes, sont flanquées de petites colonnettes qui supportent ou semblent supporter les archivoltes; et qu'enfin toutes les constructions d'alors révèlent, ainsi que nous allons le voir, une élégance et une délicatesse en rapport avec celles qui commençaient à régner dans la société.

CHATEAU D'ANCY-LE-FRANC.

Le château d'Ancy-le-Franc est un des plus gracieux en même temps qu'un des plus beaux types des châteaux de la Renaissance. Et comment en serait-il autrement puisqu'il fut construit sur les plans du célèbre architecte qui donna ceux des châteaux de Chambord et de Fontainebleau : le Primatice?

Une exposition magnifique, une architecture élégante et d'une admirable régularité, des appartements ornés de fresques délicieuses, des jardins et un parc enchanteurs, enfin tout ce qui peut flatter le véritable bon goût, se trouve à Ancy-le-Franc.

François Ier avait eu le projet de construire ce château, mais ce fut un seigneur de Clermont qui en eut l'honneur.

Il fut commencé sous Henri II, en 1555, et terminé en 1622.

De nobles et célèbres personnages ont passé par Ancy-le-Franc, ou l'ont habité.

Louis XIV, revenant de sa campagne de la Franche-Comté, où il était allé recueillir les lauriers préparés par Louvois et Vauban, se reposa quelque temps à Ancy-le-Franc, où on lui donna des fêtes magnifiques ; ce dont il daigna (pour nous servir du langage des historiens) témoigner sa satisfaction.

Un petit monastère, qui se trouve dans les environs du château, fut, à cette occasion, illustré par la présence du grand monarque. Ayant remarqué sur son chemin cette humble chapelle, Louis XIV mit pied à terre et y entra remercier Dieu de la nouvelle protection qu'il venait d'accorder à ses armes.

Ce monastère avait déjà, d'ailleurs, une certaine célébrité qui lui provenait d'un chêne situé dans son voisinage, et sous lequel Henri IV s'était assis lorsque dans sa jeunesse il guerroyait dans le pays. On avait appelé cet arbre *le Roi de Navarre*.

Le château d'Ancy-le-Franc fut acheté en 1668 par le marquis de Louvois, qui réunit ce domaine aux terres que son épouse, la belle Anne de Souvré, possédait à côté.

Mme de Sévigné, qui était parente de la marquise de Louvois, a séjourné plusieurs fois à Ancy-le-Franc.

M. de Coulanges y a également demeuré à différentes reprises. Dans plusieurs de ses lettres à Mme de Sévigné, il parle d'Ancy-le-Franc. L'une de ces lettres, datée de Tonnerre, le 3 octobre 1694, contient le passage suivant, qui va donner une idée des possessions de Mme de Louvois.

« Il y a un mois que je me promène dans les états de Mme de Louvois ; en vérité, ce sont des états, au pied de la lettre ; et c'en sont de plaisants, en comparaison de ceux de Mantoue, de Parme et de Modène. Dès qu'il fait beau, nous sommes à Ancy-le-Franc ; dès qu'il fait vilain, nous revenons à Tonnerre ; nous tenons partout cour plénière, et partout, Dieu merci, nous sommes adorés. Nous allons, quand le beau temps nous y invite, faire des voyages de long cours, pour connaître la grandeur de nos états. Quand la curiosité nous porte à demander le nom de ce premier village : à qui est-il? on nous répond : c'est à *Madame*; à qui est celui qui est le plus éloigné? c'est à *Madame*; mais là-bas, là-bas, un autre que je vois? c'est à *Madame*; et ces forêts? elles sont à *Madame*; voilà une plaine d'une grande longueur? elle est à *Madame*; mais j'aperçois un beau château? c'est Nicei, qui est à *Madame*, une terre considérable qui appartenait aux anciens comtes de ce nom. Quel est cet autre château sur un haut? c'est Pacy, qui est à *Madame*, et lui est venu par la maison de Mandelot dont était sa bisaïeule; en un mot, madame, tout est à *Madame* en ce pays; je n'ai jamais vu tant de possessions, ni un tel arrondissement. Au surplus, *Madame* ne se peut dispenser de recevoir des présents de tous les côtés; car, que n'apporte-t-on point à *Madame*, pour lui marquer la sensible joie qu'on a d'être sous sa domination? Tous les peuples des villages courent au-devant d'elle avec la flûte et le tambour; qui, lui présente des gâteaux; qui, des châtaignes; qui, des noisettes; pendant que les cochons, les veaux, les coqs-d'Inde, les perdrix, tous les oiseaux de l'air et tous les poissons des rivières l'attendent au château. Voilà, madame, une petite description de la grandeur de *Madame*; car on ne l'appelle pas autrement dans ce pays; et dans les villages, et partout où nous passons, ce sont des cris de *vive Madame!* qu'il ne faut pas oublier. Mais cependant, au milieu d'un tel triomphe, il faut dire que *Madame* n'en est pas plus glorieuse; elle est civile, elle est honnête, et l'on vit auprès d'elle dans une liberté charmante; pour moi, j'y ai mes coudées franches; mais aussi fais-je, dans sa cour, un principal personnage. »

CHATEAU DE SERRANT.

Commencé en 1546 par Jean de Brie, continué en 1636 par Guillaume de Bautru, enfin achevé vers l'an 1704 par le fils de celui-ci, le château de Serrant rappelle, par ses premières constructions, les beaux jours de la renaissance, et par les dernières, l'époque où les châteaux privés commencèrent à faire place aux *maisons de campagne.*

Le château de Serrant passa de la famille de Bautru à celle de Vaubrun, dont un des membres, la duchesse d'Estrées, le vendit en 1730 à l'Irlandais François-Jacques Walsh.

Aucun fait mémorable ne s'est accompli dans ce château, qui est situé sur la rive droite de la Loire, à quatre lieues d'Angers; mais ce qui nous semble assez curieux pour le rapporter, ce sont les lettres patentes par lesquelles la terre de Serrant et les autres propriétés du sieur Walsh furent érigées en comté.

Ces lettres n'ont pas encore un siècle, puisque c'est en 1755 que Louis XV les donna; mais en rapprochant l'esprit qu'elles renferment de celui de nos mœurs actuelles, on est vivement frappé de la différence qui les sépare, et l'on a peine à croire qu'un tel changement se soit opéré dans un seul siècle. Qu'est-ce, en effet, qu'un siècle? Un peu plus que la vie d'un homme.

Voici ces lettres:

« LOUIS, PAR LA GRACE DE DIEU, ETC.,

» *Nous voyons avec plaisir que la fertilité de notre royaume, la douceur des mœurs de nos sujets, la sagesse de nos lois et la modération de notre gouvernement y attirent plusieurs familles étrangères, qui trouvent dans l'étendue de nos États à faire des établissements avantageux pour elles et pour notre royaume. C'est aussi pour favoriser ces établissements, les encourager et les multiplier, que nous ne négligeons aucune occasion de donner à ces familles des preuves de notre bonté, en les adoptant parmi nos autres sujets par des lettres de naturalité, en leur conservant les prérogatives de leur naissance par des lettres de reconnaissance de noblesse, et décorant les possessions qu'ils acquièrent des titres dont ils sont susceptibles. C'est par ces motifs et sur ces principes que les sieurs Walsh, nés dans notre royaume, mais Irlandais d'origine, nous ayant justifié par des titres authentiques qu'ils étaient d'une ancienne maison noble, laquelle remonte à leur dix-neuvième aïeul, Philippe Walsh, surnommé* LE BRETON, *et en irlandais* BRENAGH, *qui en 1174 tua de sa main l'amiral de la flotte danoise qui avait envahi le pays, il s'acquit par là une gloire immortelle et de grandes possessions en Irlande, dont ses descendants ont joui, et qu'ils ont même augmentées par des alliances illustres, et que la splendeur et les richesses des Walsh en Irlande ont subsisté tant qu'il a été permis à des sujets fidèles à Dieu et à leur roi de conserver leurs possessions et leurs titres; nous avons reconnu leur ancienne noblesse par des arrêts de notre conseil et nos lettres patentes que notre parlement et notre chambre des comptes de Bretagne ont enregistrées avec une sorte d'empressement qui marquait bien la satisfaction que donnaient à ces cours les titres qui nous avaient été présentés et sur lesquels nous avons reconnu l'ancienne extraction noble desdits sieurs Walsh. Les preuves distinguées qu'ils nous ont données de leur zèle pour notre service, nous ont encore porté à recevoir la très-humble supplication que nous a faite le sieur François-Jacques Walsh, seigneur du comté de Serrant, de la baronnie d'Ingrande, des châtellenies de Chantocé, de Savenières, de Serrant, de la Roche-Serrant de Belnoé en petit Paris et autres lieux, pour réunir ces différentes seigneuries et leurs dépendances, et les ériger en comté de Serrant, pour lui et sa postérité légitime née et à naître, et nous nous sommes ainsi déterminé à lui accorder cette grâce, sur les aveux que ses auteurs nous ont rendus, ou que les fiefs servants ont rendus aux seigneurs de Serrant, dans lesquels aveux ils ont pris anciennement le titre de comtes de Serrant. Nous sommes d'ailleurs informé que cette terre est décorée d'un des plus riches châteaux qui soient dans notre royaume, en sorte qu'avec la réunion demandée elle formera un revenu de 50,000 livres, sera composée d'une baronnie ancienne qui a les plus beaux droits et de cinq grandes châtellenies d'où relèvent quantité de fiefs. Ce sont ces considérations qui nous ont déterminé à nous prêter à l'érection en comté qu'il désire pour sa terre.*

» *A ces causes, et pour autres considérations..... et par ces présentes, etc., etc.*

» *Signé* LOUIS. »

CHATEAU DE RUEL.

Le château de Ruel [1], qui datait des premières années du seizième siècle, était situé dans la vallée de Ruel, à deux lieues de Paris environ, et avait été bâti sur les ruines d'une maison de plaisance qui fut habitée par plusieurs rois de la première race.

Ce château, dont le cardinal de Richelieu fit quelque temps son séjour, est principalement célèbre par la nécrologie qui s'y rattache.

C'est dans ses murs que mourut Zaga Christ, espèce

[1] Un simple pavillon est tout ce qui reste de ce château.

d'aventurier qui voulait se faire passer pour le roi d'Éthiopie [1].

C'est au château de Ruel que le maréchal de Marillac fut condamné à mort, le 28 mai 1632 [2].

C'est aussi là que termina ses jours, le 18 novembre 1632, le père capucin Joseph, un des conseillers les plus intimes du cardinal.

Enfin, c'est dans ce château que s'accomplirent, au moyen des *oubliettes*, une foule d'exécutions mystérieuses qui n'ont laissé de traces que sur les tablettes de la justice divine.

Nous citerons à ce propos une aventure assez piquante.

Un soir qu'il faisait un violent orage, deux cavaliers

---

[1] Ce personnage, sur le compte duquel on ne fut jamais bien fixé, fit quelque bruit sous le règne de Louis XIII. Un rimeur du temps lui traça cette épitaphe :

> Ci-gist du roi d'Éthiopie
> L'original et la copie.
> Fut-il roi, ne le fut-il pas ?
> La mort termina les débats.

[2] Le maréchal de Marillac, accusé de péculat et de concussion, mais en fait coupable seulement d'avoir, sur la demande de Marie de Médicis, compromis le résultat de la guerre que Richelieu fit au Piémont en 1629, avait d'abord été traduit devant une commission siégeant à Verdun. Mais comme cette commission paraissait hésiter à punir le maréchal, dans lequel Richelieu voyait un partisan de la reine mère, et par conséquent un ennemi, le cardinal, ayant dissous la commission, fit transférer la victime au château de Ruel, et ayant institué un autre conseil, présidé par un sous-diacre nommé Châteauneuf, il obtint la condamnation qu'il désirait.

Le frère du maréchal fut jeté dans une prison où il mourut. Ce frère avait été garde des sceaux.

s'étaient réfugiés sous un gros arbre situé sur la route de Paris à Ruel.

L'un était un honnête bourgeois à la figure ouverte et sereine.

L'autre, un homme au visage triste et sombre.

Le bourgeois, qui était assez communicatif, se hâta d'engager la conversation :

— Hé ! l'ami, dit-il à l'homme sombre, ne pensez-vous pas que nous sommes bien heureux d'avoir rencontré ce gros arbre ?

Et en même temps, afin d'éviter la pluie le plus possible, il prenait les attitudes les plus grotesques.

— Peste ! fit en souriant l'interlocuteur, il paraît que vous tenez beaucoup à ne pas mouiller vos habits ?

— Je crois bien, repartit le bourgeois ; quand on va souper chez le cardinal...

— Ah ! vous allez souper chez le cardinal ? interrompit l'homme sombre...

— Ni plus ni moins, cher compagnon... Je ne sais trop d'où me vient cet honneur... Mais qu'importe !... J'ai là dans ma poche le billet de Son Éminence, et cela me suffit.

— Et vous vous nommez ?...

— Louis Férol, ancien commerçant de la rue des Lombards, et actuellement riche bourgeois ayant deux fermes dans la Beauce et pignon sur rue... Le tout à votre disposition, l'ami.

— Sieur Férol, reprit l'inconnu, vous avez une de ces figures qui me conviennent.

— J'en suis bien flatté, cher compagnon, et je dois

...L'Un était un honnête bourgeois à la figure ouverte et sereine ; l'autre un homme au visage triste et sombre.

vous dire en revanche, que vous me produisez également un bon effet.

— Vous êtes connaisseur.

— On le dit.

— Voulez-vous, sieur Férol, accepter un sage conseil ?

— Tout de même, cher compagnon : un bon conseil vaut souvent mieux que bourse d'or.

— Eh bien, si vous m'en croyez, au lieu d'aller souper chez le cardinal, vous retournerez à Paris.

— Que dites-vous donc ?

— Et quand vous serez à Paris, vous vous hâterez de faire vos préparatifs et de partir pour une de vos fermes de la Beauce.

— Ah çà, vous plaisantez !

— Nullement.

Sur ces mots, et comme la pluie cessait, l'inconnu mit le pied à l'étrier.

— Retourner à Paris !... partir pour une de mes fermes de la Beauce ! s'écria le bourgeois. Et pourquoi, s'il vous plaît ?

— Parce que ce soir, cher compagnon, nous pourrions nous rencontrer au dessert.

— Eh bien, cher compagnon, j'aurais, je vous assure, beaucoup de plaisir à vous revoir.

— En ce cas, venez avec moi. Mais, auparavant, souffrez que je complète mes confidences en vous apprenant qui je suis.

— Qui donc êtes-vous ?

— Le sieur de Feymas, le *bourreau du cardinal.*

Et prévoyant la détermination du bourgeois, il lance son cheval au galop dans la direction du château.

Revenu de sa stupéfaction, le sieur Férol, qui comprit l'avertissement, se hâta de remonter à cheval et de rebrousser chemin, plus que jamais persuadé qu'en effet un bon conseil vaut souvent mieux que bourse d'or.

CHATEAU DU LUDE.

Le château du Lude, qui, malgré qu'il ait été construit avant l'avénement de François Ier, est un véritable type des châteaux de la renaissance, se trouve dans le département de la Sarthe, à quelque distance de la ville dont il porte le nom.

Plusieurs de ses possesseurs l'ont rendu célèbre. Ce sont, entre autres : madame de Lafayette, comtesse du Lude ; Gaston, duc de Roquelaure, et le prince de Rohan-Chabot. Mais il est surtout intéressant, au point de vue historique, par deux inscriptions qui existent dans l'une de ses chambres.

La première est ainsi conçue :

Henri IV coucha dans cette chambre, la veille du sacre de l'année quinze cent quatre-vingt-dix-huit, et assista à la procession, qui fut la première cérémonie catholique où il se trouva depuis sa conversion.

Voici la seconde :

Louis XIII coucha dans cette chambre le 5 juin mil six cent dix-neuf, en allant en Touraine voir Marie de Médicis sa mère, qui s'y était retirée ; d'où elle alla à Angers, excita une révolte qui fut apaisée, en mil six cent vingt, par la prise des Ponts-de-Cé, où le roi se trouvait. Il était âgé alors de dix-huit ans.

Il y a une chose bien remarquable dans cette seconde inscription, c'est la manière dont elle est conçue.

En allant en Touraine voir Marie de Médicis sa mère, qui s'y était retirée ! Ne dirait-on pas qu'il s'agissait d'une de ces paisibles et tendres visites qu'un bon fils va rendre à une mère aimante et chérie ; et, d'après l'inscription, Marie de Médicis ne paraît-elle pas être en Touraine uniquement pour jouir de son beau ciel et de ses sites enchanteurs ?

Or, il est bon de rappeler quelle était alors la position respective de la mère et du fils, ainsi que les épisodes de ce voyage de Louis XIII, afin d'engager les touristes à n'interpréter les inscriptions que l'histoire à la main.

Après le meurtre, ou, pour parler plus nettement, l'assassinat du maréchal d'Ancre [1], Louis XIII avait exilé sa mère à Blois, afin de se débarrasser tout d'un coup de la tutelle qui lui pesait depuis si longtemps. Une partie de la France et de la cour avait applaudi à cet acte qui, répréhensible aux yeux de la nature, était du moins justifié par la *raison d'État*.

Mais Marie de Médicis comptait des amis à la cour ; des amis, c'est-à-dire des gens dont la fortune était liée à

---

[1] Concini, maréchal d'Ancre, favori de la reine mère, fut assassiné dans la cour du Louvre le 26 avril 1616.

la sienne : ce qui cimente ici-bas les liens les plus puissants.

Parmi ces amis étaient le duc d'Épernon, colonel général de l'infanterie, qui se mettait toujours du parti des mécontents, et Richelieu, qui convoitait le chapeau de cardinal.

Celui-ci, guidé par son ambition, avait suivi la reine mère; celui-là, poussé par son humeur, résolut de l'enlever du lieu de son exil.

Ce projet s'exécuta.

D'Épernon partit de Metz avec cent de ses gardes, et Marie de Médicis, en ayant eu connaissance par un Italien nommé *Ruccelaï*, qui paraît avoir inspiré ce coup de maître à d'Épernon, s'échappa du château par une fenêtre, au moyen d'une échelle de corde, et alla rejoindre son sauveur.

Dès que cet enlèvement fut connu de la cour, les partisans du roi l'engagèrent à mettre des troupes en campagne; ce qu'il eût fait sans doute, si Richelieu, plus habile à lui seul que tous les autres ensemble, n'eût entamé des négociations à la suite desquelles Marie de Médicis fut investie du gouvernement de l'Anjou.

C'était à merveille; mais la reine mère, encouragée par ce résultat, ayant fait ou laissé prendre par ses amis quelques-unes des principales places du royaume, il n'y eut plus à négocier; et c'est alors que Louis XIII, à la tête d'une armée de plusieurs mille hommes, *alla voir sa mère*, comme dit l'inscription.

Les premiers transports de cette visite se manifestèrent aux Ponts-de-Cé, dans la personne des soldats de la mère et du fils, qui s'entre-tuèrent à plaisir jusqu'à la déroute complète de ceux-là.

De nouvelles négociations s'ouvrirent alors. Du cœur ou des lèvres, Marie de Médicis embrassa Louis XIII, et Richelieu fut nommé cardinal.

CHATEAU DE VILLEBON.

Le château de Villebon a été construit par Sully, en 1610, sur les ruines d'un autre château qui datait d'une époque fort ancienne.

Le plan adopté par Sully fut celui de la Bastille, dont il était gouverneur.

Une façade magnifique, composée de trois corps de logis flanqués de tours couronnées de créneaux ; des appartements spacieux et splendidement décorés ; des jardins immenses et un parc enclos contenant un grand nombre de réservoirs et de pièces d'eau : telles étaient les parties principales de la demeure de cet homme illustre.

Parmi les réservoirs du parc, le plus remarquable sous plusieurs rapports, était celui connu sous le nom d'*Étang-Canal*. Sa longueur était d'environ sept cents mètres et sa largeur de cent vingt. Mais ses dimensions ne sont point ce qui le rend le plus intéressant : il se recommande bien davantage par le motif qui le fit creuser.

Ce motif fut une disette qui avait réduit à la dernière extrémité tous les pauvres des environs. Désirant venir à leur secours, sans que ses bienfaits revêtissent l'humiliante forme de l'aumône, Sully imagina ce travail, auquel étaient admis tous ses malheureux voisins, de quelque âge et de quelque sexe qu'ils fussent. On y voyait jusqu'à de tout petits enfants, dont la charge se trouvait réglée à une demi-livre de terre.

Chaque travailleur recevait matin et soir un gros morceau de pain, et le tantôt une écuellée de soupe, sans préjudice de la rétribution pécuniaire qui était proportionnée à l'âge, aux forces et au zèle des ouvriers.

Heureux homme qui pouvait ainsi rêver le bien et l'accomplir !

Au rapport des historiens, Sully était le seigneur de ce temps qui entretenait dans sa maison le plus nombreux personnel.

Il avait deux compagnies, l'une de gardes et l'autre de Suisses, un grand nombre de gentilshommes, une foule d'écuyers et de pages, et enfin plusieurs dames et filles d'honneur attachées au service de la duchesse. La plus grande partie de ce personnel était elle-même servie par une légion de domestiques des deux sexes.

Il n'est pas inutile de connaître la manière dont Sully vivait dans son château. Cette peinture des mœurs d'un autre âge est si différente de celle que l'on pourrait faire aujourd'hui des actes de nos plus grands seigneurs, qu'elle ne saurait manquer de fournir le sujet de méditations non moins curieuses qu'instructives pour tous.

« Sully, dit un auteur cité par M. Blancheton, conservait l'habitude de se lever de grand matin. Après ses prières et sa lecture, il se mettait au travail avec ses quatre secrétaires. Ce travail consistait à mettre en ordre des papiers, à rédiger des mémoires, à répondre aux différentes lettres qu'il recevait, à prendre connaissance de ses affaires domestiques, enfin à diriger celles de ses gouvernements et de ses charges : car il demeura jusqu'à sa mort gouverneur du Haut et Bas-Poitou et de la Rochelle, grand maître de l'artillerie, grand voyer de France, et surintendant des fortifications du royaume.

» Il y employait la matinée entière, à l'exception d'une heure ou deux consacrées à la promenade. Alors on sonnait une grosse cloche, qui était sur le pont, pour avertir de sa sortie. La plus grande partie de sa maison se rendait à son appartement, *et se mettait en haie depuis le bas de l'escalier*. Ses écuyers, gentilshommes et officiers marchaient devant lui précédés de deux Suisses avec leur hallebarde. Il avait à ses côtés quelques-uns de sa famille ou de ses amis, avec lesquels il s'entretenait ; suivaient ses officiers aux gardes et sa garde suisse ; la marche était toujours fermée par quatre de ces derniers.

» Rentré dans sa salle à manger, qui était un vaste appartement où il avait fait peindre les plus mémorables actions de sa vie, jointes à celles de Henri le Grand, il se mettait à table. Elle était semblable à une longue table de réfectoire, au bout de laquelle il n'y avait de fauteuils que pour lui et la duchesse de Sully : *tous ses enfants, mariés ou non mariés, quelque rang ou naissance qu'ils eussent, et jusqu'à la princesse de Rohan, sa fille, n'avaient que des tabourets et des siéges pliants.*

» Sa table était somptueuse. Il n'y admettait que les seigneurs et dames de son voisinage, quelques-uns de ses principaux gentilshommes et des dames et filles d'honneur de la duchesse de Sully. Excepté la compagnie ordinaire, tous se levaient au fruit. Le repas fini, on se rendait dans un cabinet joignant la salle à manger et qu'on nommait le *Cabinet des Illustres*, parce qu'il était orné de portraits de papes, rois, princes et autres personnages distingués et célèbres, qu'il tenait d'eux-mêmes.

» Dans une autre salle à manger, belle et richement meublée, ajoute M. Blancheton, le capitaine des gardes tenait une seconde table, servie à peu près comme la première, où il recevait tous ceux que *la seule disproportion d'âge ou de rang empêchait Sully d'admettre à la sienne*. Lorsqu'il avait passé quelque temps avec la compagnie, il remontait chez lui pour s'occuper encore quelques heures du même travail que le matin. Si la saison et le beau temps le permettaient, il prenait l'après-dîner le plaisir de la promenade. La sortie se faisait avec le même cortége que le matin. »

Pour montrer le changement qui depuis lors s'est fait dans les idées, il nous suffira de dire que M. le comte de Chambord, qui serait probablement roi de France si la France reprenait un roi, semble s'étudier à vivre le plus simplement possible, et ne se fait aucun scrupule d'admettre à sa table les ouvriers qui vont lui rendre visite.

Les corps du duc et de la duchesse de Sully sont inhumés dans la chapelle du château.

Ce château et le village qui porte son nom sont situés dans le département d'Eure-et-Loir, arrondissement de Nogent-le-Rotrou.

DE QUELQUES CHATEAUX

RENDUS CÉLÈBRES PAR LES PERSONNAGES QUI LES ONT HABITÉS

—o❁o—

CHATEAU DE FERNEY.

Le château de Ferney se trouve situé dans le département de l'Ain, à deux lieues environ de Genève.

En entendant prononcer le nom de ce château, quel est celui qui n'y joint aussitôt dans son esprit le nom de Voltaire? Et quand on parle de Voltaire, qui ne se rappelle aussitôt Ferney?

Admirable chose! juste sujet d'orgueil pour un pays que de voir un de ses monuments illustré pour toujours par le génie d'un de ses hommes! Et, Dieu merci, nous avons à choisir parmi ces sortes d'illustrations.

Ce fut en 1758 que Voltaire alla se fixer au château de Ferney.

Le petit bourg qui environne cette résidence était alors bien pauvre, bien obscur, bien inconnu. Voltaire y répandit l'aisance; il l'éclaira de son nom; il l'apprit au monde!

Au milieu des plaisirs dont il aimait à s'entourer à Ferney, le grand philosophe n'oublia pas qu'il devait être la providence des malheureux près desquels il allait habiter; et tandis que les voûtes de son luxueux château retentissaient du bruit des fêtes, les maisons du village étaient recrépies, de nouvelles s'ajoutaient aux anciennes, les rues s'alignaient, l'église était rebâtie, et d'infortunés laboureurs recevaient, pour défricher un coin du sol, de bons et solides instruments, des mains de

celui qui, du bout de sa plume, défrichait tout le terrain de la société future.

L'existence de Voltaire à Ferney fut, dit-on, celle d'un opulent seigneur. Oui, mais d'un seigneur comme ceux que l'on aime véritablement, parce que l'affection qu'on leur porte n'est pas altérée par la crainte qu'ils inspirent, et que l'on ne peut s'empêcher de rendre hommage à la position qu'ils occupent.

Voltaire était environné d'un grand faste; mais ce faste, c'était son travail qui le lui avait procuré.

Sa table était toujours splendidement servie; mais le pauvre pouvait venir en ramasser les miettes.

De riches lambris décoraient ses salons; mais ces lambris dorés n'humiliaient personne, attendu que leur poli reflétait la bonté du patriarche.

Enfin, si les murs du château de Voltaire dominaient l'humble village près duquel il était bâti, ces murs n'avaient point de bastions ni de mâchicoulis pour en interdire l'approche.

Tout le monde pouvait entrer à Ferney.

Ce facile accès que, dans les premières années de son séjour à Ferney, Voltaire donnait auprès de lui, finit cependant par avoir des bornes; et s'il ne refusa jamais de parler aux habitants de son village qui venaient implorer ses conseils ou son appui, du moins fut-il obligé de renoncer, pour ne pas perdre tout son temps en réceptions, à paraître devant la multitude de curieux qui venaient de tous côtés pour le voir.

Tous les visiteurs, sans exception, recevaient une généreuse hospitalité; mais Voltaire ne se montrait plus qu'à ceux qu'il supposait en être dignes.

On cite à cet égard un petit épisode que M. Blancheton raconte en ces termes:

« Un jour où, comme à l'ordinaire, il voulait se soustraire à la visite d'un importun, suivant l'usage on servit à dîner à l'étranger, après lui avoir annoncé le refus de Voltaire. Le voyageur écrivit quelques lignes au crayon, et les remit au valet du philosophe en partant. La phrase était ainsi conçue : « *Vous êtes semblable à Dieu : on vous mange et l'on ne vous voit pas.* » A peine Voltaire eut-il lu ces mots, qu'il ordonna de courir en toute hâte après l'étranger, et il lui fit un accueil empressé. »

L'historien de Charles XII quitta son château de Ferney en 1777, c'est-à-dire un an avant sa mort ; mais à défaut de l'homme, son souvenir fait encore visiter le château par une foule de nationaux ou d'étrangers, qui tous les ans y abondent.

La principale chose que l'on observe dans ce qui reste du château de Ferney est la chambre à coucher du philosophe, laquelle chambre contient pour tout ameublement : un vieux lit, dont les rideaux sont chaque jour de plus en plus diminués par les visiteurs qui en coupent de petits lambeaux ; quelques portraits, et entre autres ceux de Voltaire et de Frédéric ; et enfin un petit tombeau sur lequel on a gravé cette phrase, qui a peut-être un sens plus vaste que son auteur ne l'avait supposé : *Son esprit est partout et son cœur est ici.*

Voltaire, en effet, a, si ce n'est plus, du moins autant vécu par le cœur que par l'esprit dans son château de Ferney, ce que peut-être on n'oserait dire des autres lieux qu'il habita ; et les dix-neuf années qu'il passa dans son château, furent certainement au nombre des plus heureuses de son existence, ainsi qu'en témoignent ces quelques lignes échappées de sa plume un jour qu'il ressentait une joie plus douce qu'après ses succès littéraires les moins contestés :

« Heureux qui vit chez soi avec ses nièces, ses livres, ses jardins, ses vignes, ses chevaux, ses vaches, son aigle, son renard et ses lapins qui se passent la patte sur le nez! J'ai de tout cela, et les Alpes par-dessus, qui font un effet admirable. »

CHATEAU DE COARASSE.

C'est dans ce château, situé dans les montagnes du Béarn, que Henri IV passa sa première jeunesse.

Il y était élevé par Suzanne de Bourbon, sa gouvernante, qui s'appliquait à donner à son élève cette éducation mâle et vigoureuse qui plus tard donna de si bons fruits.

On voyait chaque jour le futur roi de France courir *piés déchaux et tête nue* avec les jeunes paysans de son âge, et surpasser tous ses compagnons tant en force qu'en agilité.

Une vieille légende, que nous empruntons à Marchangy, nous fera faire connaissance avec un des premiers possesseurs du château de Coarasse.

« Au quatorzième siècle, Raimond de Coarasse, seigneur de ce lieu, perdit à Avignon un procès contre un clerc de Catalogne, au sujet des dîmes ecclésiastiques de la ville de Coarasse. Des bulles du pape ayant adjugé dîmage au clerc, celui-ci voulut le lever; mais Raimond, qui est violent, s'y opposa de vive force, et le pauvre tonsuré s'en alla en lui disant : « Je ne puis résister à vos armes, mais je vous enverrai le plus tôt que je pourrai tel champion que vous redouterez plus que moi. » Le sire de Coarasse ne tint compte de cette menace, et ne songeait plus au dire du clerc de Catalogne, lorsqu'une nuit des messagers invisibles commencèrent à tempêter, comme s'ils devaient tout abattre. La femme de Raimond lui disait toute transie de peur : « Écoutez!... » et lui, feignant de rire, assurait que c'était le vent et l'orage.

» La nuit suivante, plus grand ravage encore, et Raimond, qui ne riait plus, cria par trois fois : « Qui est là?

» — Moi, répondit une voix étrange.

» — Qui t'envoie?

» — Le clerc de Catalogne.

» — Ton nom ?

» — Orton. »

» Raimond, voyant que le lutin causait volontiers, prit de l'assurance et ajouta : « Tu me parais un habile messager, et c'est dommage que tu sois au service d'un clerc qui te donne peu d'occupation. Je t'en donnerai davantage; reste avec moi. »

» Orton y consentit, et chaque nuit il revenait lui conter des nouvelles d'Angleterre, d'Allemagne, de Hongrie, d'Italie, de Portugal, et par ce moyen le sire de Coarasse savait d'un jour à l'autre ce qui se passait au bout du monde.

» Le comte de Foix, étonné de voir Raymond mieux instruit que lui-même, l'interrogea, et apprit avec envie quel trésor possédait son heureux voisin; désirant acquérir un messager semblable, il demanda quelle figure avait Orton.

» — Vraiment, sire, répondit Raimond, vous me faites penser que je ne l'ai pas vu encore; mais je le verrai sans retard.

» La nuit suivante, il pressa donc Orton de se montrer

à lui ; mais le messager merveilleux résista longtemps et dit enfin :

— Je cède, et peut-être vous repentirez-vous de votre curiosité : la première chose que vous rencontrerez en vous levant, ce sera moi. »

» Le chevalier se leva de bonne heure ; mais il eut beau regarder par les portes et les fenêtres, il ne vit rien dont il pût dire : Voici Orton.

» La nuit venue, il reprocha à cet être mystérieux d'avoir manqué à sa parole ; Orton l'assura qu'il s'était montré, et Raymond, à force d'y songer, se souvint d'avoir vu sur le plancher deux longs fétus qui jouaient et tournaient ensemble.

— C'était moi, dit le lutin.

— Oh ! cette forme ne me suffit pas, et il faut que tu en prennes une plus visible.

— Vous en ferez tant que vous me perdrez, et, puisque vous le voulez, vous me verrez demain à votre lever.

» Et le lendemain, Raimond, ouvrant ses volets, vit dans sa cour une truie d'une grandeur démesurée, mais très-maigre et ouvrant d'une manière effrayante sa gueule hérissée de dents horribles...

» Le sire de Coarasse, ne se doutant pas que cette truie pouvait être Orton, ordonna qu'on lâchât sa meute de chiens contre cette bête sinistre, qui soudain poussa des hurlements et disparut.

» Depuis ce moment, Orton n'est pas revenu, et l'on assure qu'il est maintenant au service de notre seigneur Gaston de Foix, qui par ce moyen sait tout ce qui se passe sur la terre. »

CHATEAU D'OFFÉMONT.

Placé sur l'un des coteaux du département de Seine-et-Oise, et environné de vallées délicieuses, le château d'Offémont offrirait un attrayant coup d'œil s'il ne rappelait à la mémoire cette femme, dont les crimes épouvantèrent la fin du dix-septième siècle, la trop célèbre marquise de Brinvilliers.

C'est dans ce château qu'elle préparait ses poisons; une de ses tours lui servait de laboratoire; et quand du haut de cette tour, jetant les yeux sur le site charmant qui se déroulait à ses pieds, elle aurait dû, semble-t-il, être bercée par les pensées les plus douces, elle s'apprêtait, au contraire, à réaliser les projets les plus odieux.

Nous ne retracerons point dans tous ses détails l'histoire de la marquise de Brinvilliers; mais comme c'est à cette histoire que le château d'Offémont doit sa triste célébrité, nous allons en reproduire les faits saillants par la citation de quelques fragments de lettres de Mme de Sévigné.

« Elle empoisonnait certaines tourtes de pigeonneaux[1], dont plusieurs mouraient; ce n'était pas qu'elle eût des raisons pour s'en défaire; c'étaient de simples expériences pour s'assurer de l'effet de ses poisons. Le che-

---

[1] Les poisons dont se servait la marquise de Brinvilliers lui avaient été donnés par un jeune officier nommé Gaudin de Sainte-Croix, qui, mis à la Bastille à l'instigation du père de la marquise, les y avait reçus d'un Italien du nom d'Exili, avec lequel il avait fait connaissance dans cette prison.

valier du Guet, qui avait été de ses jolis repas, s'en meurt depuis deux ou trois ans ; elle demandait l'autre jour s'il était mort. On lui répondit que non ; elle dit en se tournant : Il a la vie bien dure ! »

. . . .

« Penautiers[1] est en prison...... Il a de grandes protections ; Monsieur de Paris (l'archevêque du Harlay), M. de Colbert le soutiennent hautement ; mais si la Brinvilliers l'embarrasse davantage, rien ne pourra le secourir... On a confronté Penautiers à la Brinvilliers : cette entrevue fut fort triste... Elle a tant promis que si elle mourait, elle en ferait mourir bien d'autres, qu'on ne doute pas qu'elle n'en dise assez pour entraîner celui-ci. Cet homme a un nombre infini d'amis d'importance qu'il a obligés dans les deux emplois qu'il avait. Ils n'oublient rien pour le servir : on ne doute point que l'argent ne se jette partout ; mais s'il est convaincu, rien ne peut le sauver... Il a plu à la Brinvilliers de ne rien avouer.... Penautiers sortira plus blanc que de la neige ; le public n'est pas content..... Il y a des choses extraordinaires dans ce procès, mais on ne peut les écrire. Le cardinal de Bonzi (un des plus zélés protecteurs de Penautiers) disait toujours en riant que tous ceux qui avaient des pensions sur ses bénéfices ne vivraient pas longtemps, et que son étoile les tuerait...

[1] Reich de Penautiers, receveur général du clergé et trésorier des états du Languedoc, fut compromis, ainsi que beaucoup d'autres, dans le procès de la Brinvilliers. La voix publique l'accusait d'avoir empoisonné ou fait empoisonner : un sieur de Saint-Laurent, qui l'avait emporté sur Penautiers dans l'obtention d'une place qu'il convoitait ; puis son beau père, puis son associé Allibert, etc.

. . . .

» Enfin, c'en est fait, la Brinvilliers est en l'air; son pauvre petit corps a été jeté, après l'exécution, dans un fort grand sac, et les cendres au vent..... Elle fut jugée dès hier; ce matin on lui a lu son arrêt, qui était de faire amende honorable à Notre-Dame et d'avoir la tête coupée, son corps brûlé, les cendres au vent. On l'a présentée à la question : elle a dit qu'il n'en était pas besoin, et qu'elle dirait tout; et, en effet, jusqu'à cinq heures du soir, elle a conté sa vie, encore plus épouvantable qu'on ne le pensait. Elle a empoisonné dix fois de suite son père, elle ne pouvait en venir à bout, ses frères, et plusieurs autres.. . . . .

» . . . . . Elle dit à son confesseur, par le chemin, de faire mettre le bourreau devant elle, afin, dit-elle, de ne point voir ce coquin de Desgrais, qui m'a prise. Desgrais était à cheval devant le tombereau; son confesseur la reprit de ce sentiment; elle dit : Ah ! mon Dieu ! je vous en demande pardon, qu'on me laisse cette étrange vue. Elle monta seule et nu-pieds sur l'échelle et sur l'échafaud, et fut en un quart d'heure mirodée, rasée, dressée et redressée par le bourreau : ce fut un grand murmure. . . . .

» Le lendemain, on cherchait ses os, parce que le peuple croyait qu'elle était sainte. »

LE CHATEAU DE MALESHERBES.

Le château de Malesherbes, situé dans le département du Loiret, à soixante-quatre kilomètres environ de Paris, rappelle la glorieuse mémoire de l'un des hommes qui se sont le plus illustrés, dans les dernières années du règne de l'infortuné Louis XVI.

Exilé dans ce château par Louis XV, pour avoir donné à la Cour des aides, qu'il présidait alors, des allures trop indépendantes et trop progressives, Lamoignon de Malesherbes en fut rappelé quatre ans plus tard par Louis XVI, qui le réintégra dans ses honorables fonctions.

Loin de le faire repentir de sa conduite passée, l'exil et la solitude, si favorables au développement des grandes idées, n'aboutirent qu'à rendre Malesherbes plus persistant dans les siennes, et dès qu'il fut de retour à Paris, son premier soin fut d'avoir avec Louis XVI un entretien dans lequel il osa prononcer les phrases suivantes :

« *Le droit d'administrer ses affaires appartient à chaque corps, à chaque communauté ; c'est le droit naturel, le droit de la raison..... Depuis que des ministres puissants se sont fait un principe politique de ne point laisser convoquer d'*ASSEMBLÉE NATIONALE, *on en est venu jusqu'à déclarer nulles les délibérations d'un village ; on a introduit en France un gouvernement plus funeste que le despotisme et digne de la barbarie orientale.* »

Cet entretien se termina par la déclaration formelle de Malesherbes, *que le moyen le plus sûr, le plus naturel et le plus conforme à la constitution d'un pays, était d'entendre la nation elle-même.*

Ce langage, qui aurait dû, ce semble, empêcher Louis XVI de penser jamais à faire de Malesherbes un de ses ministres, eut un résultat tout opposé.

Pressé, en effet, par les événements qui le débordaient de tous côtés, et voulant donner à la France un gage de réconciliation, Louis XVI appela bientôt au ministère le vertueux et profond Malesherbes, qui, à peine au pouvoir, supprima les détentions arbitraires et tenta d'en faire autant des lettres de cachet.

Malesherbes quitta, puis reprit le ministère, et l'ayant abandonné de nouveau, il revint à son château, où il s'occupait beaucoup d'horticulture, lorsque l'arrestation de Louis XVI vint lui fournir le moyen de montrer à son roi, le sincère attachement qu'il avait pour lui. « J'ai été appelé deux fois, écrivait-il à l'un de ses amis, au conseil de celui qui fut mon maître, dans le temps où cette fonction était ambitionnée par tout le monde ; je lui dois le même service, lorsque c'est une fonction que bien des gens trouvent dangereuse. »

Mais, hélas! ce noble dévouement ne servit qu'à honorer son auteur ; les chaleureux accents de l'homme qui peut-être était le plus digne de servir d'interprète à la vérité, ne purent empêcher Louis XVI de subir son funeste sort ; et lui-même, le vertueux Malesherbes, alla porter bientôt après sa tête vénérable sous le couteau révolutionnaire.

PAVILLON LACÉPÈDE.

Bernard-Germain-Étienne Laville, comte de Lacépède, fut une de ces natures d'élite, chez lesquelles les sentiments généreux le disputent au savoir et à l'élévation des idées.

Élève de Buffon et de Daubenton, qui le distinguèrent promptement au milieu de leurs nombreux auditeurs, le jeune Lacépède fut, à la recommandation de ces deux hommes illustres, nommé garde des cabinets au Jardin du Roi.

Ayant publié plus tard un excellent ouvrage sur une partie de l'histoire naturelle[1], Lacépède attira sur lui l'attention du premier consul, qui le fit entrer au sénat conservateur, dont il fut nommé président bientôt après.

Enfin, son talent, la rectitude de son esprit, et la noblesse de son caractère, lui valurent la place de grand chancelier de la Légion d'honneur.

Au comble des dignités, Lacépède n'en fut pas ébloui, et, toujours fidèle à ces charmes délicieux que procurent au milieu du silence, la méditation et l'étude, il abandonnait souvent ses appartements bruyants et somptueux, pour aller rêver en paix dans les allées sombres et tranquilles qui entouraient son modeste pavillon.

C'est à Épinay, à douze kilomètres environ de Paris, que ce pavillon est situé.

Comme Voltaire, Lacépède voulut laisser de lui de doux souvenirs aux malheureux près desquels il habitait ; jamais il ne négligea l'occasion de leur être utile ; il cherchait même à deviner leurs souffrances, afin d'en épargner l'aveu quelquefois pénible, et quand il le pouvait, jouant le rôle de la Providence, il prodiguait

---

[1] *Les Cétacés.*

des secours généreux dont il s'étudiait à dissimuler l'origine.

Ce n'est pas seulement aux infortunés paysans ses voisins, que Lacépède donna des preuves de son inaltérable et délicate bonté ; tous ceux qui l'approchaient en obtinrent quelques marques.

Parmi les traits nombreux que l'on cite de Lacépède, nous choisirons le suivant, qui suffira pour le peindre.

Un des chefs de l'administration de la chancellerie de la Légion d'honneur, ayant imprudemment souscrit des billets pour une somme de *trente mille francs*, et les ressources sur lesquelles il comptait lui ayant manqué, ce malheureux chef, qui d'ailleurs était un père de famille parfaitement estimable sous tous les rapports, en conçut un chagrin violent, dont les marques se montraient d'autant plus que l'échéance fatale devenait plus proche.

Lacépède, s'en étant aperçu, le manda près de lui, s'enquit de la cause de sa douleur, et l'ayant apprise, malgré les réticences de l'infortuné chef, qui craignait que cet aveu ne lui nuisît, il le renvoya avec bonté, lui faisant entendre qu'il s'emploierait pour diminuer, autant que possible, les inconvénients qui allaient résulter du non-payement des billets.

Le chef reprit un peu de calme ; mais sachant bien à quelle espèce de gens il avait affaire, ce n'était pas sans de très-vives inquiétudes qu'il voyait approcher la terrible époque.

Enfin elle arrive, et les alarmes du pauvre chef redoublent ; chaque fois que des bruits de pas se font entendre dans les corridors, il éprouve des serrements de cœur indéfinissables ; chaque fois que la clef de son bureau crie dans la serrure, il se sent défaillir.

Cependant, les heures s'écoulent, la journée va finir, et, tandis que le malheureux débiteur essaie d'expliquer cette inexactitude si peu commune aux créanciers, un commissionnaire vient lui remettre un petit paquet dans lequel il trouve tous ses billets acquittés.

Ivre de bonheur, il interroge le commissionnaire, qui veut balbutier un mensonge ; mais le change n'était pas possible. Quel autre que Lacépède eût pu lui rendre un semblable service ? Il se précipite donc vers les appartements du grand chancelier, et, se jetant aux genoux de son sauveur, il lui jure une reconnaissance éternelle, et s'engage à s'imposer des privations de toutes sortes jusqu'à ce qu'il se soit acquitté. Mais Lacépède le relevant : « Mon ami, lui dit-il, je veux bien accepter votre reconnaissance, puisque je n'ai pu m'y soustraire ; quant à vous acquitter envers moi, veuillez n'y pas songer ; vous ne me devez rien : j'ai pu donner quelquefois de l'argent ; je n'en prête jamais. »

La mort de Lacépède causa chez tous ceux qui l'avaient connu les regrets les plus vifs, et plusieurs témoignages en furent donnés sur sa tombe ; mais la plus belle oraison funèbre qui lui fut faite sortit de la bouche d'un paysan d'Épinay. Comme celui-ci voulait, avec quelques-uns de ses semblables, rendre les derniers devoirs à Lacépède, et qu'on leur représentait que ce ne serait pas sans danger pour eux[1] : « Ah ! laissez-

---

[1] Lacépède était mort de la petite vérole.

nous le voir, s'écrie le paysan : il nous a fait trop de bien pendant sa vie pour nous faire du mal après sa mort ! »

Quelle éloquence aurait pu l'emporter sur ce simple et naïf éloge !

TABLE.

-o◇o-

	Pages.
Voitures	12
Courriers et Postes	18
Chemins de fer	29
Navigation	63
Locomotion aérienne	177
Télégraphes	225
Poste aux lettres	237
De l'Archéologie	249
Châteaux d'Eu et de Bonneval	260
Château de Loches	265
Machines de guerre des anciens	279
Châteaux de Castels et de Coucy	285
Châteaux de Pierrefont et de Muret	294
Châteaux de Chenonceaux et de Chambord	303
Châteaux de la Renaissance : Ancy-le-Franc, Serrant, Ruel, Lude et Villebon	313

Château de Ferney	331
Château de Coarasse	335
Château d'Offémont	338
Château de Malesherbes	340
Pavillon Lacépède	342

FIN.

Paris. — Typ. de Mme Ve Dondey-Dupré, rue Saint-Louis, 46.

Paris. — Typ. de Mme Ve Dondey-Dupré, rue Saint-Louis, 46.

www.ingramcontent.com/pod-product-compliance
Lightning Source LLC
Chambersburg PA
CBHW070457170426
43201CB00010B/1378